云南省哲学社会科学创新团队成果文库

有序社会的知识基础：
当代社会管理的社会学
理论探索

The Intellectual Base of Well-ordered
Societies: Contemporary Social Management
in Sociological Perspective

钱 宁 张美川 吕付华 娄世桥 / 著

社会科学文献出版社
SOCIAL SCIENCES ACADEMIC PRESS(CHINA)

国家社科基金重大招标项目（07&ZD049）"从稳定到有序：社会管理机制研究"成果

《云南省哲学社会科学创新团队成果文库》
编辑说明

《云南省哲学社会科学创新团队成果文库》是云南省哲学社会科学创新团队建设中的一个重要项目。编辑出版《云南省哲学社会科学创新团队成果文库》是落实中央、省委关于加强中国特色新型智库建设意见，充分发挥哲学社会科学优秀成果的示范引领作用，为推进哲学社会科学学科体系、学术观点和科研方法创新，为繁荣发展哲学社会科学服务。

云南省哲学社会科学创新团队2011年开始立项建设，在整合研究力量和出人才、出成果方面成效显著，产生了一批有学术分量的基础理论研究和应用研究成果，2016年云南省社会科学界联合会决定组织编辑出版《云南省哲学社会科学创新团队成果文库》。

《云南省哲学社会科学创新团队成果文库》从2016年开始编辑出版，拟用5年时间集中推出100本我省哲学社会科学创新团队研究成果。云南省社科联高度重视此项工作，专门成立了评审委员会，遵循科学、公平、公正、公开的原则，对申报的项目进行了资格审查、初评、终评的遴选工作，按照"坚持正确导向，充分体现马克思主义的立场、观点、方法；具有原创性、开拓性、前沿性，对推动经济社会发展和学科建设意义重大；符合学术规范，学风严谨、文风朴实"的标准，遴选出一批创新团队的优秀成果，根据"统一标识、统一封面、统一版式、统一标准"的总体要求，组织出版，以达到整理、总结、展示、交流，推动学术研究，促进云南社会科学学术建设与繁荣发展的目的。

编委会

2017 年 6 月

前　言

　　社会建设和社会管理创新作为当代中国社会转型和改革开放深化提出的重大课题，是社会学研究重点关注的对象，也是社会学学科发展的重要机遇。围绕这一课题提出的问题，运用社会学关于社会秩序、社会治理的研究范式开展研究，对促进中国社会学的发展，无疑是具有学科建设意义的工作。而对于有序社会建设的问题，有感于我国改革开放深化，社会转型加速，各种社会矛盾突出，社会严重失序，也成为我近年来在带博士研究生的过程中重点关注的研究议题，因此，当宋宝安教授申报国家社科基金重大招标项目"从稳定到有序：社会管理机制研究"邀我参与时，我欣然接受，并承担了其中"中外社会管理理论前沿探讨"子课题的研究。为此，我组织云南大学社会学系与社会工作系的青年教师和民族社会学专业博士研究生成立了课题组，开展课题研究。经过两年多的研究和撰写工作，在深入分析有关资料和文献的基础上，形成了以"有序社会的知识基础：当代社会管理的社会学理论探索"为题的研究成果。由于有关社会秩序和社会治理的社会学理论流派众多、观点各异，有的思想艰深，有的时代感、现实感和理论敏感度高，形成这一研究成果殊为不易，同时也显得粗浅，存在许多不足。但是，基于课题的时限性和任务的急迫性，我们也只能将这一初步的研究成果呈现出来，供学界参考。不足之处，请学界同人不吝赐教！

　　本课题的组成人员如下。

　　课题负责人钱宁，哲学博士，云南大学民族学与社会学学院教授，博士生导师。

　　课题组成员：张美川，法学博士，云南大学民族学与社会学学院教师；吕付华，法学博士，中国社会科学院研究生院博士后；娄世桥，法学博士，贵州民族大学民族学与社会学学院副教授。

研究分工是：钱宁负责课题的总体设计和统稿工作，并承担绪论部分的写作；张美川承担第二编的撰写，并协助做定稿的编排；吕付华承担第一编的撰写，娄世桥承担第三编的撰写。此外，云南大学民族学与社会学学院民族社会学博士研究生田金娜参与了课题的研讨和部分资料的收集工作，对本课题的完成亦有贡献。

钱　宁

目 录

第一编　社会秩序如何可能
——从功能主义的观点看

第三编　市民社会理论与社会建设

绪　论

一　社会管理问题及其研究的理论局限

　　社会管理是一个现代术语，是人们基于现代社会高度复杂化和社会群体日益分化的现实而产生的社会控制方式。同时，社会管理又是一个复合的概念，它既是指由一定的社会机构特别是由国家行政权力通过推行社会政策、建立行政体系、制定行为规范来调节和约束人们的社会行为的活动，也是指各种社会力量（包括不同的利益群体、阶级阶层和代表他们的诉求团体组织）参与社会生活的过程。社会管理体现的是人类对于自己的活动的调节和控制。对现代社会而言，社会需要管理，管理作为社会的一个有机的部分，一种功能，不可分离地与社会的组织、体制、人们的日常生活需要等联系在一起，深刻地体现在我们生活的各个方面，并且在社会矛盾的调节和社会秩序的建构中充当着不可或缺的社会控制角色。在这个意义上，社会建设需要社会发挥其管理的功能，构建和谐有序的社会需要人们合理有效地运用各种管理手段，调动各种社会力量参与社会管理才能实现。

　　约束人的行为以防止社会陷入混乱，一直以来是国家或统治集团实施社会控制的主要目的。在古代，实施社会控制是统治阶级或统治集团维护自己统治地位的要求，而在现代，随着资产阶级市民社会的形成，市场经济所造成的经济自由主义的发展，社会民主化和多元化的趋势不断增强，社会的组织方式和组织体系的改变，以及个人权利意识和个人自主性的空前觉醒，社会控制由实现统治阶级意志和维护特定阶级的既有经济和政治利益，转变为由一定的合法性权力和权威组织为实现所确定的社会任务、保障人们正常生活秩序，协同各种社会力量而开展的社会管理活动。在这样的社会控制理念的支配下，由一定的社会机构来协调社会关系、规范个人和群体的社会行为、保护基于共同价值而形成的社会认可的利益与权利以促使社会正常功能的发挥，构成了现代社会管理的基本追求，其目的是维护社会生活秩序，形成一个功能正常的社会，以建设一个好的社会作为社会管理要实现的基本目标（孙立平，2011）。

随着中国社会进入发展和转型的关键阶段，有关社会建设的两大主题——改善民生和社会管理——日益凸显。其中，社会管理作为一个协调各种社会群体之间的利益矛盾和冲突，保持社会秩序的基本手段，面临着新的重大挑战。"对于正在经历飞速发展和急剧转型的中国社会来说，社会管理创新在某种意义上就是面对中国社会的新变化及其挑战。"（李路路，2012）从这一形势的要求来看，社会管理作为现代社会构成的一个重大事项，必然要进入社会科学的研究视野。

美国著名社会思想家弗朗西斯·福山在思考西方社会的社会秩序重建问题时指出："现代信息时代的民主国家今天所面临的最大的一种挑战是，面对技术和经济方面的变革，它们能否维持住社会秩序。"当"适合一定历史阶段的社会规范被技术的进步和经济的发展所打乱，而在业已发生变化的情况下，社会为了重新规范自身，就不得不奋起直追"（福山，2002：11–13）。而在重建社会秩序的过程中，"形成一套合理的规范，这并不是一个自动的过程"（同上：340），而要伴随着一系列公共政策和社会各个层面的相互作用。正是基于这种认识，福山针对西方社会20世纪30年代以来，科学技术变革、经济活动方式转变和人们的道德观念变化，导致人们的社会价值观分裂和社会秩序被破坏的各种社会现象进行了细致而全面的分析，提出了关于社会秩序重建的理论见解。福山的研究表明，结合现代社会变迁的主要因素进行科学的社会学分析，对我们把握社会秩序的本质，阐述其趋势和重建的可能，将是一项不可或缺的工作。而这种研究最重要的特质就在于，通过"分析和洞察"发现那些隐藏在纷繁变化的现象背后的"构造"，对它们进行"哲学的综合"（德鲁克，2003：275–276）具有知识论的基础作用。

对社会问题或社会现象背后的原因作理论分析，阐述其知识学的依据，以求达到"知识综合"的目的，是社会科学研究的基本传统，也是社会学"如何可能"的知识保障。沿着这一学术传统而形成的西方社会学理论，建构起了一系列学说观点，如结构功能主义、冲突论、符号互动论、交换论、现象学、解释学、常人方法论、后结构主义、新功能主义、建构主义……不一而足。在这些知识论和方法论观照下，又形成了各种对经验现象或社会问题进行分析解释的中层理论。如有关国家 – 社会关系的市民社会理论、治理理论、公民权利理论、社会控制理论等，形成了社会科学从知识论基础、方法论阐释到经验分析完整的研究体系。这一研究体系不仅为社会科学提供了坚实的理论基础，形成了开展社会问题研究基本范式，也使其保持着与现实世界的密切联系，为深入持续的研究提供了"源头活水"。

社会管理的研究也是如此。虽然在国外社会学的研究中并没有专门的"社会管理学"概念，也没有形成明确的研究范式。从概念的使用上看，"社会管理"更多的是和社会服务与社会政策相联系的"社会行政"（Social Administration），因而，它被解释为"对于社会服务的发展、结构和实践的研究"，"社会管理应该关注社会福利的政策、计划和管理，社会管理不仅与政治、社会、经济制度有关，也与为满足社会福利需求进行国家资源分配的决定因素有关"（纪晓岚、张韬，2012），而不是控制或治理意义上的"社会管理"或者社会秩序的维持与调控。但在其社会科学研究传统和基本范式的支配下，通过对社会控制、社会秩序和社会治理等相关问题的知识基础、形成逻辑和运行机制的分析，为解决社会管理问题奠定了坚实的理论基础，提供了行动原则，使社会管理的实践获得了强有力的理论支撑。

反观国内学术界的研究，我们的理论研究，特别是有关社会学知识基础和方法论问题的研究不足，理论积累不够，使我们对中国社会转型带来的社会失序问题研究不够深入，有关社会建设和社会管理创新的研究，大多停留在经验的层面问题讨论或工具性分析上。这使我们在如何站在理论前沿去把握社会管理与现代社会生活的关系，如何认识社会管理的本质及其对维护社会秩序、实现人的平等和社会公正的作用等一系列问题上，缺乏深切的理论关怀和深入的一般原理性的思考。这种状况直接影响了我们对社会管理如何促进社会和谐、构建有序社会的认识，更在实践上将社会管理简单地看作由政府职能部门对社会事务的管理和控制、协调社会群体间利益矛盾与冲突的手段，作工具主义的运用。因而，在面对当代中国社会急剧变迁和转型带来的大量社会失序、失范现象时，多数的研究往往把加强对社会的"管理"看作创新社会管理的主要任务，把研究的焦点聚集在预防和处理各种"群体性事件"或利益冲突的政策措施和协调机制上，把社会管理创新的具体内容集中在运用各种技术手段来加强对个人行为的监控上，忽视了对社会自身性质及其时代特征的分析，结果对社会管理创新的研究变成了仅仅是应对中国社会转型问题的应急机制和手段方法的研究，失去了社会科学研究对产生各种矛盾冲突的社会基础和问题本质的批判性思考，也使社会科学研究失去了理论对现实的终极关怀。离开了反思和对社会未来的终极关怀，社会管理创新就只是一种应对当下社会问题和社会矛盾的消极措施和手段，而不是建设功能正常社会，引导人们追求美好社会未来的内在动力。

任何一项重大的社会科学研究都离不开对其所处时代基本特征的把握。我们所处的时代是一个充满矛盾和多样性、变化性的时代，是一个现代性的因素全面展开的时代，更是一个在全球化的推动下，思想开放、单一价值体系崩溃、个人主义价值观膨胀、利益多元化的时代，还是一个充满竞争、追求技术进步、希望不断变革和寻求自我解放的冲动不断增长、人为制造的风险与日俱增的风险社会时代。在这样的背景下开展社会建设与社会管理的理论探讨，不仅依赖于对社会变革的基本特征和主要问题的准确把握，而且依赖于我们对全球化时代的各种现代性社会特征的把握。鉴于目前国内对社会管理及其创新存在的种种模糊和不确切的认识，我们需要回到其本原的意义理解上，通过分析现代社会的基本特征和它所面临的主要问题，结合我国社会转型中存在的主要矛盾开展前沿问题的探讨，才能为深入的社会管理理论研究提供基本的知识学依据。

二　现代社会的基本特征

现代社会是一个具有多重特征的复杂系统，除了具有传统社会的一般特征外，在个人自由主义思潮兴起、市场经济全面主导人类经济活动、全球化和科学技术革命等多种因素的推动下，产生了不同于以往社会一些新特征。其中，竞争性、多元性、流动性和风险性等特征的形成，不仅改变了社会的基本面貌和基本结构，而且深刻地改变了人际关系和社会秩序构成的逻辑，对传统的社会管理理念和实践提出了全面挑战。

1. 竞争性作为现代社会的基本特征把人类历史引入一个全面竞争的时代，直接影响了人际关系和社会秩序的形成，并对现代社会的管理提出了新的要求。

竞争是人类社会的一种互动方式和基本的行为模式。为了获得资源和权力，或者使自己处于对他人的优势地位，人与人（社会集团与社会集团）之间不断进行着竞争，并且通过竞争形成特定的权力关系和社会秩序。但是，只有到了资本主义社会，竞争作为资源分配方式和社会功能被全面运用到经济、政治和社会生活各个领域的发展中。资本主义制度的建立首先把竞争引入经济领域，形成了以竞争机制为基础的自由经济秩序——市场经济体制；在政治领域则通过所谓政党竞争选举制确立了现代政治秩序——民主政治体制；而在社会生活领域，人们以不同社会角色扮演的方式开展竞争，并且通过竞争来获得相对于他们的需求来说是短缺的各种社会资源：财富、地位、声望、权力和情感满足等。

对于现代社会而言，开放的经济和政治体系为每一个社会成员获得他所需要的社会资源提供了机会，为了获得各种有价值的但是又相对短缺的社会资源而展开的竞争变得更为广泛和激烈。特别是在 20 世纪 70 年代以来发生的知识社会转型，以产业工人为主体的工业社会转型为以"既用手又用理论知识进行工作的人"（德鲁克，2003：55）为主体的知识社会。在知识社会时代，"因为知识是人人都可以获得的东西，没有业绩便会失去任何借口"，因而，"其竞争性要比我们迄今为止所知道的任何一种社会都激烈得多"（同上：61）。知识社会的来临，使竞争性成为现代社会的普遍现象和突出的特征。

从社会冲突的理论来看，竞争可以导致人际关系紧张、社会秩序崩溃，但也可以使社会保持秩序并更加充满活力。作为社会控制的一种方式，竞争可以将具有共同利益的社会成员团结起来，推动社会的组织化发展；也可以在不同个体或群体间建立某种制衡关系，形成动态的社会秩序。因此，在社会竞争成为现代社会人际交往和群体互动的基本形式的情势下，加强良性的竞争，抑制或限制恶性的竞争，"通过竞争的方式来配置数量不能满足所有人需要的有限的社会资源，使社会成员按照竞争的需要塑造自己，纳入社会规范的约束之中"（陈皆明、陈通明，1995），对构建和谐有序的社会体系，形成动态规范的社会管理格局，将会发挥积极的作用。

2. 多元性作为现代社会的另一基本特征，反映了现代社会高度分化、高度复杂化的现实状况，也提出了平等公正地对待不同族群和集团在文化认同、价值信仰、道德理想和利益诉求上的差异的多元社会治理的社会管理任务。

多元社会或社会的多元化是一个现代性的概念，它指称这样的一个事实：多种文化价值和不同利益诉求的个人、种族或社会集团在实现他们社会需求的过程中存在着彼此区分的界限，然而他们把社会当作实现他们目的的活动场域，在同一个社会体系中追求他们各自的利益或他们认为是有价值的东西。而能将不同的利益诉求和文化价值、生活方式包容在同一个社会体系内，实现共生共荣发展的只有在现代社会这样的社会体系内。

对多元社会的分析和解释有三条路径：经济学的、人类学的和社会学的。经济学对多元社会的使用是基于市场竞争需要的"经济人"假设。按照这个假设，具有独立市场地位的个体运用理性能力去追逐个人利益的最大化，不仅"给予每个人一个机会，去决定某种职业是否足以补偿与其相关的不利和风险"（哈耶克，1997：41），以增进个人自由，而且构成了自生自发的社会秩序的基础（邓正来，2009：25）。

人类学对多元社会（pluralistic society）的使用，是指那种同时有两个或两个以上的种族，在宗教、文化、传统等方面存在着高度异质、高度分歧、高度隔离的社会（郭定平，1993）。

"在一个多元化社会中总有某些共同的政治或经济体系将不同的族群连接在一起。如果不是这样，那就不是多族群社会，而是由各族群自身构成的几个不同的社会。……文化多元化意味着在较大的社会文化体系框架内保持多个不同的文化体系"（马丁·N. 麦格，2007：105），"来自性别、族群和宗教信仰等的认同则被赞为个人差异的本真表达"（戴维·米勒，2010：120）。

政治学和社会学对多元社会（pluralistic society）的使用，"它意味着社会结构的日趋复杂，道德规范的日益分殊，价值分配的不断扩散和趋于平等，而且容许一般人依着自己的能力和兴趣，循着不同的途径，去追求他的价值目标"（任炳伦，1986：196）。这种多元社会是经济高度发展和社会结构持续分化的产物，它由社会分工、市场经济的竞争、政治民主化、公民意识和个人权利意识的持续增长等多重因素所推动。"人们可以通过他们的职业、阶级、地方性、性别、性取向、爱好、协会成员身份、宗教、政党忠诚、族群性以及其他方式来识别自身。这些方式中的任何一种都可能成为一个主要的认同来源。……在多元社会里，大部分人可能有着混合认同，其中不同联系在不同场合成为重要的。有些人同时被选择的，有些人同时未经选择的，但是任何一个特定的人使哪些方面成为他们自身观念的中心在相当大程度上是一个选择问题。"（戴维·米勒，2010：120 – 121）

多元社会的形成对现代社会管理提出了前所未有的新要求。特别是多元主义作为一种意识形态成为政治和社会生活的主导意识之后，平等地对待具有不同社会认同的个人和群体，建构符合多元社会需要的社会秩序，就成为现代社会治理的基本目标。

3. 流动性作为描述现代社会不确定性的概念和人的存在状态，它既是全球化发展的后果，也是个体化社会和多元化社会不断发展所具有的独特现代社会特征。流动性使人们对稳定、秩序的追求的信念变得越来越不可能，也使力图要保持社会稳定和秩序的国家行政体系面临前所未有的挑战。

对于后现代的思想家来说，现代化作为我们时代的理想和追求，它曾经被描述为理性、进步、充满活力和有序的社会的那种浪漫主义表达，已经被各种充满不确定性、不安全和恐惧的流动的现代社会所取代。在后现代社会学的视域里，所谓"流动的现代社会"指的是这样一种社会：在其中，社会成员开展活动时所处的环境，在活动模式尚不及巩固成为习惯和常规之前便已发生变化（鲍曼，2012a：1）。在这样的社会场景中，人们不得不处于流动的生活状态。而"流动的生活便是一种生活在永不确定环境下的、缺乏稳定性的生活"（同上：2）。这样，"在流动的现代社会，个人的成就无法固化为永久的成就，资产很快就变成债务，才能很快就变成无能。客观环境以及就此制定的战术，在人们根本还没有机会熟悉把握之前，就已经时过境迁"（同上：1）。

本来，流动作为现代社会的一种功能，它为社会增加活力为形成社会秩序提供了强有力的支持。然而，随着社会的个体化的不断发展，资本主义生产方式赖以形成和保持社会活力的流动性却越来越变成人们难以控制的力量。流动使人们无法把握自己的命运，无法确定人与人之间的关系，他们像一些无根的浮萍被各种各样的力量所左右而不能自已。对于生活在现代社会的人来说，个体化作为一种无法抗拒的趋势，使那些曾经与人们的生活密切联系和有序开展的规范、制度和习俗"被自利、自顾、自助的个体责任所取代——这个社会建筑在充满偶然性的流沙之上"（鲍曼，2012b：70）。人们曾期望用理性和知识取代传统的习俗和规范，建立一种超越传统的新秩序。然而，在后传统秩序里，"作为秩序保证的传统和习惯并没有被理性知识的必然性所代替。怀疑，即现代批判理性的普遍性的特征，充斥在日常生活和哲学意识当中，并形成当代社会世界的一种一般的存在性维度"（吉登斯，1998：3）。

由于怀疑成为一种普遍的方式，不确定性也就逐渐滋生，人们不再相信某种固定不变的东西。"现代性把极端的怀疑原则制度化，并坚持所有的知识都采取假说的形式：某种正确的主张，理论上总是有被修改的可能，而且其中某些部分也有被抛弃的可能。"（同上）这就是现代社会产生多元性的根源：知识体系的专门化表现出知识的权威根源的多元化，在同一体系内，不同权威互相竞争使我们不再把知识或某种权威的正确性看作不可改变的，因而，在现代社会生活中，人们也不再把追求一定程度的稳定性，或者把寻求某种固定不变的生活方式当作自己的目标；相反，根据现实世界的不确定性采取随机应变的策略，把握机会，追求眼前的成功成为人们的基本生活信念。在这种信念支配下，人们把自己从以往那种稳定的生活场域中脱身出来，以一种个体化的方式追求自由，追求成功，并展开彼此之间的竞争。如同尼采所说，人的本质是不确定的和可塑的，"我们人类是唯一的这样的创造物，当其有错误时，能将自己删改，如同删掉一句错误的句子"（周国平，1986：86）。而"上帝之死"则将一切价值颠覆了，它把人从以往的束缚中释放出来，获得空前的自由。在这空前的机会面前，要使自己成为自己价值的立法者，"一切价值都是人自己建立的，人必须自己来为自己的生活探索一种意义"（同上：166－168）。

流动的现代性作为后现代社会学对现代社会的不确定性的深刻认识，不仅反映了现代社会面临的危机，也加深了人们对现代社会的脱序现象产生根源的认识。"'流动的'现代性的到来，已经改变了人类的状况……伴随着生活整治非结构化的、流动的状态这一直接背景，以一种激进的方式改变了人类的状况，并要求我们重新思考那些在对人类状况进行宏大叙事时期架构作用的旧概念。"（鲍曼，2002：12）流动性不仅使竞争和多元化作为影响现代社会关系和社会结构的基本因素变得越来越突出，而且由于其不稳定和不确定的属性使现代社会越来越充满风险。因此，在我们思考和探索中国社会转型所带来的各种体制性、结构性变化，对人们的生活价值观、社会关系、既有社会秩序造成的冲击和改变时，有关流动性的现代社会特征的分析，无疑为我们进行社会管理理论和实践的创新提供了重要的知识论基础，同时也为我们认识现代社会的风险性，提供了认识路径。

4. 风险性作为现代社会的又一基本属性，向我们揭示了在竞争、多元化和流动的多重因素影响下，风险作为影响现代社会秩序和安全的基本因素之一，向社会控制和社会管理提出了新问题和重大挑战。

风险是一种"人为制造的不确定性"。风险概念的产生是由于人们在社会生活的实践中认识到：那些对我们的正常生活秩序或安全造成不利后果的事件通常是由我们自己的行为引起的。"未能预期的后果可能恰恰是我们自己的行动和决定造成的，而不是大自然所表现出来的神意，也不是不可言喻的上帝的意图。"（吉登斯，2000a：27）风险不同于危险，"风险涉及那些我们主动寻求与之面对，以及对其进行估量的危险"（吉登斯，2000b：67）。"把风险从危险中分离出来的可能性必然源于现代性之社会特征。"（吉登斯，2000a：28）因而，风险是一种现代性的特质，是和人类自身行为相联系而产生的危险。认识和预测我们行为可能带来的风险，既是科学的社会管理的要求，也是建构有序和谐社会的必要条件。

通常说来，现代社会的风险性主要来自于与人类追求和实现自己目的和需要相联系的各种重大活动。市场竞争和经济危机、贫困与犯罪、科学技术变革、生态破坏与资源枯竭、能源危机、大规模的战争、地缘政治变化和全球化等，都会造成风险。弗朗西斯·福山在讨论西方社会的经济从工业化时代向信息化时代转变中所发生的社会"大分裂"时指出，随着信息技术的普遍使用，围绕信息而建立的社会获得了更多的自由和平等这两种现代民主社会人们最为珍视的东西，也创造了更高、更有效的经济，给人们带来了更多的实惠。但与此相伴的是，"大多数工业化世界里的社会状况严重恶化，犯罪和社会动乱开始上升，使得世界上最富有的社会的城市中心几乎变成不适于人们居住的地方"，维系社会制度的亲属关系衰落，人们对组织机构及其制度的信任和信心大幅下降，人们相互交往的性质也发生了变化。"道德的沦丧可以从有关犯罪、私生子、减少了的教育结果和机会、遭到破坏的信任等方面的统计中很容易测量出来。""这些变化本身使20世纪中叶工业社会盛行的社会价值观念形成了大分裂。"（福山，2002：4-5）

从上述情况可以看出，"风险社会"指的是一组特定的社会、经济、政治和文化的情景，其特点是不断增长的人为制造的不确定性的普通逻辑，它要求当前的社会结构、制度和联系向一种包含更多复杂性、偶然性和断裂性的形态转变（芭芭拉·亚当、乌尔里希·贝克、约斯特·房·龙，2005：7）。由于这些特征的普遍存在，当代社会学理论把现代社会看作一个"风险社会"。而风险社会的到来导致了社会理念基础和人的行为方式的改变，从制度上和文化上改变了现代社会的运行逻辑。它必然导致既有社会秩序的混乱，但同时也提出了开展风险管理，重建社会秩序的要求。积极回应这种要求，既是社会学理论的重要任务，也是现实社会管理必须面对的问题。

三 探索构建有序社会的理论基础

理论是时代问题和时代特征的思想反映和逻辑抽象，只有反映了时代本质和规律的思想才是真正有活力的、能够回答时代提出的问题的思想。开展社会管理基本理论研究，构建有序社会的知识基础，需要我们全面把握所处时代的基本特征，建立两者间的思想与现实的联系。在此意义上，竞争性、多元性、流动性和风险性等作为表征现代社会人类处境基本的社会事实，深刻地反映了现代性的发展所引起的重大社会变迁。这些意义重大的社会变迁，不仅改变着人类社会行为的样式，引起了人们社会价值和规范的重大变化，而且对传统的社会秩序和社会管理方式提出了严峻的挑战。面对这一系列的变化和挑战，当代社会科学对社会经济发展和人类在追求其生活目的的过程中如何约束和规范自身行为，社会管理如何适应由于科学技术进步和社会价值观念变化所产生的社会关系结构和社会规范问题，进行了积极的探索；对社会的治理如何面对由于个体化社会、流动性的社会关系和社会结构，全球化和市场化的触角无孔不入地深入每一个国家、每一个民族和每一个社会的每一个角落而对民族国家政治权威和政府社会控制力的削弱，重建政治秩序和新的权力、权威体系，重塑社会信任的社会机制和道德秩序等重大的议题，开展了广泛而深入的研究，并形成了许多有重要现实意义的理论成果。

中国社会的现代化发展，也面临着各种现代性问题的挑战，并且也形成了前面所述的这些社会特征。随着中国社会的全面现代化转变，这些特征会越来越显著，越来越影响着中国社会的转型和发展。作为应对这种社会深刻转变的社会建设，也就越需要开展社会管理创新的理论和实践探索，创造新的格局来实现中国社会的全面转型。从这一思考出发，社会学家和思想家们对现代社会变迁与转型所做的各种思考和探究，为我们开展社会建设，探索社会管理创新的理论与方法提供了重要的思想资源。就已有的成果来看，当代西方社会学理论关于社会管理问题的研究，在社会治理和社会秩序的领域已经形成了较为完整的理论和方法论体系，建构起较为扎实的知识基础。与此相一致，国内学界在关于社会建设和社会管理理论的探索上，也结合中国社会管理面临的理论和实践难题，作了积极的探索，取得了一系列有重要意义的成果。

以郑杭生教授为首的研究团队从学科建设的高度出发，将社会建设和社会管理研究当作中国社会学的使命，对之进行理论建构，把社会建设的内涵定义为"社会资源和社会机会合理配置"（郑杭生，2011），从正向和逆向两个方面阐述了社会建设的内容，把社会管理看作"一种服务、协调、组织、监控的过程和活动"。并概括出社会建设和社会管理应对国内社会转型和国际社会发展的六大挑战：在市场经济陌生人的世界，建立共同体的挑战；在价值观开放多元的时代，促进意义共同性的挑战；在社会分化加剧的情势下落实公平正义的挑战；在社会重心下移的情况下，大力改善民生的挑战；在生态环境恶化情况下，环境友好、资源节约的挑战；在发展主体总体布局上，理顺三大部门的挑战。这一概括从学科建设顶层设计的角度提出了具有战略意义的研究思路，为开展社会管理创新的社会学理论研究提供了重要成果。

孙立平对消极的社会管理和积极的社会管理的区分（2011），把消极的社会管理看作"以被动防范为手段，以维护现状为目标"，"积极的社会管理旨在改善社会，推动社会进步，以建设一个好的社会来实现社会管理要实现的目标"。并把实现公平正义，营造好的社会生态，健全市场经济条件下的利益均衡机制，发育良好的社会组织系统，解决社会矛盾和社会冲突的制度化方式，重建以基础制度和道德规范为主要内容的社会基础秩序等作为好的社会所需要的社会机制，对社会管理的应有之义给予了全面的观照。

李路路和蔡禾分别从不同角度讨论利益关系的变化对社会管理及其创新提出的挑战，将不同社会群体和个体的利益诉求和利益关系的调节看作社会管理的核心使命，建立有序化社会秩序的基础，对利益多元化时代的社会管理问题做了深度分析。李路路认为（2012），在改革开放的深化过程中，中国的社会结构相对于传统社会主义社会开始出现明显的阶层化，"阶层地位越来越明确，阶层边界越来越清晰，阶层利益越来越凸显"。在这个过程中，伴随社会经济的市场转型，利益关系也由以国家再分配为基础的利益关系逐步转向市场化的利益关系。由于市场经济背景下的利益关系"同时具有平等性（自由性）和对抗性（不平等性）两种特征"，"权力与权利"的矛盾、对财产权的"放纵"和市场关系在公共领域中的"泛滥"不可避免地会"导致社会不平等的加剧和社会矛盾与冲突的扩大"。因而，"社会管理创新在一定意义上可表述为：如何在阶层化和市场化的背景下，正和日益分化的阶层结构，处理不同阶层和群体之间日益市场化的利益矛盾冲突……形成新的协调利益矛盾与冲突的社会机制"。

　　蔡禾则认为（2012），改革开放以来，我国已经初步建立起了调节利益关系的社会主义法律制度，但是，由于单位制解体，市场经济消除了人们对单位的依附，获得了市场中的"自由"，但如果他们不能被重新整合到新的利益组织中，"自由"只能意味着个体的原子化，利益诉求只能是个体化的。而利益的"个体化诉求"往往使弱势群体的个人利益诉求在强势群体面前不能得到公正的对待，或者由于弱势群体争取自己利益的博弈能力不足，造成利益诉求的不公，引发各种社会矛盾和冲突。解决这些矛盾冲突，必须通过搭建利益博弈的公共平台来创新社会管理，建立"不同利益群体之间的利益博弈秩序"，形成"与社会主义制度相适应的利益诉求的群体表达机制或组织代表机制"；同时，"创新社会管理还需要建立一个能积累以网络、信任和规则为要素的社会资本的公共平台"，使之能促进人与人之间良性互动，在不同群体之间形成有规则、秩序化交往的机制。

　　李友梅（2012）在讨论中国社会管理新格局问题时认为，当前学术界关于中国社会管理创新已经形成了一些基本共识，但这些共识主要是建立在有关市民社会理论、治理理论和新公共管理理论基础上，虽然它们可以作为理想类型为人们思考当代中国社会管理创新提供初步的分析框架和认知路径，却无力在中观层面揭示社会管理实践中诸多组织机制间的复杂因果链条和微妙互动关系。创新中国的社会管理实际上同时面临两条相互影响的主线：一种是纵向的秩序整合机制，另一种是横向的秩序协调机制。所谓纵向的整合机制是指科层制管理系统，而横向的协调机制则是民主协商制度。前者是建立在一元权力中心基础上的自上而下的命令协调机制，它借助等级化的科层管理架构和命令式体系而运作，使社会生活按照某种预设的"秩序图景"而上演。后者则是一种建立在多中心基础上的开放式协调机制，它通过跨利益群体、党派、阶层的平等协商，形成基于多方"同意"的秩序。着眼于这两条主线，中国创新社会管理格局的框架性安排应考虑以下三个方面的要求：一是形成上下贯通的多层级复合

"共治"结构，促成纵向秩序整合机制与横向秩序协商机制的有机衔接；二是加速当代中国公共空间的生产，为促成纵、横机制相互合作创造条件；三是促使各类社会组织成为社会秩序的协调主体并使之成为当前中国横向秩序协调系统建设的重点。通过这些中观层面的社会管理机制建设，最终达到在激发社会内在活力的同时强化纵向秩序的合法性，实现社会的有效整合。

国内学者的这些讨论，在奠定创新社会管理和重建社会秩序的理论基础方面做出了积极的、富有创造性的贡献。但是从总体上看，如何形成有关社会建设和社会管理创新的从知识论基础、方法论阐释到经验分析完整的研究体系，更深入地开展理论研究，形成有关社会治理和社会秩序研究的理论框架，还是一项有待进一步深入开展的工作。为此，本课题从梳理社会建设的理论逻辑、探索有序社会的知识基础的目标要求出发，试图通过对当代社会学理论有关社会秩序和治理的思想资源和实践经验的研究成果的分析，为建构有序和谐社会提供知识学和方法论的依据。基于这一思路，我们选择了代表现代西方社会学在社会秩序与社会治理的研究上有重要影响的三种理论：功能主义的社会秩序理论、福柯权力－知识分析的自由主义治理理论和近年来颇为流行的公民社会治理理论作为研究的焦点，对其思想渊源、知识架构、逻辑体系和现实关怀进行批判哲学式的"社会秩序如何可能"的探讨，并希望以此来带动国内社会建设和社会管理创新的理论思考向着更深层次迈进。

参考文献

齐格蒙特·鲍曼，2002，《流动的现代性》，上海三联书店。

齐格蒙特·鲍曼，2012a，《流动的生活》，江苏人民出版社。

齐格蒙特·鲍曼，2012b，《流动的时代》，江苏人民出版社。

蔡禾，2012，《从利益诉求的视角看社会管理创新》，《社会学研究》第 4 期。

陈皆明、陈通明，1995，《论作为社会控制的社会竞争》，《宁夏社会科学》第 4 期。

彼得·德鲁克，2003，《社会的管理》，徐大建译，上海财经大学出版社。

邓正来，2009，《哈耶克社会理论》，复旦大学出版社。

弗朗西斯·福山，2002，《大分裂：人类本性与社会秩序的重建》，中国社会科学出版社。

郭定平，1993，《从多元社会谈及政治共识》，《社会科学》第 8 期。

哈耶克，1997，《通往奴役之路》，中国社会科学出版社。

安东尼·吉登斯，1998，《现代性与自我认同》，三联书店。

安东尼·吉登斯，2000a，《现代性的后果》，译林出版社。

安东尼·吉登斯，2000b，《第三条道路：社会民主主义的复兴》，北京大学出版社、三联书店。

纪晓岚、张韬，2012，《关于社会管理理论若干问题探索》，《甘肃理论学刊》第 1 期。

李路路，2012，《社会结构阶层化合利益关系市场化——中国社会管理面临的新挑战》，《社会学研究》第 2 期。

李友梅，2012，《中国社会管理新格局下遭遇的问题——一种基于中观机制分析的视角》，《学术月刊》第 44 卷 7 月号。

马丁·N. 麦格，2007，《族群社会学》（第 6 版），华夏出版社。

戴维·米勒，2010，《论民族性》，凤凰出版传媒集团、译林出版社。

任炳伦，1986，《民主与发展》，时报出版公司。

孙立平，2011，《走向积极的社会管理》，《社会学研究》第 4 期。

芭芭拉·亚当、乌尔里希·贝克、约斯特·房·龙编著，2005，《风险社会及其超越：社会理论的关键议题》，北京出版社。

郑杭生，2011，《社会建设和社会管理研究与中国社会学的使命》，《社会学研究》第 4 期。

周国平，1986，《尼采：在世纪的转折点上》，上海人民出版社。

第一编

社会秩序如何可能

——从功能主义的观点看

随着改革开放跨过第三个十年，中国社会在经历了一个非同寻常的经济繁荣期的同时，也正日渐步入更加深刻的社会转型过程。这一转型在我国基本实现了经济领域从计划经济向市场经济的转变之后，正在或必将面临来自政治领域和社会领域要求与经济转变相适应的同样结构性改革。因此，在当下中国社会，社会建设与社会管理不仅成了政府、学界和普通民众的共同议题，对社会建设与管理的深入理论思考和讨论也成了人文社会科学各学科研究的焦点所在。

　　尽管时下知识界众声喧哗，但从社会学学科出发，当前中国社会关于社会建设和社会管理的思想讨论，根本上仍是在追问和回答一个霍布斯式问题：现代社会中，考虑到人类行为的高度复杂性，社会秩序是如何可能的（帕森斯，2003：100 – 106）。循此思路，则社会学对社会建设与社会管理的深入思考，就不仅要有基于中国社会现实性的理性反思，更重要的，这种思考既要摆脱当下常见的一种局限于专家治国论式社会公共事务治理的解释模式（陈振明，2006；李程伟，2005），也不能堕入一种习惯性的为暂时避免社会问题和社会混乱而对整个社会施加控制的实用主义理解（李学举，2005；王思斌，1992）。相反，它毋宁要求社会学者能够置身更加广阔的社会学思想传统中，对社会建设与管理进行更加一般化理论思辨与逻辑澄清：如何理解从传统社会到现代社会的巨大变迁？在这种变迁下，现代社会整合与秩序的基础何在、怎么实现？进而，在现代社会学场域中，社会学理论是怎样在社会建设与管理这个主题上实现自己的新陈代谢、建构自己独特思路与话语的，而相关理论建构将如何形塑人们对于当代世界的理解和预期？它们又将会以什么方式持续影响我们对中国相应问题的思考？

　　正是在这种意义上，西方社会学理论从古典到当代对霍布斯秩序问题的思考和解答，适为当下中国社会学研究扩展自己视野，在借鉴已有社会理论基础上实现思维的自我提升和创新提供了一面宝贵镜子。因而，笔者以为，尽管有陷于过分依赖社会学史经典作家思想的危险，但返回到那些似乎正被当前各种时髦讨论遗忘的社会学理论传统，去除披在这些一般性理论话语身上既高度抽象又极度晦涩的伪装，或许是我们从中汲取深刻洞见与长远卓识的一个不错选择。

社会学思想史上，不同于滕尼斯的悲观论调和浪漫主义复古情绪，涂尔干敏锐察觉到，在从传统社会向现代社会的巨大转型中，维系个人与社会的纽带以及传统的社会团结虽然显现了根本性断裂，但现代社会并不意味着一种倒退或全面失序，相反，它孕育着一种新型的社会团结形式与社会整合基础（涂尔干，2000）。于是，围绕着如何揭示和构建这一新型团结形式和整合基础，社会建设与管理的主题——现代社会的秩序如何可能——第一次进入了社会学的视域，并构成了一项一直扩展到当代的研究纲领。

进一步，随着帕森斯承继涂尔干的思路，尤其是自 20 世纪 50 年代帕氏对"社会系统"以及"社会共同体"理论的构建①，一种从广度和深度都极大地拓展了的现代社会新型秩序的分析框架逐渐浮现。帕森斯强调，随着现代社会日益分化，一种公民们在其间彼此自由自愿联合而成的"社会共同体"必将作为某种新层次的社会秩序得以可能的载体从"社会系统"中苗生，它具有特定功能，并与"社会系统"中其他子系统构成特定关系模式。继而，经由全社会的进化与功能操作，一种合意、和谐的社会秩序将最终得以确立（帕森斯，1991；Parsons，2006）。

但正如亚历山大所言，在涂尔干、帕森斯的研究进路中，既体现出社会学理论处理社会秩序问题的最显著成就，也反映了其最典型的缺陷（Alexander，1990：3）。作为一般性理论的典型，涂尔干与帕森斯的理论既为具体的解释模式提供了它们所必须依赖的理论基础，同时其弱点也通过各种具体理论对其的批判被引发出来。每当一般性理论本身已不能提供完美的解释，而具体理论却可以提供某种新兴解释而赢得科学的威信和关注时，二者的冲突必将激化，最终要求一种新的一般性理论的出现（Alexander，1990：5–6）。

---

① 在帕森斯的学术自述中，他承认是因为 1958 年涂尔干百岁诞辰时重读涂尔干，从而激发他对于整合的兴趣后，他开始致力于构建"社会共同体"理论（Parsons，1970：855–862）。

以此观之，则帕森斯宏大理论在 20 世纪六七十年代相继遭到各种新理论范式（社会冲突论、社会交换论、符号互动论、常人方法学、结构主义与新马克思主义等理论）的攻击不仅凸显了其理论综合的某些弱点，也预示着新一轮理论综合的来临。而在这第三波理论浪潮中（亚历山大，2003；Mouzelis，1999），以卢曼和亚历山大为代表的新功能主义不仅着力于批判性继承帕森斯的理论遗产，重构现代社会学的一般性理论大厦，而且围绕着社会秩序这一核心问题阐述了一系列新颖、深刻的理论见解，其影响至今仍在相关论域不断扩散。

因此，笔者试图在以下各章聚焦于上述理论演进过程，并通过对下述主题的深入讨论来发掘现代社会学理论关于社会秩序问题的远见卓识和深刻意义。

1. 考察涂尔干对社会团结概念的理论表述和政治、道德意涵的揭示，着重于以涂尔干与滕尼斯、斯宾塞思路的相互勾连来说明涂尔干社会团结思想的实质。

2. 循着社会团结概念，梳理帕森斯宏观社会学理论逻辑发展的四个阶段，尤其集中于阐述帕森斯关于现代社会系统分化、整合的一系列思考，并直面其遭受的理论攻击。

3. 在深入探讨帕森斯理论局限的基础上，阐释卢曼社会系统理论对帕森斯理论的继承与重构，特别是强调卢曼对现代社会分化、演进与复杂性化约的理论坚持及其研究范式转变带来的对社会秩序问题的全新理论视野。

4. 对亚历山大尚在进行中的理论建构从行动、文化与公共领域（亚历山大希望理论化建构的"好社会"[①]）三个方面展开研究，探讨亚氏理论对帕森斯理论重建和在当代社会文化分析上的成就与局限。

5. 基于上述一般性理论研讨，思考在中国社会语境中社会学理论回答社会秩序问题的可能性与方式，构设某些可能有助于我们思考的观念框架，以推进我们对中国社会脉络中秩序问题的理解。

---

① 在《理论化好社会：解释学，规范性与经验主义话语》一文，亚历山大直白地表达了他这一理论欲图（Alexander，2000）。

第一章

秩序与失范：重思涂尔干社会团结理论[*]

一　涂尔干社会团结理论的缘起

当代德国社会学大师卢曼曾言"自印刷术发明以来，似乎每个世纪的八十年代都要出现一波伦理思考的浪潮"（Luhmann，1991：82）。如果说1580年前后是道德理论从神学中脱离，1780年前后出现了以康德、边沁与萨德为代表的三种道德理论变体（variants）的话（Luhmann，1991），那么在19世纪80年代，以社会思想显现的伦理思考就成为主流。彼一时代，虽然1848年革命的余波仍在（其对马克思、孔德社会学思想有重要影响，具体分析可见：阿隆，2005），但普法战争后德意志帝国的崛起以及巴黎公社废墟上法兰西第三共和国的兴起，使社会理论暂时告别了革命时代，进入一个"社会范畴"兴起的时期。于是，伴随着工业革命的机器轰鸣，关于社会进化的两极化概念成为理解现代社会范畴最方便的工具。其中，滕尼斯在"共同体"（Gemeinschaft）与"社会"（Gesellschaft）之间的划分最为典型也最具影响力，它们既直接地涉及了现代社会性质问题，也清晰地显示了这种二元概念架构在意识形态上的负重。

在滕尼斯看来，共同体是一种以自然、亲切的伙伴关系作为社会交往基础的前现代社会模式，其中结社交往是目的而非手段，人们通过共同生活、彼此的亲近与共识产生了充满兄弟友情的群体，因此团结性行动是这

* 本章部分内容曾作为本课题的阶段性成果，以《失范与秩序：重思涂尔干的社会团结理论》为题发表在《云南大学学报》2013年第2期。在此，谢谢学报允许笔者在此使用它们。

种社会的主流。而社会则是以市场关系为基础建立的现代社会模式，在此
模式下，人们决定是否与他人交往一般依是否有助于自己达成目标而定，
从而，工具性行动充斥其间。由此，19 世纪末期正在西欧普遍发生的现代
化过程，在滕尼斯眼中就成了团结纽带瓦解的过程。滕氏认为，劳动分
工、人口增长以及市场交易等因素摧毁了面对面的人际关系与忠诚，取而
代之的是社会关系的破裂和社会有机体的解体。进而，这一过程掩盖的战
争状态，终有一天会表现出来（滕尼斯，1999）。

　　抛开滕尼斯的这种论断是否符合历史经验事实不论，就其实质而言，
可以说，滕氏这一"先后或同时受到了尼采、卡尔·马克思、康德、萨姆
纳·梅因以及进化论者的启发"（涂尔干，2003：328）的论断，放在传统
德国批判主义的语境里，毫无疑问地显示了一种关于现代性的激进意识形
态：现代化的进行毁灭了传统的团结，导致了无组织状态。因此，要想摆
脱现代生活的混乱无序，重新肯定集体性力量似乎是一个方便迅捷的办
法。如此一来，想要摆脱滕尼斯这一在 19 世纪末期颇有思想市场、比较魅
惑人心的论断，就必须论证现代社会的团结性程度并不比早先的社会秩序
薄弱。由此，团结的性质与渊源问题就成为社会学论题中自由主义意识形
态与激进意识形态分歧的核心。

二　社会团结理论的逻辑

　　正是在上述思想背景中，涂尔干的社会团结理论构成了为现代性进行
辩护的第一种社会学进路。相较于涂尔干对他的德国同行韦伯、齐美尔的
陌生（据现有文献，涂尔干仅对韦伯夫人写过一篇书评，见：涂尔干，
2003），滕尼斯思想对涂氏的巨大影响似乎正说明了后者的基本立场。因
此，在针对滕尼斯《共同体与社会》一书的书评中，涂尔干明确写道，在
他与滕尼斯之间，"我与他的不同之处，在于他有关 Gesellschaft（社会）
的理论"（涂尔干，2003：334）。他认为，因为滕尼斯采用的纯粹意识形
态方法，后者根本无力解决现代社会集体生活究竟来自何处的问题（涂尔
干，2003）。

　　于是，在稍后撰写的名作《社会分工论》里，涂尔干提出："社会生

活有两个来源：一是个人意识的相似性，二是社会劳动分工。"（涂尔干，2000：183）前者典型体现在具有"机械团结"的传统社会中。在这种社会里，集体意识完全覆盖了个体意识，人们之所以能够联结在一起，是因为每个人都是相似的，"我们与我们的群体完全是共同的，我们根本没有自己，只有社会在我们之中生存和活动"（涂尔干，2000：90）。而后者只出现在具有"有机团结"的分化社会中。在后一种社会里，人口容量和社会密度以及社会交往程度的急剧增长激化了人们的生存竞争，因而只有通过劳动分工人们才可能获得生存机会。除此之外，社会劳动分工绝非仅仅产生了经济利益上的好处，它还创造了一种新的道德形式——有机团结——来维系个人与社会的关系。

通过聚焦于分化社会的劳动分工，涂尔干对现代社会秩序的起源与性质，做出了既不同于英国功利主义传统又不同于德国集体主义传统的思考（Müller，1994）。在涂尔干眼中，一方面，社会劳动分工并非仅仅通过提高效率以及增长个人财富和国家财富等方式，促成了现代工业社会的经济增长与社会进步。相反，劳动分工也造成了生存竞争、冲突与失范（anomie）。另一方面，资本主义社会中的劳动分工并没有自动地制造出剥削、异化与贫困现象（这是马克思思想传统分析的重点）。相反，它蕴含了分化、专业化与一定环境下的经济生产力。因此，涂尔干既非从"效率"又非从"剥削"的视角看待分工，反而是赋予劳动分工道德的属性。他相信，正是劳动分工促生了有机团结并创造了新的社会连带（social bond），从而使现代社会的秩序得以可能。而它们恰恰是英国个人主义传统和德国社会主义传统都没能看到或者忽视了的重要东西。

除了认为劳动分工为现代社会带来了新型团结形式，涂尔干还注意到了劳动分工带来的现代社会"集体意识"层面的变化。他认为，在原始社会中，集体意识表现为一种由个人相似性产生的无所不在的公意，但在分化社会中，不再有无远弗届的公意，只有由劳动分工创造出来的集体意识——有机团结——在特定范围内传播，从而为现代以自由市场为基础的社会提供着"契约中的非契约成分"（帕森斯，2003：356）。

因此之故，莫斯认为，不仅涂尔干的原始问题源自对个人主义与社会主义关系的思考，并且，涂尔干还创造性地为秩序问题提供了一种可称为

"道德个体主义"（Moral individualism）的答案：有机团结（Mauss，1958）。
这一答案既一反滕尼斯式"道德集体主义"（collectivistic moralism）的主
张，又开辟了一条不同于英国"功利个人主义"（individualistic utilitarian-
ism）式市场、契约理论的进路，尤其是考虑到它提出于 19 世纪末 20 世
纪初的特殊历史背景下。那时，由亚当·斯密和斯宾塞阐发的市场契约
论以为，社会不过是"经济人"进行自由交换的场所，在这种关系中，
人们以自我为中心，按照利益最大化的计算，在资产阶级民法的范围内
结成人与人的关系。所以，现代社会不是通过道德规则在决定个人的行
动方向，而是通过契约规定着个人的行动方向，因而，市场机制创造了
社会统一。涂尔干对此反驳道："仅仅有契约是不够的，还必须有来源
于社会的契约规定。"（涂尔干，2000：173）他认为，如果社会仅仅是
由一些因为其各自现时利益得到满足从而建立起一种暂时契约关系的独
立个体的集合体，如果典型的社会关系仅仅是经济关系，那么人们不可
能拥有一个社会，相反人们有的只是一种霍布斯式的"所有人对所有人
战争的自然状态"。所以，为什么人们已身处高度契约化与个体化的社
会中却并未陷入霍布斯所言的"自然状态"，是因为契约关系后面还存
在着"契约中的非契约成分"，才使人们能够彼此通过缔结契约而维持
社会的秩序。进一步，涂尔干认为，"契约中的非契约成分"就是道德。
在原始社会中，它们表现为机械团结的形式。而在分化社会中，它们变
成了一种由社会分工表征出来的有机团结，并通过社会控制器官——法
律，使社会秩序得以可能。由此，在《社会分工论》中，涂尔干很自然地
使用了一个"社会—集体意识—团结—道德—法律"的论证链条说明了自
己对于秩序问题的思考。

三　现代社会的团结危机：失范

明白了涂尔干的上述论证，那么厘清涂氏对现代社会失范问题的思考
也就水到渠成了。如前所述，涂尔干是以一种乐观态度看待 19 世纪西欧社
会从"机械团结"到"有机团结"的转型过程的，在他眼中，劳动分工、
职业和个人间的分化，传统权力的衰退，个人自由的日益增长以及个人首

创精神的发挥，这一切都是有益的。然而，现代社会同样面临着许多危险的问题，如果不加以克服，现代社会就将陷入解体的危险。

涂尔干认为，现代社会面临的最致命、最严峻的社会问题，具体表现为"现代经济生活存在着的法律和道德的失范状态"（涂尔干，2000：14）。因此，从《社会分工论》《自杀论》再到《宗教生活的基本形式》，对现代社会"失范"状态的担忧和从各个面向对其加以分析就一直萦绕在涂尔干心头。在《社会分工论》中，涂尔干看到了现代经济生活中劳动分工的三种"最普通和最重要的"反常形式：（1）由于缺乏充分而有效的社会规范，因而使分工过程中各个机构、各个部门间的关系得不到正常规定和调节的"失范的分工"；（2）在违背当事人本性和意愿的情况下通过某些外部的强制手段实行的"强制的分工"；（3）分工过程中组织不适当，造成有的人工作任务饱满、充满活力，而有的人工作任务不够、活力不足的"不适当的分工"。

而在《自杀论》中，涂尔干的担忧从经济生活延展到了社会生活。在他看来，"自杀人数增加的速度甚至不允许有其他假设。事实上，在不到50年的时间里，不同国家的自杀人数增加了两倍、三倍甚至四倍。……因此，说明自杀倾向高涨的不是我们的文明日益光辉灿烂，而是一种危机和动荡的状态，这种状态的延长不可能没有危险"（涂尔干，1996：403 - 404）。而无论自杀表现为利己型、利他型还是失范型，造成它们的真正原因都是社会力量，"用涂尔干的话来说，那就是，有几股自杀的潮流贯穿着整个社会，这些潮流的起因不在于个人方面，而在于集体方面。它们是自杀的真正的或决定性的原因"（阿隆，2005：274）。

到了涂尔干晚年，他对失范的关注进一步上升到了宗教层面。这正如阿隆曾深刻指出的，《宗教生活的基本形式》实际上阐明了涂尔干关于解决科学与宗教这一对矛盾的办法（阿隆，2005）。因为，如果说在"机械团结"社会是传统宗教为社会整合提供了共同的集体意识的话，那么，在转型后的"有机团结"社会，由于科学拥有了至高无上的知识权威和道德权威，最起码的共同集体意识已经很难再由传统宗教提供了，它们只可能由适应现代科学精神的事物来提供。由此，涂尔干认为，尽管由于科学与宗教的矛盾，现代社会在共同信仰上出现了迷失与混乱，但通过宗教科学的研究可以发现，宗教与科学都无非是社会面貌的变形，因而"它能使人们产生这样的希望，即未来的社会仍将有可能制造众神，往昔诸神不过是变了形的社会而已"（阿隆，2005：280）。

四　从失范到秩序：团结理论的药方

根据涂尔干的思路，既然现代社会秩序和失范的根源皆在于"社会—集体意识—团结—道德—法律"的根本变化，而现代社会又时常面临因最低限度的集体意识和有机团结的缺失而导致的失范状态，那么，怎么克服呢？

综合涂尔干生前所写序言和逝世后发表的教材，他大致提出了如下几种救治现代社会失范危机病症的药方。

首先，在《社会分工论》的第二版序言和《自杀论》中，涂尔干力图证明：家庭组织、政治组织和宗教组织没有一种能够提供既给个人以安全又使人服从相互关系所要求的、可以接近的社会环境，而只有职业群体才能够提供这种环境。涂尔干认为，在现代社会，家庭的作用已极大衰退并变得日益狭隘，其在经济上的作用也越来越小，从而已不能在个人和集体间产生有效的纽带作用。而政治组织或者国家又过于抽象和远离个人，从而也不能为促成个人与集体的融合提供必要环境。最后，宗教在现代科学的冲击下，也日益表现出一种属于精神世界的和抽象的特征，从而和人们日常生活渐行渐远。因此，在军事、宗教和管理等领域的功能已经越来越屈从于经济基础的现代社会，涂尔干提出："要想治愈失范状态，就必须首先建立一个群体，然后建立一套我们现在所匮乏的规范体系"，而"满足这些条件的独立群体是由那些从事同一种工业生产，单独聚集和组织起来的人们所构成的，这就是我们所说的法人团体，即职业群体"（涂尔干，2000：17）。

接着，涂尔干在《职业伦理与公民道德》中更明确地申明：在劳动分工高度发达的现代社会，职业群体（或法人团体）是有机团结无可争议的载体，通过职业群体以及职业群体层次上的集体意识和行为规范的建设，一种理想的"道德个人主义"集体意识形态将会成为解决社会面临的各种问题的基础；进一步，居于职业群体之上的国家既有监督和节制各种职业群体的功能，也有在民族国家整体层次上规范和整合社会活动的功能。最后，个人一方面从职业群体那里获得最直接的道德生活环境，另一方面又从国家那里获得自由、独立的保障，并接受职业群体与国家的引导与规范。从而，涂尔干认为，通过这种国家、个人与职业群体的相互作用，现代社会转型产生的弊端最终将得以克服（涂尔干，2001；Müller，1994）。

五　对涂尔干团结理论的当代思考

自涂尔干从社会团结出发，对现代社会的秩序问题进行理论解释并提出克服失范危机的实践建议以来，社会团结视角就一直影响着中外学者的相关思考。

早在 1934 年，罗伯特·默顿就向英语世界读者广泛介绍涂尔干的《社会分工论》。在默顿看来，涂尔干不仅在理论上把对社会目的（social ends）角色的研究带入了以往曾对其加以拒斥的实证主义科学研究之中，从而批驳了英国式个人主义实证论忽视作为社会行动部分决定因素的社会目的相关性的立场，而且在方法论上，涂尔干也通过反对因果概念并强调观察的、功能的概念而潜在地反驳了对现代社会的机械论思考（Merton，1994a/1934）。继默顿之后，由于帕森斯把涂尔干视为古典社会学的代表人物，以及涂尔干所揭示的社会失范现象一而再地在现代社会生活中反复出现，因而涂氏的思路也一而再地引发当代学者的重新解释，这种状况，只要看看 1994 年《社会分工论》发表 100 周年的纪念文章就可见一斑（Merton，1994b；Müller，1994；Tiryakian，1994）。

对中国社会而言，许烺光先生在写作《宗族·种姓·俱乐部》时就立足于涂尔干阐述的"社会团结"（中译文为"社会连带"）与"集体意识"概念，把中国、印度和美国社会中的二次人类集团的关系模式，归结为亲族团结、等级团结和契约团结，从而构成了分析中国、印度和美国人处世态度及世界观的理论基础（许烺光，1990）。21 世纪以来，经由渠敬东先生的编译和研究，不仅涂尔干的基本著作，如《社会分工论》《宗教生活的基本形式》《职业伦理与公民道德》《乱伦禁忌及其起源》等纷纷推出中译本，而且渠敬东本人关于失范的社会学研究也把对涂尔干思想的认知推进到更深层次（渠敬东，1999）。近来还有很多学者在涂尔干社会团结论启发之下展开了对大陆与台湾相关社会现象的研究，例如高丙中教授利用涂尔干"有机团结"概念，把中国社会近些年不断发展的社团平等合作现象阐发为中国社会在结构上加速分化的同时迈向有机团结的趋势，从而借此理解当下中国社会建立横向联结方式的一种机制及其对于中国公民社会健康发展的积极意义（高丙中，2006）。再如台湾学者陈东升（Dung - Sheng Chen）教授提炼涂尔干"社会团结"概念，并以此为中心探讨台湾社会在 20 世纪发生的社会团结模式的变迁（Dung - Sheng Chen，2001），都在在显示了涂尔干社会团结理论的生命力及其对于中国社会秩序问题的意义。

当然，涂尔干的社会团结思想也存在着一定的理论和方法缺陷，按照当代学者的意见，它们可大致归纳为：（1）涂尔干一直没有讲清劳动分工和有机团结的确切联系，而且他赋予劳动分工道德意义和他的方法论主张是相抵牾的（Luhmann，1981；Parsons，1967）；（2）涂尔干常常根据其理论预设排除那些与他观点相冲突的解释可能性（Merton，1994a，1994b；Lukes，1973；尼达姆，2005；列维 - 斯特劳斯，2006）；（3）涂尔干应用的调查资料有一定缺陷（Merton，1994a）。

总而言之，尽管涂尔干对社会秩序问题的理论建构在方法论与理论逻辑上存在着一些缺陷，但他对现代社会分化事实与新型整合（团结）形式的揭橥与论证却在主题、理论与实质主张上开辟了社会学研究现代社会秩序的理论路径①（Müller，1994）。这不仅仅确立了社会学作为一个独立学科的合法性与研究领域，而且正如下文所论，现代社会学关于社会秩序的各种理论纲领——从帕森斯到卢曼、哈贝马斯与亚历山大——都一再地受益于涂尔干。

---

① 米勒认为，涂尔干的《社会分工论》在主题、理论与实质主张上分别提出了下列问题：（1）社会团结的必要性与失范的危险；（2）现代社会分化与整合的制度化关系；（3）良好整合社会中的道德概念和角色（Müller，1994）。

第二章

社会秩序如何可能：帕森斯理论综合的逻辑、意义与局限[*]

一 帕森斯与秩序问题

毫无疑问，在 20 世纪的社会学思想史中，帕森斯是最为杰出却也最为人误解的一位思想巨人。对此，哈贝马斯曾中肯评价道："毋庸置疑，没有一个帕森斯同时代的人曾发展出在复杂性上可与帕氏相比的社会理论。帕森斯 1974 年出版的自传性著作书目，让我们对这位作者在过去 50 多年间致力于构建一个统一理论的努力以及这种努力的连续性与积累性成功留下了深刻印象。……虽然从 60 年代中期人们对帕森斯理论的兴趣逐渐衰落，甚至帕氏后期的理论工作被时兴的解释学与批判理论取向的社会研究挤到了不显眼位置。然而，今天没有一种社会理论的构建可以不认真吸收和考虑至少与帕森斯有关的学说。在这点上的自我欺骗是典型的被时代问题所俘虏而非对问题的敏感，它同样对那些欲图绕过帕森斯的新马克思主义研究适用。因此，科学研究的历史表明，这类错误通常很快会被纠正过来。"（Habermas，1988：199）

确实，从 70 年代"谁还在读帕森斯？"的喧嚣（亚历山大，2005：67）到 80 年代中期帕森斯理论的复兴再到今天新功能主义的巨大影响，

---

[*] 本章部分内容曾作为本课题的阶段性成果，以《社会秩序如何可能：试论帕森斯社会秩序理论的逻辑与意义》为题发表在《甘肃行政学院学报》2012 年第 6 期。在此，谢谢学报允许笔者在此使用它们。

帕森斯高度复杂、抽象和综合的理论遗产非但没有死亡，反而焕发出日益强大的生命力。那么，帕森斯到底为我们留下了什么样的遗产？这些遗产有着怎样的理论意义而其局限又遭到过哪些批评？我们又该如何看待这些批评呢？

综观帕森斯理论构建整个过程，从《社会行动的结构》到他生命晚期仍孜孜以求的"社会共同体"，可以说，在纷繁复杂的理论线索中，始终有一个帕氏欲图回答的基本问题贯穿其间，那就是社会秩序如何可能的霍布斯问题。因此，虽然全面清点与评估帕森斯的理论遗产远非笔者能力所逮①，但笔者仍拟以帕森斯的相关著作与论文为依据，对帕氏就社会秩序问题所做的理论解释做一个简要的分析和评价。笔者以为，如果涂尔干是第一个在社会学意义上重视社会秩序问题的理论家，那么真正建立起一个严密理论逻辑来回答这个问题的理论家则是帕森斯。其中，我们可以清晰地看到其围绕社会秩序问题进行理论建构的下述四个阶段。

二 唯意志论行动理论的理路

帕森斯曾自谦地称自己是一个不能成大器的理论家（Parsons，1970），但依他在 1937 年问世的《社会行动的结构》一书中所表现出来的理论与社会抱负来看，这实在过于谦虚。

回溯 20 世纪 30 年代帕森斯学术起步的时代氛围，可以看出，帕森斯在《社会行动的结构》中展示的，既有其受到来自外部社会思潮和意识形态冲击而形成的思想张力，也有其欲图改造美国社会学面貌而展现的理论雄心。从后一方面讲，众所周知，虽然社会学在 19 世纪末 20 世纪初兴盛于欧洲大陆，但社会学的发展在欧洲大学中却一直存在着组织和制度方面等诸多巨大障碍②。一战之后，随着社会学缔造者涂尔干、韦伯和齐美尔

---

① 仅以哈贝马斯和亚历山大研究帕森斯的著作篇幅来看，在哈氏代表性作品《交往行动论》第 2 卷，讨论帕森斯的篇幅就有 102 页之多。而亚历山大《社会学理论的逻辑》更是以第 4 卷整卷的篇幅讨论帕森斯。

② 例如，涂尔干在其职业生涯被授予的是社会学与教育学的教授职位，齐美尔终其一生都未在德国的大学中谋得社会学教授的职位，即使是韦伯，其大半生都被视为经济学家而非社会学家。

相继离世，以及欧洲社会的知识分子由于对宣称可以理性解决世俗社会问题的古典社会学乐观主义信念（这是诸如斯宾塞、涂尔干等古典社会学家经常抱有的态度）的幻灭，转而拥抱或激进或虚无的哲学思潮，欧洲社会学遭到了严重冲击，因而社会学发展的重心从欧洲大陆转移到了美国。不过，尽管一战后美国社会学既有土生土长的中西部"芝加哥社会学派"针对社会问题硕果累累的经验研究基础，又受到了政治上倾向于社会改良主义传统的知识分子的热烈欢迎，但彼时美国的一般社会学，正如亚历山大所言，"总的来说是极度非理论的和经验主义的。它们受到本能主义理论和社会达尔文主义残余、实用主义的个人主义形式以及持续的反哲学的偏见所困扰，使得创立系统的社会学理论几乎是不可能的"（亚历山大，2000：15）。由此，帕森斯《社会行动的结构》中潜藏的理论抱负可见一斑。

而从前一方面，20 世纪 30 年代西方世界呈现出来的经济危机、各种尖锐社会冲突以及社会动荡不安的无序状态，在在显示了盛行于西方的自由主义意识形态和理论体系的脆弱与不足。在帕森斯眼中，这种意识形态和理论体系的典型就是"功利主义"，它肇源于霍布斯、洛克与亚当·斯密的古典自由主义理论，后经边沁和穆勒的创造性阐发，最终以斯宾塞社会达尔文主义的形式在西方（尤其是英美）社会思想中广为流传。进一步，这种功利主义假设：如果个人能够根据天生的本能行动，那么他就是理性的；而如果个人仅仅根据其理性要求追求自己的权利，那么社会就能够"自发地"平衡并满足个人的需要，从而形成对社会秩序"自发的自我调节机制"（帕森斯，2003）。对此，帕森斯指出，一战后西方社会陷入的危急困境，无疑宣告了仅限于这种自发的自我调节，社会秩序显然是不可能的。因此，帕氏意识到，阐发一种不同于功利主义的，能够应对他那个时代所面临的严重社会危机的新型自由主义理论体系，正是其不言而喻的社会责任。

正是在这样的理论与现实氛围中，帕森斯认为，为了创立一门抽象理论的新体系，他所要面对的最大时代困扰乃在于如何解释现代工业社会性质及其经济秩序问题。彼时，虽然标榜以"经济个人主义""自由企业"或者"资本主义"之名的各种理论路径都以自己的方式对其加以关注，但它们始终难以摆脱个人主义—集体主义的两难困境（帕森斯，2003）。帕森斯以为，功利（实证）个人主义把社会秩序得以可能的一般原因诉诸和平市场中个人的自由交换，但若这一路径缺少了那种理论和经验上都站不住脚的人们利益天然一致之假设，那么无须霍布斯所言之强力（force）与欺诈（fraud）的社会生活就根本无法理解；而在另一端，集体主义（社会主义以及有机论）的缺陷在于，由于它无法理解一种基于自我利益理性追求基础之上的人类行动以及秩序的合法性，从而它寻求通过返回到政治权力来挽救共同体的办法就不是人们所欲的。因此，帕森斯指出：

1. 社会学是关于秩序问题的科学。也即它要探寻：是什么使社会整合在一起？如果我们想要避免霍布斯式——强力抑或欺诈——解决方法，那么什么样的理论架构是可能的？

2. 对秩序问题的解决要求从对社会行动的分析入手。因而，如果想要避免霍布斯的利维坦式解决方法，就必须保持行动的基本自由，这即所谓的"唯意志论"。而要保证这种基本自由，那么，行动的价值性特点，也即行动者是为意义而奋斗就必须为共同行动者所接受。

由此，一方面，帕森斯通过宣称"马歇尔、帕累托、涂尔干和韦伯的研究所表述的，并非径直就是有关人类社会的四种特别的观察和理论，而是在理论思维结构上的一个主要的运动"（帕森斯，2003：16），而这一思想运动的统一性正体现于帕森斯所构建的"社会行动的结构"理论中，从而，帕氏把自己与古典社会学家紧密勾连起来。[①] 另一方面，考虑到美国行为主义猖獗、"经验主义"盛行的知识环境对解决秩序问题的巨大思维障碍[②]，帕森斯选择借助一种"分析实在论"（analytical realism）的理论建构，既追随韦伯，采用目的论理性行动结构模式作为其"唯意志论"行动概念的基本单元，又引入涂尔干在《社会分工论》中阐发的观点，站在一种规范主义的立场上来回答社会秩序何以可能的问题（Parsons，1970）。

---

① 不过，帕森斯也认为，以马歇尔为代表的功利主义、以涂尔干为代表的实证主义和以韦伯为代表的理想主义理论路径虽都对"唯意志论行动理论"有所贡献，但它们各自又都存在着一些严重问题。

② 帕森斯曾坦言：在美国的知识环境中，由于行为主义的猖獗，那些相信对人类主观意识状态的解释具有科学有效性的人们常被以为是愚昧式天真的，而盛行的"经验主义"总是认为科学知识无非就是一种"就在那儿的现实"的完整反射（Parsons，1970）。

这样一来，在帕森斯构想的最小单位行动分析框架中，行动者被描绘成这样一种人，他在一个给定的情景中，设定行动的目标，然后选择和应用适当的手段来实现这些目标。在这里，"目标"像通常一样被定义为行动者希望实现的未来状态；"情景"则是由行动者认为他部分地能够加以控制、部分地不能够加以控制的那样一些要素所构成，前者构成行动者的手段，后者则构成行动的条件；行动者对行动手段的选择依赖于一些基本的行动规则，而行动者对行动目标的选择则是以他的价值和规范取向为基础，这两者被帕森斯概括为"规范性标准"。由此，一个前后一致的关于社会行动的概念构架得以成形（见图 2-1）。

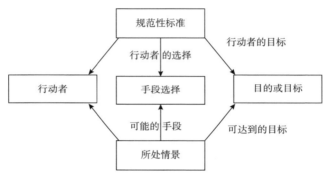

图 2-1　社会行动的结构①

乍看之下，帕森斯关于单位行动的这一主张无非是又一种韦伯式"理想类型"的概念建构，然而实际上它蕴藏着远为深刻的理论玄机。显然，帕森斯此时之所以倚重韦伯并欲图就社会行动发展出一种一般图式，乃是他意识到，正是关于行动性质的预先假设，构成了每一种社会理论间的分野和它们在秩序问题上的立场。其中，坚持理性主义的行动理论（诸如功利主义），更倾向于把行动者描绘为根据自己身外的力量判断情况的理性个体，这种理论虽然承认有超越个体的社会结构存在，但又坚持认为社会结构是个体协商和选择的结果，因而个体可以根据自己的主观意愿遵从或违反社会秩序。而那些重视非理性作用的理论（诸如涂尔干的理论），则往往暗含行动是为行动者内在力量所驱使的潜台词，因而它通常预设一种

_____

① 本图根据特纳等提供的图示修改而成（Turner and Maryanski，1979：69）。

社会秩序是外在于个体的既定事实的集体主义立场，根据这一立场，任何的个体行动都将受到先前存在的社会结构的作用。无疑，在帕氏眼中，无论是理性主义还是非理性主义理论关于行动性质的理解都有明显缺陷，而要超越它们，就必须建构出一个关于"社会行动的结构"之新型理论来。

而上述以个体行动者的单位行动为分析出发点的"唯意志论行动理论"正是这样的新型理论，它既预设了人们最基本的行动可以根据一个行动者在一种特定的情景中所具有的行动取向来加以分析，也预设了众多行动者的行动只能够在相互承认的规范基础上得到有效调节。从而，帕森斯不仅创新了对社会行动性质的理解，实现了将霍布斯式纯强制理论与纯粹唯意志论统合的目标。而且，他解决秩序问题的一体两面也显现出来：社会中的每个人都可采取对自己有利的手段去追逐私利或压迫别人，但自我利益的算计和身体惩罚总是第二位的，社会秩序之所以可能，在于为意义而奋斗的行动者会使自己趋向于得到共同承认的价值规范，进一步，通过价值的内在化，社会得以整合（Burger，1977）。

三 从"社会行动"迈向"行动系统"

如果说帕森斯在第一阶段更多地采取了韦伯式立场来理解"社会行动"概念，那从《社会系统》和《走向一般行动理论》①开始，帕氏便逐渐趋向于涂尔干的立场以建构"行动系统"理论。这个时期，帕森斯认识到，因为行动者总有许多不同的需求、目的和价值，所以，行动的本质实在于其固有的系统特质，因此，当行动者与其状态产生稳定关系时，社会学的分析对象就不在于单位行动，而在于行动系统。这样一来，对行动系统的分析自然成了理论重心所在。不仅如此，这一阶段正如他所言"还有一个标志，那就是它致力于与两门关键性的紧邻的学科——也即与人格理论特别相关的心理学和社会人类学——和谐共

---

① 虽然《社会系统》的出版（1951）先于《走向一般行动理论》，但实际写作过程却是后者先于前者。不仅如此，帕森斯认为实际上应该把两本著作放在一起才能完整表达他的意思。

处"① （帕森斯，2003：19）。更重要的，经由受自然科学与系统论启发的
"系统"概念，帕森斯既认为他完成了一种理论思维从经济学和物理学占
主导模式，向以生物学和人类学占主导模式的转移②，也认为一种来自于
生物学强调生理过程自我均衡、稳定的思维进入了他的视野（Parsons，
1970）。

　　而在哈贝马斯看来，此一阶段，帕森斯之所以转向"行动系统"理
论，还因为帕森斯前一阶段以个体行动者的单位行动作为自己分析出发点
的理论建构策略，使得他的理论模式面临着一个难以解决的问题，即如何
来解释多个个体行动者的主观价值取向之间的协调或整合，也即回答互动
参与者们是如何做出努力来克服由于双方价值取向和决策上的主观性与偶
然性［或曰"双重偶然性"（double contingency）］所带来的意向分歧这样
一个问题（Habermas，1981，1988）。

　　确实，帕森斯这一时期的理论构思，针对的正是这一问题。此时，通
过融入弗洛伊德的理论，帕森斯不再依据描述单个行动者取向的那些概念
来想象单位行动，而是试图把行动系统描述为文化系统、社会系统和人格
系统三种力量共同作用的产物。

　　其中，"系统"概念既可按照文化人类学的方式从整体和部分的关系
来理解，又可从系统与环境之间的关系中来理解。进而，帕森斯把"社会
系统"和"人格系统"理解为一种可以从经验上加以辨识的边界维持系
统，而"文化系统"则被帕森斯置于一种十分奇特的地位：它既是行动系
统的一个组成部分，又是一个高居于社会系统和人格系统之上的组成部
分。这样一个理论模型可用图 2 - 2 表示。③

　　图中双箭头表示系统 - 环境关系，虚线则表示结构内部之间的关系。
以这样一种方式，帕森斯强调了文化和环境两种因素对行动系统的影响或

---

① 帕森斯在其学术自述中曾直白地谈到弗洛伊德（Freud）在这个时期对他有巨大影响，同
　　样他也受到人类学同事克拉克洪（Clyde Kluckhohn）与默里（Henry Murry）的影响（Par-
　　sons，1970）。
② 在前一种模式中，主要是帕累托（Parato）、熊彼得（Schumpeter）和亨德森（Henderson）
　　的影响，而在后一种模式中，则主要是坎农（W. B. Cannon）与拉德克利夫—布朗的影响
　　（帕森斯，2003；Parsons，1970）。
③ 该图根据哈贝马斯的图示修改而成（Habermas，1988：228）。

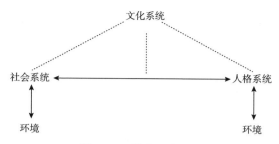

图 2 - 2　社会系统图示

作用。一方面，行动系统必须不断地满足为适应环境而产生的各种功能需求，另一方面，它又必须维持自己文化价值方面的一致性或同一性。这是十分不同且往往相互冲突的两种要求，而行动系统的结构与过程就是一种不断地在这两种要求之间进行妥协以致均衡的过程。

　　当然，必须指出，这里的社会系统、人格系统和文化系统都只是分析层次而非可具体感触的经验实体，它们的作用既在于指出行动的三种组织化或者系统化（systematization）模式，也在于把整个社会生活的不同层次和不同维度与它们相对应。因此，"任何具体实体，如一个人，一种社会情景，一种社会制度，都只有根据这些维度的一个维度才能够理解，而每一个维度又最终存在于三个系统之中"（亚历山大，2000：29）。

　　进一步，按帕森斯的意思，社会系统是包含下列特征的一种行动系统：（1）它关涉两个或更多行动者间的互动过程；（2）互动一方的期望必须以其他行动者的期望为定向，他者（alters）既是自我（ego）行动的对象，他者的行动也构成自我行动的必要参照；（3）社会系统中存在相互依赖和部分一致的行动，这种一致既显现了集体目标或共同价值的功能，也表达了规范和认知期望的合意。而人格系统则是这样的系统：（1）它由个体行动者彼此联系的行动构成；（2）行动者的行动由需求倾向的结构所组织；（3）个体行动者的行动并非随意地组合，而是确定地整合在一起。文化系统的特征在于：（1）文化系统既不是由互动组织也不是由单个行动者的行动体系构成，而是由价值、规范以及指导着行动者的象征符号构成；（2）文化系统因而既非人格也非社会系统意义上的经验系统；（3）文化系统应有相当的一致性，规范调节模式不能由任意或无关的因素组成；（4）文化系统是一种文化模式，它的不同部分相互关联从而形成价值系统、信仰系统和符号表达系统（Parsons，1951b：55）。

明白社会、人格和文化系统的具体含义，那么，理解三者之间的关系也就顺理成章了。帕森斯认为，三者的分析重点在于社会系统，而社会系统的核心在于制度化的社会角色丛。这种角色丛既构成了社会系统最基本"结构"，又发挥着使互动双方的相互期望得以互补、互动过程得以稳定持续的"功能"。譬如说，"教师"作为社会系统中的一个角色，必然有特定权利与义务与之相联系。所以，一旦某个行动者被赋予这个角色，那其与他人间的互动也就必须按相应的期望进行。这正如帕森斯所言："行动者的自我分析或'自我想象'与他在社会系统中所处的地位之间应当是基本一致的。"（Parsons，1951b：147）

不过，现实世界中扮演一定社会角色的行动者不一定就会认同这种角色。例如：教师不愿教书或认为自己不能胜任教学工作，这时需如何解决这种矛盾呢？帕森斯认为，此时，人格系统应该发挥其功能来补足社会系统的角色需求。因为，首先，帕氏认为在社会系统为每个行动者提供的角色与人格系统使之社会化之间经常存在着精巧的一致，一个人怎样从婴儿成长为教师，预期的教师角色又怎样经由社会化而为个体认同，是一个非常协调一致的过程。其次，为了使角色有效，人格系统能够对各种不同的角色模式给予梳理并使之与人格系统的需求倾向相协调。这样一来，可能不愿教书的教师会选择接受学校的再社会化，或者离职。

当然，人格系统对社会系统的角色协调毕竟只是少数，如果有不计其数的各种角色需要协调，那么，只有文化系统最能胜任。这时，文化系统中包含的共享价值规范和符号模式不仅能为社会角色的制度化提供最基本基础，同时，它也将大大推进人格系统中社会角色与人格要求的协调一致。

如此一来，在《社会系统》一书中，通过社会、人格和文化系统的理论模式，帕森斯为社会秩序问题提供了另一个发人深省的答案：因为文化系统中所包含的价值模式为具体行动取向提供了原材料，加之发生在社会系统中的制度化过程把这些材料转变为合规范的角色期望，以及发生在人格系统中的社会化过程进一步把它们转变为行动者的稳定人格，不仅"双重偶然性"的问题得以克服，而且秩序问题也有了基础更坚实的答案。

四　成熟期系统理论大纲：行动系统与社会系统的相互交织

在写作《社会系统》时，虽然帕森斯的分析重心已转至"行动系统"，但他对行动系统的理论建构并不成熟，尤其是缺乏一种有关社会系统整体及其构成的理论分析。因此，从《行动理论的工作论文》与《经济与社会》开始，帕氏不仅进一步修正了之前关于行动系统的理论观点，他还开启了一种对社会之"经济""政治"与"共同体"进行理论分析的新方法。具体说来，帕森斯围绕着下列几点建构了关于行动系统和社会的一般性理论框架。

1. 行动系统的"AGIL"范式。在《行动理论的工作论文》中，一种"四功能范式"（four‑function paradigm）行动系统理论模式渐趋成型。这一模式中，帕森斯认为，从分析上说，行动系统的构成要素已不是行动者与其行动情景，而是行动在象征意义上有所组织且又彼此不同的四种趋向，也即（1）对生理和有机体环境的适应；（2）对心理满足的追求；（3）与人类其他成员相关联的企望；（4）对象征意义解读的兴趣。因而，在这一分析框架中，行动者的主体地位彻底消失了。进而，帕森斯认为，相应着四种趋向，文化系统、人格系统、社会系统和行为有机体系统这四个子系统共同组成了一般行动系统，其中，每个子系统既发挥着自己专属的功能[①]，又在与其环境的交互关系中不但进行着相当的独立运作，而且与其他三个子系统之间相互渗透、相互依存、相互作用，从而构成了一个完整的功能性整体。

尤其显著的是，帕森斯引入了系统控制论来说明四个功能系统之间的关系，在这种模式中，各种子系统将被视为处于一种等级关系中，信息和能量流通于其间。其中，静态地看，信息流指引、控制着整个系统的运动，能量流为整个系统的运动提供物质基础。动态地看，信息流从文化系统流出，经

[①] 行为有机体完成适应（adaptation）的功能，也即从社会系统的环境中（自然‑有机体环境）取得资源和提供能量，例如个人具有的能力、信息或金钱越多，可以使社会系统适应力越强；人格系统完成目标实现（goal attainment）功能，也就是个体的动机、欲望和目标可以使社会系统实现自己的目的；社会系统本身具有整合（integration）的功能，也就是能够形成共同的团体和制度化的规范；文化系统具有维持结构模式（latent structure mainte‑nance）的功能，也即能提供共同的道德信念与价值规范（帕森斯，1991；吕付华，2008）。

由社会、人格系统而流向有机体系统；能量流则从有机体流出，经由人格、社会系统而流向文化系统。需要注意的是，在这种模式中，相比在《社会系统》一书的阶段，虽然文化系统已下降为一个与社会系统和人格系统地位相同的经验性行动系统，但它仍然保持了一种"无上君主"的地位，指引与控制着整个系统的运动（同时它在能量供应方面也依赖着其他系统，见图2-3）。

一般行动系统的功能	Ⅱ	Ⅲ 社会系统在行动中的环境	Ⅳ 行动的环境	Ⅴ 导控层级
模式维护		文化系统	终极实在	高信息 控制
整合	社会系统			
目标实现		人格系统		条件 等级 控制 等级
适应		行为有机体		
			物质—有机体环境	高能量（条件）

图 2-3 行动的各子系统①

2. 行动系统与社会系统。在"AGIL"控制论模式中，由于处于分析中心的是抽象的行动系统而不是具体的行动者，是行动的功能而不是行动本身，所以这种分析依然以行动的微观层面为重点，在宏观社会层面的分析尚不明朗。因此，帕森斯在后期的理论构建就主要聚焦于此。在《经济与社会》中，帕森斯开始把"AGIL"中的社会系统单拿出来，一方面在分析架构上赋予它最大的优先权，另一方面也想通过它来思考更为宏观的社会分化与整合问题（帕森斯、斯梅尔瑟，1989；Parsons，1956）。

从而，帕森斯把社会很明确地定义为社会系统的一种特殊类型。他认为，现代社会的根本特征在于社会系统层面逐渐增强的专门化功能运作分化过程。② 因此，和行动系统的划分几乎一样，帕氏再次依据"AGIL"模

---

① 图2-3到图2-6皆根据帕森斯相关阐述绘制而成（帕森斯，1991；Parsons，1969）。
② 帕森斯认为，相较原始社会比较粗糙的组织分化，现代社会的分化已十分精进。例如，社会学作为文化系统的一种，它就已经分化得比澳大利亚的墨京文化系统更具有独立自主性了（帕森斯，1991）。

式把社会划分为经济系统、政治系统、模式维护系统与社会共同体。他进而认为，在这四个系统中，经济系统司职社会的适应，政治系统司职社会的目标达成，社会共同体司职社会团结的维护，而模式维护系统履行为社会提供一种普遍化的道德信念及价值规范的功能。进一步，帕氏以"控制论等级"（cybernetic hierarchy）模式论证说，在社会系统中，经济系统借着分配资源、满足某些欲求来引导人们。而社会中的集体目标往往较个人目标优先，所以政治系统在控制论的等级中就高于经济系统；接着，社会共同体又高于政治系统，理由是，维持社会团结是更高的集体目标；最后，又有模式维护系统高于社会共同体，因为前者能通过普遍化价值规范和道德信念的提供而使经济制度、政治制度和社会团结得以确立合法性（见图 2 - 4）。

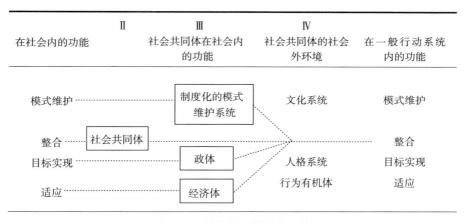

图 2 - 4　社会共同体及其环境

不仅如此，由于不想完全舍弃源自行动理论分析的成果，帕氏又认为，虽然现代社会的变迁特征由于功能专门化，社会已日益分化为高度自给自足的政治、经济、社会与文化系统，但是，变迁的导向依然来自文化价值（见图 2 - 5）。

毋庸置疑，经由上述理论策略，帕森斯早期在《社会行动的结构》中提出的行动概念实际已变为一种边缘性参考框架，而他分析的真正重心已完全落在社会的系统/环境关系，以及社会系统如何达至自身内部的整合与均衡的问题上。此时，霍布斯秩序问题的答案，就只有在社会系统是如何回应它由于内在冲突和无组织力量而唤起的整合要求中寻找了。这一

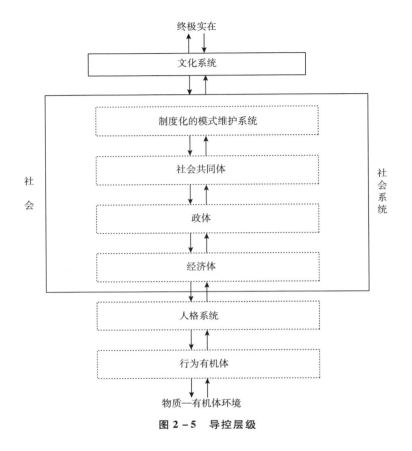

图 2 - 5　导控层级

点，尤其明显地体现在帕氏对社会共同体的构想中。

五　晚期"社会共同体"理论的构建

虽然帕森斯对社会共同体的理论构建并不完整、统一，不过检视帕氏
生前论文和身后遗著①，至少仍看到这样三条线索可供分析：（1）从系统/
环境关系构建社会共同体与社会系统的"交换模型"分析框架；（2）从象
征性符号媒介分析经济系统、政治系统、社会共同体与模式维护系统的
"交换模型"功能运作；（3）关于现代社会共同体的演化分析。

---

① 也即直到 2006 年才被整理出版，题名为《美国社会：一种社会共同体理论》的著作
（Parsons，2006）。

首先，帕森斯明确地把社会定义为社会系统的一种特殊类型，其次，他认为这种特殊类型社会系统的存续，根本上在于它与环境间的控制与交换关系。就此而言，帕森斯以为，在一般行动系统的层次，文化、人格和行为有机体系统构成了社会系统最基本环境，它们之中每一个都有其自主性，又都在相对独立运作时形成相互依赖与渗透、紧张与冲突的关系。而在包含于一般行动框架的社会系统内部，社会共同体和构成它系统环境的经体、政体及维模系统之间也形成了这样一种关系。于是，帕森斯就建构起一种以"AGIL"图示为基础框架的多层次系统"交换模型"。

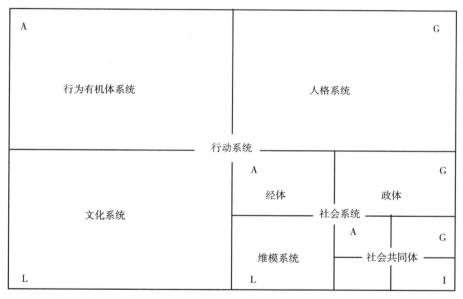

图 2 - 6 AGIL 交换模型

图 2 - 6 中，最外层的是处于一般行动系统层次的划分，这种划分又进一步体现在对社会系统内部的同样划分上。继而，在经济系统、政治系统、社会共同体与模式维护系统的每一个系统层次上，又可以以同样形式再进行划分，不断循环。①

当然，这种划分就如亚历山大所言："其中任何一个方面都不完全符

———————————

① 对此较为详细的论述可参见帕森斯、亚历山大和蔡文辉的相关论述（蔡文辉，1982：57 - 73；帕森斯，2005：3 - 17；亚历山大，2000：67 - 70）。

合现存的某一种制度，但每一个方面既与稳定性相连也与变化性相关。这四个方面代表了与思想关系和物质关系不同的接近程度。新模型意义在于以最有效的和可能的方式综合了唯心主义和唯物主义的传统。"（亚历山大，2000：67）尽管这样，人们仍不免对帕森斯此种划分心生疑虑（这也是帕氏遭受批评较多的地方）。好在，在生命晚期关于"社会共同体"的理论分析中，帕森斯只是偶尔提及行动层次划分，而把主要精力放在了对社会系统的分析上。进一步，在帕氏把各子系统间的关系理解为一种"系统/环境"间"输入—输出"的交换关系，发表了一系列影响深远的关于象征性符号媒介的论文后，这种分析也开始变得"更精致更简明，它使帕森斯能够解决曾使他混论的问题"（亚历山大，2000：67）。

所以，帕森斯后期的第二个分析重点即在于对经济系统、政治系统、社会共同体与模式维护系统"交换模型"的分析。帕森斯认为，首先，四个系统中的每个系统都要依靠来自环境中的其他邻近系统的输入，才能形成自己的自主运作。其次，每个系统又都生产一种明确的输出和产品——经济系统中以金钱（money），政治系统中以权力（power），社会共同体中以影响（influence），模式维护系统中以价值承诺（value – commit-ments）——作为和其他各系统间交换活动的"一般化象征媒介"（gener-alized symbolic medium）。最后，在交换过程中，每个"一般化象征媒介"又分裂为基础和符号组成部分，并通过这两个部分的实际运作，决定着社会系统是否能够稳定、和谐地运转（马修，2006；Parsons，1963a，1963b，1968，1969）。

譬如，在经济系统中[①]，它必须有来自政治系统的输入支持（例如，企业的内部组织是政治性的，因此它得到了来自国家的外部支持），和来自社会共同体（如调节合同和经济行动者一致性的规范引导），以及来自模式维护系统的输入支持（例如内化入经济行动者个性中的价值承诺），才可能自我运作和存续。同时，在这些外部输入的支持下，经济系统还必须能够生产一种专属产品，不仅保证自身运行，也提供周围其他系统所必

---

① 在帕森斯的论文中，虽并没有专文讨论经济子系统及其象征性媒介，但在讨论"权力""影响"和"价值承诺"概念的专文中，每一篇又都对经济子系统加以讨论，因此，本文归纳了这些讨论。

需的资源。经济系统中的这种产品就是金钱。进一步，当金钱作为一般化媒介进入交换过程时，一方面它能够基于信任被人们以一种符号化形式加以接受（譬如人们接受纸币，是因为人们相信它的约定价值，相信它是一种能买到各种货物的普遍化东西）。另一方面，金钱还必然要求它的基础部分——生产它的经济系统——必须处于良好状态从而能提供具体的货物本身（也即如果人们决定用一般化媒介去"购买货物"，届时"真实货物"必须能买到）。所以，社会系统能否平稳运转，就取决于一般化媒介的基础和形式部分能否协调运作，如果经济系统的良好运作支持着一般化符号媒介被广泛接受，则社会就将和谐运行。但如果经济系统出现问题，人们不再接受货币符号，而都要求真实货物本身，那社会必将回到一种实物交换的经济，这种实物交换又必将导致劳动力分配遭到破坏，从而最终破坏社会的财富分配（Parsons，1963a，1963b，1968，1969）。

相似的分析在政治系统与模式维护系统中同样适用。而在帕森斯最为关心的"社会共同体"分析中，帕氏以为，作为社会系统的核心，社会共同体是由有关社会秩序的规范体系，以及有关共同体内各群体成员的各种地位、权利和义务构成的。因此，社会共同体必须有效控制经济和工艺技术来取得食物和居所，还必须假借相应政治结构和组织帮助来控制其成员人格，此外，它还必须由宗教、法律和其他文化因素使成员了解：哪些行为规范是社会所认可，而哪些则是社会所不认可的。与此相应，以影响为一般媒介的社会共同体又不断生产着团结和规范，以使人们相信他们与其所属群体、社区是休戚相关的。当然，影响的基础在于社会共同体整合功能的正常运行，当社会共同体整合良好时，社会一致性将得到保证以使群体成员能够大范围快速地组织起来、灵活地应对各种突发事件。而一旦整合系统失灵，则社会一致性的范围将变得狭窄，以致人们只愿接受他们直接接触地区的政治群体或种族群体的影响，从而导致一种影响的"实物交换系统"，这样一来，社会共同体想通过影响媒介形成广泛联合来应对现代社会的各种危机则将成为不可能的空想（Parsons，1963a，1969）。

通过上述交换理论模型的建构，可以说，帕森斯基本摆脱了在《社会系统》一书时期困扰他的两个主要问题。首先，相较于《社会系统》对"系统"特别是文化系统的模糊说明，帕森斯认为上述模型是一个能充分综合概念形式和物质形式的精致、准确和推理严密的模型，这有明显的进步。其次，上述模型不仅能充分应对帕森斯遭遇到的过于注重均衡而忽视冲突的指责，它还使帕森斯对冲突的解释更加全面。根据上述模型，没有一个子系统能够单独决定系统是稳定还是冲突，相反，稳定与冲突取决于贯穿社会系统的输入与输出的普遍相关性。由此，不仅帕森斯对社会系统间均衡与冲突的分析有了全新的概念工具，而且这也使帕氏生命晚期对西方社会共同体的进化分析具有了不同于其他理论家的面貌。

虽然帕森斯早年曾强烈批评斯宾塞，但在《现代社会体系》《社会：进化与比较的视角》和《社会的演化》三书中，他还是回到了以进化论来探讨社会变迁的老路上（帕森斯，1991；Parsons，1966，1971）。其中，有些论调在历史上招致了很多批评（具体可见蔡文辉，1982：148 – 150），不过，帕氏对社会共同体的分析却是一个例外。

帕森斯认为，现代社会的诞生既不是始于工业革命，也不是始于发生于英、美、法等国的资产阶级民主革命，而是始于 17 世纪的一种社会共同体意识。帕氏以为，因为在社会共同体层面有几项重要的发展，英国、荷兰和法国是开始现代化最早的几个国家。以英国为例，帕森斯分析说，英国所以较其他国家先迈入现代化，乃在于：首先，英国社会共同体中宗教多元化和宗教容忍的出现，打破了欧洲传统上宗教、社会共同体与政府融合不分的状态，由此促成了英国社会的价值概化，以及各教派宗教约束与社会层次道德共识之间彼此分化，这样一来，不仅英国社会中价值共识的基础超越了任何教派立场，并且诸如哲学与科学这类流行于世俗社会层次的东西也逐渐被宗教圈所支持。其次，由于社会共同体中有力人士成为政府议员，以及英国的习惯法在他们主导下，明确标明了公民权与君主权的区别，一方面使得大部分英国贵族、绅士成为政府的积极选民而非毫无决定性的残余力量；另一方面，政府权力不仅被限制在明确的法律制度内，而且公民权的确立也赋予了那些执政团体的政敌与异教徒们正当的社会成员身份，从而巩固了社会团结。最后，社会共同体与经济分化促成了英国乡村农业商业化，打破了城镇中广为流行的行会体系，从而英国发展起了高度的市场经济。

顺理成章，帕氏认为，紧随着 17 世纪英国社会共同体发展而来的

18 世纪工业革命（以德国为典型模式）和民主革命（法国为其典型），进一步使政治与经济从社会里分化出来，也使西方社会体系进化到最现代化的社会体系，特别当这一体系传播到美国后，更是达到了演化的最高层次。因为，美国社会经由下列四种重要举措——（一）司法独立；（二）教育的普及；（三）介于政府和地方之间的组织团体；（四）公民权的广泛赋予——成功地解决了现代社会的中心问题：对社会系统各子系统的有效整合。

美国社会在帕氏眼中尽管已是历史上分化和整合都相当完好的社会共同体，然而，帕森斯亦一再强调，今日世界真正危机也同样在于社会共同体上。他认为，现代社会共同体面临的难题首先在于，在经济体、政体和模式维护系统与社会共同体日益分化的情势下，共同体如何整合来自前三者的输入（譬如如何整合工业、民主和教育革命所带来的后果）而不为其中的经济或是政治系统所支配；其次，共同体如何处理源自内部成员的对平等、公平与正义的怨尤，尤其是共同体成员对相对剥夺、被弃于共同体完全参与之外以及种族问题上的怨尤；最后，不同社会的共同体之间还面临着各种争端或战争的危险（帕森斯，1991）。因而，帕森斯最大忧虑在于："诸般指涉都明示，风暴中心是社会社区。许多旧式价值，如世袭特权、民族区别和阶级均告废弃，但是仍有着将社区规范结构与团体的动机基础合起来的诸般未决问题，社区规范结构似乎已大致完整，而团体的动机基础较为困难重重。新的社会社区，被视如整合的制度，必须在我们知识传统所熟悉的层面之外运作；它必须不受制于政治权力和财富，也不受制于促使财富和政治权力成为价值承诺和影响力机制的各项因素。"（帕森斯，1991：261）

可以说，帕森斯晚年以社会共同体分析作为其理论总结，在某种意义上，似乎使他重新回到了像韦伯一样的问题意识中。只不过，如果说韦伯所欲追寻和回答的是"各种情境因素究竟以什么样的方式结合起来产生了那些在西方，而且仅仅在西方出现的，并在历史发展进程中具有普遍的意义和有效性的文化现象"的问题（韦伯，2010：1），那么，帕森斯念兹在兹的可能就是"任何向现代发展的累积现象，都是长远的。要谈后现代社会尚言之过早。尽管面临着巨大破坏的可能性，笔者所期望的是，下个世

纪的趋向将走向本书所谓的现代社会这样类型的完成"的问题（帕森斯，
1991：294）。所以，现代社会的根本问题在于社会共同体的整合问题，而
社会秩序何以可能的终极答案，也只有在对类似于美国社会的社会共同体
的理性思考中方能追寻，这也正是帕森斯写作《美国社会：一种社会共同
体理论》的主旨所在。

六　帕森斯理论综合的意义及其局限

只要略微回顾一下帕森斯 50 多年的社会学理论建构生涯，可以发现，
社会学界一致认可帕森斯关于社会秩序问题的提问和回答构成了帕氏对社
会学最重要的理论贡献（亚历山大，2000；Burger，1977；Münch，1981，
1982；Robertson and Turner，1989；Sciulli and Gerstein，1985；Turner，
1991）。总结而言，这一贡献至少包含如下几个方面。

首先，正如亚历山大所言，虽然在社会学的古典前辈那里出现过诸如
涂尔干社会团结理论那样的重要论述，但帕森斯在其著作中表现出来的分
析性综合的高度与理论性阐述的清晰度仍超过了任何一个古典理论家（亚
历山大，2005；Münch，1981，1982）。特别是帕森斯在文化整合与社会共
同体领域所做的工作，不仅反映了他对于古典思想精深的理解，而且反映
了帕氏植根于 20 世纪的历史过程尤其是美国的社会情境，对现代社会秩序
问题的深入思索与回答。在亚历山大等人看来，这是帕森斯最值得称道的
工作（亚历山大，2000；Turner，1991）。

其次，帕森斯的理论建构不仅成功整合了来自自然科学[①]和其他社会
科学[②]部门的最新理论进展，从而既使社会学在美国社会科学学科体系中
的地位得到明显提升（Sciulli and Gerstein，1985；Turner，1991），也使社
会系统理论成了不断吸取邻近学科研究灵感的跨学科性（interdisciplinari-

---

① 尤其是来自坎农（W. B. Cannon）、艾默生（Alfred Emerson）和迈尔（Ernst Mayr）的生物
学，来自维纳（Norbert Wiener）的控制论，以及贝塔朗菲（Ludwig von Bertalanffy）的系
统论最新研究成果（Parson，1970）。

② 例如帕森斯对克拉克洪的文化人类学、弗洛伊德的心理分析以及熊彼特、凯恩斯经济学
思想的吸收与利用。

ty）研究的典范。而且，当代社会学关于现代社会秩序问题的任何理论方案、视角和研究进路，离开了对帕森斯理论综合成果的理解，都将成为不可能的事情。

最后，从 20 世纪 80 年代初迄今，对帕森斯理论的复兴及其巨大影响在在说明，帕森斯的理论综合既不是如米尔斯（Mills）批评的"宏大理论中'系统性的'东西即是它脱离了任何具体的、经验性的问题"（米尔斯，2001：50），也不是如古尔德纳（Gouldner）所言的一个与现实社会隔离的大学体系下的产品（Gouldner，1971）。相反，帕氏的理论综合不仅蕴含着他反对法西斯、麦卡锡主义，以及毕生追求民主的深刻政治意涵（格哈特，2009）；并且，帕森斯的理论综合，既没有那种大型理论研究毫无经验的调查内容与应用价值却享有一般性抽象声名的毛病，也没有那些在小规模社会描述和经验研究间摇摆不定并缺乏一般理论意义的缺陷，反而，当代学者越来越多的研究不断证明，帕氏的理论对跨越经验社会学和理论社会学间的鸿沟大有助益（Turner，1991）。

不过，正如硬币有其两面，要全面理解帕森斯的理论，我们就不得不重视诸多对帕森斯理论的批评。

最为广泛传播的是对帕森斯的第一波批评。这些批评中，默顿（Merton）认为，帕森斯的理论太过一般与抽象，因而"远离特定的社会行为、社会组织和社会变迁，已不能解释我们观察到的现象"（默顿，1990：55）。随后，米尔斯又放大了这种批评，以致帕森斯的理论（尤其以《社会系统》为代表）成了"宏大理论"的典型，从而被质疑为无法合乎逻辑地回落到观察中来。此外，米尔斯还指责帕森斯在理论表述上存在着混乱、模糊以及累赘等诸多毛病。与此同时，社会冲突学派也对帕森斯进行了猛烈批评，其中，既有其理论根源于韦伯和马克思的达伦多夫（Dahrendorf），也有从功能主义观点出发的科塞（Coser），更有站在英国劳工运动立场的洛克伍德（Lockwood）和雷克斯（Rex）。他们一致认为：帕森斯没有真正理解社会冲突在社会群体形成和社会运行中的中心地位，并指责帕森斯过于注重社会系统的均衡从而忽视了对社会冲突的研究，因而无法合理解释权力概念和社会系统变迁问题（科塞，1989；Dahrendorf，1958）。紧随其后，霍曼斯等人又批评在帕森斯的功能主义中，有关人的概念被帕森斯过分集体化、社会化地加以处理，因此未来社会学的任务之一就是必须把具体个人重新带回到社会学研究的中心舞台上来（Homans，1964；Wrong，1961）。最后，以古尔德纳为代表，激进批评者们把帕森斯的理论视为美国社会组织与学术界风气下的产品，批评帕森斯的理论脱离了社会现实，指责帕氏不仅漠视种种社会问题与病态，而且制造了一种对现代社会尤其是美国的乐观保守论调（Gouldner，1971）。

尽管对帕森斯的第一波批评来势汹涌，但它们中大多数针对的仍是帕森斯某一时段的理论建构或某些概念，真正把帕森斯50多年的理论综合视为一个整体，并从这一整体出发检视帕森斯理论局限的是从20世纪80年代以来的第二波批评。在这波以贝沙迪（Bershady）、哈贝马斯（Habermas）、芒奇（Münch）和亚历山大为代表的批评者中，贝沙迪和哈贝马斯几乎不约而同地指出，帕森斯晚期所发展起来的系统理论范式与他早年所提出的行动理论范式之间存在着难以调和的冲突（Bershady，1973；Habermas，1988）。紧随其后，芒奇指出，虽然帕森斯通过各行动系统和社会系统间"相互渗透的定理"（the theorem of interpenetration）不仅成功应用并且超越了康德在认识论与实质论之间划定的二元论①，然而，帕森斯理论的缺陷也同样在于他对系统间"相互渗透"的阐述是模糊不清的，因而其理论潜力远未被充分发挥②（Münch，1981，1982）。与芒奇立场相似，亚历山大虽然肯定帕森斯的理论综合代表了一种高度发展的多维度理论，然而，亚氏却又批评帕森斯最终未能抵制住预先假设层次上的偏差，从而未能一直保持一种客观和多维度的理论取向，以致帕氏的分析抽象一步步远离了经验事实，从而最终辜负了社会理论所应具有的多维度（multidimensionality）要求。

如果说对帕森斯的第一、第二波批评主要来自社会理论内部，那么由科学哲学家亨佩尔（Hempel）与纳格尔（Nagel）提出的批评就是来自社会理论的外部，这尤其值得我们注意。他们认为，帕森斯作为最有代表性的功能主义者，他的功能分析必须有效性地预设某些实施条件，最重要的

---

① 芒奇认为，这些二元论尤其体现在事实/价值、客观/主观与理论/实践的划分上。

② 这也是芒奇后期理论发展的重点所在。

是，功能分析必须有可能对所讨论的系统边界做出可靠的划分，同时能精确辨别与详述系统维持状态与目标状态，继而能够在经验上规定系统的功能性需求并指出这些需求得以满足的具体过程。然而，纳格尔和亨佩尔发现，功能分析一直都没能清楚说明社会系统的边界和目标状态，对系统的功能性需求及其满足过程也缺乏明白无误的精确描述，因而，功能分析的成果是可疑的。进而，那种关于系统结构与过程的不明晰功能分析，也必将在社会层面失去解释力（Hempel，1994；Nagel，1979）。

　　总结而言，帕森斯的理论既赢得了超越韦伯、涂尔干等古典理论家的赞誉，也招致了前所未有的责难与批评。但是，从今日遍及欧美甚至亚洲的帕森斯理论复兴来看，第一波对帕森斯的批评已经显得言过其实，因为正如第二波批评所指出的，立基于帕森斯某一时段相关概念与理论模型的批评是不充分的，只有把帕森斯的理论作为整体加以分析，才能揭示它们的成就与不足。不过，即使如此，第二波的批评与其说是对帕森斯的无情指责，毋宁说是对帕氏的同情式理解。或许，对以帕森斯为代表的功能分析理论路径而言，无论就其方法还是实质分析，它真正不得不面对的是来自于科学哲学的严厉批评。那么，帕森斯之后还有功能主义者吗？新的功能主义者能够克服针对功能分析的批评吗？新的功能主义还是不是一种能为社会学带来真知灼见的理论路径？如果是，那么它又会为秩序问题提供一个什么样的答案呢？无论如何，这都是帕森斯之后的社会学不得不直面的问题，幸而，从卢曼和亚历山大那里，我们已然能够看到当代社会学理论正在发出的些许曙光。

第三章

功能分化与复杂性化约

——卢曼对帕森斯秩序理论的扬弃[*]

一　重识卢曼

长期以来，与我们对其他当代社会理论大家形成的较为清晰的认知相比，卢曼一直是一个相对有些神秘和陌生的人物。一方面，卢曼不断被冠以"韦伯之后德国最具创造性的社会学家"（Holmes & Larmore，1982，xxxvii）、"德国的帕森斯"（Alexander，1984）等声名，从而被国际社会学界广泛认为是当代德国堪与哈贝马斯比肩的最重要理论大家；另一方面，相比哈贝马斯，不仅英语世界学者（更别说中文）对卢曼的接受较为迟缓和滞后，而且围绕着卢曼，社会学界也激发了比对其他欧洲理论家都更为激烈的争论与评价。

当然，社会学界对卢曼的认知之所以如此歧异，其中既有卢曼自身思想发展转变与艰涩文风带来的理解障碍，也少不了卢曼"激进的反人类主义、激进的反地域，以及激进的建构主义"立场造成的疏离效果。因此，社会学界对卢曼的确需要"启蒙"。

从卢曼自身而言，首先必须说明的是卢曼与众不同的学术道路。与当代其他活跃于社会学舞台上的理论家（如吉登斯、亚历山大等）不同，卢

---

　*　本章部分内容曾以《系统视角中的社会分化与整合——卢曼社会分化思想研究》为题发表在《社会理论》第 4 辑，谢谢出版者允许笔者在此使用它们。

曼是从一个较为成功的行政管理者转变为一个以"社会学理论为其激情"的学者①的，甚至于他 1968 年被聘任到比勒菲尔德大学时仍不能确定自己到底应该从事哪一科系，对他而言，"我之所以对社会学系的教职特别有兴趣，是因为当个社会学学者什么都可以做，而不用将自己限定在某个特定的问题领域"（转引自 Kneer, Geory/Nassehi, Armin, 1999：52）。这样一种立场，从一开始就注定卢曼的思考与社会学思想上的古典代表人物之间的疏离，对于他来说，从事当代社会学理论研究的那种典型方式——今日的理论家们依靠不断地分析、注解与组合古典代表人物的著作来发展理论——虽有助于社会学事业的延续，却不能像帕森斯的理论综合那样，给予社会学一个遍及整个科系的一般理论基础。因此，卢曼的理论建构从一开始也就一反常见的从重释经典入手的做法，这也让任何与卢曼第一次遭遇的社会学学者有不得其门而入的感觉。

　　卢曼在其学术生涯中思想的激烈转变也是理解卢曼的障碍之一。一般而言，卢曼的思想发展可以归结为三个阶段。从 1964 年出版第一部著作《正式组织的功能及其后果》开始，卢曼在战后德国社会学理论处于相对真空的历史处境②中，一方面部分继承着德国莱比锡学派③的思想遗产以与批判理论对峙；另一方面，卢曼通过对帕森斯的继承与批判，系统反思了功能主义分析的缺陷，引入和重构了一系列有关社会系统理论的重要概念与分析框架。这一阶段的主要工作可以《社会的分化》论文集为其代表。第一阶段之后，以 1984 年出版的《社会系统》为标志，卢曼式"自我再制式转折"宣告完成，这个阶段，虽然卢曼仍使用着承继于帕森斯的系统、环境与沟通媒介等诸多术语，但来自于马图拉纳（Humberto Maturana）、瓦里拉（Francisco Varela）的认知生物学，与数学家布朗（George Spence - Brown）、逻辑学家福斯特（Heinz von Foerster）的形式逻辑的影响却占据

---

① 关于卢曼的生平，台湾学者鲁贵显、汤志杰等多有译介，这里也就不再重复（汤志杰，1998；Kneer, Geory/Nassehi, Armin, 1999）。

② 这一时期，德国的社会学界除了由法兰克福学派主导的批判理论和对古典大师的理论遗产进行整理的工作外，确实乏善可陈。

③ 这一学派以汉斯·弗赖尔（Hans Freyer）、阿诺德·盖伦（Anode Gehlen）与赫尔穆特·舍尔斯基（Helmut Schelsky）为其代表人物。其中，舍尔斯基既是弗赖尔与盖伦的高徒，后来也成为卢曼博士论文与教授资格论文的指导者（布伦克霍斯特，2009）。

了上风，加之于卢曼对胡塞尔现象学、黑格尔"世界社会"以及建构主义哲学思想的吸收，一种以自我再制、自我指涉为根本思维特征的"一般社会学的系统理论"得以成形。而随着这种理论转型，在帕森斯或功能主义那里常见的一系列概念和理论逻辑也在卢曼这里变得异常的陌生和难解。继这一转型之后，卢曼对现代"世界社会"的理论勾画构成了他思想发展的最后阶段，在这一时期，卢曼不仅相继完成了对各社会功能系统——如经济系统（1988）、科学系统（1990）、法律系统（1993）、艺术系统（1995）、政治系统（2000）等——的单独分析，而且以被诸多学者认为是其巅峰之作的《社会的社会》为自己的理论建构做了最后总结。不过，也正是这种雄心勃勃、无远弗届的理论建构使得理解卢曼并非易事。

另外，卢曼的写作风格与理论建构策略也是我们认识卢曼不得不克服的一大障碍。卢曼曾在访谈中谈到，他是依靠数十年辛勤建立的卡片系统写作的，在这些卡片系统中，从社会学、哲学、生物学再到系统论、控制论和信息理论，从帕森斯、胡塞尔、达尔文再到贝塔朗菲、马图拉纳与瓦里拉，无不涉及。在卢曼看来，正是透过这个以蛛网式相互联结的卡片系统，他才能根据特定的观念与议题来组织成一篇篇文章。然而，这也造成我们很难以一种惯常的直线型方式来阅读卢曼。不唯如此，卢曼诸多自创概念、高度抽象的文风及有意的章节安排，也使他自己都不得不承认：他的著作就如一个迷宫（labyrinth），虽然可以从任何一个部分开始阅读，但必须要有足够的耐心、智力、想象力和好奇心才能有所收获（Luhmann，1995：lii）。

如果说上述三点构成了我们远离卢曼的最大障碍，那么卢曼对经典和当代社会学四个错误假设的批判和超越则为我们提供了走进他的最好门径。在卢曼看来，这些假设包括：（1）社会是由具体个人构成的；（2）因为个体间在价值和利益上的共识，社会得以整合；（3）政治的或领土的边界使得一社会与另一社会彼此区分；（4）各个社会，就像人类群体一样，可以从它们边界之外进行观察与理解（李，2009；Lee，2000）。

卢曼认为，正是社会学家抱有的这四个错误假设，构成了社会学通向充分科学分析之路与理解当代"高度复杂性"社会系统最大的"认识论障碍"，因而，社会学必须开创一场启蒙运动，彻底超越这些虚假假设。于是，卢曼首先主张，社会的基本单位是沟通，而不是个体的行动者，"社会并不精确地等同于所有人的集合，而且也不随着每个人的生和死发生变化"（转引自李，2009：311；Lee，2000：322）。因此，当且仅当个体沟通的时候，社会才存在，只有人们参与沟通时，个体才处于社会之中，而所有没有沟通的个体则处于社会之外。进一步，当个体沟通时，是个体的心理系统在进行沟通，而个体的其他部分，则是作为系统的环境存在着。这样一来，可以说，在卢曼的理论建构中，人的主体地位完全消失了。

其次，卢曼拒斥社会是由个体之间享有的共识而整合的假设。在他看来，这种在涂尔干、帕森斯与哈贝马斯理论中不断出现的认为人类拥有某种固有价值共识的观点，无非反映了人们害怕失去人类中心主义的社会观。而实际上，只要沟通成功地发生和进行，则无论有否共识，诸社会系统都能完好地运行与进化。[①]

再次，卢曼以为，尽管在当今以民族国家为政治主体的世界中，以政治的或领土的边界来区分各社会的观念仍根深蒂固，但随着人们对正在日益发生的跨越政治与地区边界的沟通习以为常[②]，政治的或地域的边界已经不再能限制沟通，因而它们也就不再能够涵括社会。所以，以政治或领土来区分社会已经越来越难以应付当今世界层出不穷的复杂性事件了。

最后，在卢曼眼中，那种以为可以在系统之外对系统进行观察与理解的观念尤其虚假。以社会学中最典型的"参与观察"为例，传统假设认为，社会学家可以通过对某个社会群体成员行为的观察从而理解他们行为的意义，这在卢曼看来根本是虚假的。根据卢曼的系统理论，系统是在"操作性封闭"条件下就自身内部事件进行自我指涉的沟通中形成和运行的，系统并没有客观的本质，也不具备跨越系统边界进行沟通的能力。因此，社会学家根本不可能期望自己既是某个群体的参与者又是其观察者。这是因为，就社会学家观察的某个群体而言，这个群体作为一个系统所进行的沟通是"操作性封闭"的，也就是说，只有群体的成员才能真正参与群体系统的沟通，也只有群体成员才真正理解他们那个群体中的那些事，

---

① 例如，卢曼认为，无论间谍、小偷、撒谎者、革命者还是骗子，他们都能够一起参加足球比赛，成为总统，以及参加各种其他的"普通"社会活动。

② 这在当下分别冠之以"全球化""地球村"的观念中体现得尤其充分。

如果社会学家想要达到理解，那么唯一可能的就是他变成一个本地人从而像本地人一样参与沟通，这样一来，社会学家也就不再是一个外在于系统的观察者与社会学家了。然而，社会学家之所以是社会学家，在于他必然是在一个由社会学家使用的沟通系统中进行沟通，虽然他们可能谈及他们的观察对象，但他们是以一种只对社会学家有意义的方式——比如观察的结果如何、怎样写报告等——来建构关于观察对象的沟通的，在这种意义上，参与此一沟通的社会学家是根本不可能以本地人一样来看待他们的世界的。此时，社会学家只能是社会学家。那么，观察还有可能吗？对卢曼而言，任何系统对于其他系统的观察都只能是一种二阶观察，这种观察否认存在充分的外部观察的可能性，坚持各社会系统不能从外面观察它们自己的原则，从而认为各社会系统对其他系统的观察只能形成一种片面的、作为该系统应付外在环境的复杂性存在，继而，经由自身的封闭性沟通运作，"系统自身必须对它的观察进行观察，必须描述它自己的描述"（转引自李，2009：313；Lee，2000：323），从而化简环境的复杂性。

二 卢曼一般社会系统理论纲要

如上所述，卢曼是经由帕森斯开始自己的社会学理论建构事业的。因此，卢曼理论建构的第一个任务就是反思"像这样一个帕森斯的大理论是怎么被建构起来的？如果失败的话，是怎么失败的？"（转引自 Kneer，Geory/Nassehi，Armin，1999：52）进一步，卢曼认为，来自哈贝马斯、亨佩尔（Hempel）与纳格尔（Nagel）的批评尤其值得重视。

其中，哈贝马斯对帕森斯最大的指责在于：帕森斯晚期发展起来的系统理论范式，与他早年在《社会行动的结构》中提出的行动理论范式之间存在着难以调和的冲突，这种冲突使帕森斯未能发展出一种两层次的"社会"概念（a two-level conception of society）来协调行动与系统之间的分歧从而最终回答秩序问题（Habermas，1988）。而亨佩尔与纳格尔的批评则集中于帕森斯功能分析方法的逻辑失误，他们认为，帕森斯的功能主义没有能力清楚地说明社会系统的边界和目标状态，因此，功能分析的成果是可疑的（Hempel，1994；Nagel，1979）。

于是，为了避免重蹈帕森斯的覆辙，卢曼从一开始就对其系统理论做了如下设定。首先，正如哈贝马斯曾指出的那样，卢曼完全抛弃了关于行动的理论概念，从而自始至终都以系统理论作为自己的主导框架，这样，卢曼也就避免了发生在行动与系统之间的两难选择问题。

继而，卢曼用一种功能—结构主义的系统理论代替了帕森斯的结构—功能主义，并用一种"复杂性化约"的建构策略轻而易举地修正了功能分析的缺陷。在卢曼看来，那些应用社会团结（如涂尔干）或者价值共识（如帕森斯）来理解世界的功能主义预设已经过时，功能研究最基本的实质性问题只能是系统如何化约世界中日益增长、难于对付的复杂性的问题。在这种思路下，世界被卢曼视为一个最大的复杂性场域，而复杂性意指全部的可能事件及其状态，因此世界包含了一切可能实现的可能性。不过，这些可能性不是每个都能实现，相反它们之中只有很少的可能性能被世界中的系统选中从而进入系统的沟通操作，那些未被选中的可能性则构成了系统的环境。这样一来，为了应付世界日益增长的复杂性，系统就必须在一个比自身更为复杂的环境中，通过稳定化的被选择的可能性/未被选择的可能性的差异区分来维持自身结构。进而，借助这样的操作，系统不仅形成了稳定的边界，而且维持了比其环境而言具有较少复杂性的岛屿，从而也实现了化约世界复杂性的"选择成就"（卢曼，2005）。

最后，针对帕森斯"AGIL"系统图式的控制论层级，卢曼以为，随着新兴的生物学、系统论与信息论成果问世，控制论层级思维业已陈旧，必须以新的视角重构系统理论。因而，在卢曼新型系统论中，布朗与福斯特代替了维纳与贝塔朗菲，马图拉纳与瓦里拉代替了坎农、艾默生和迈尔。而其理论结果，则是系统理论中，"系统和环境的区分代替了部分与整体的区分，自我指涉系统概念取代了旧式的输入/输出开放系统观念"（Luhmann，1983：992）。

至此，明白了卢曼上述的理论建构策略，那么我们也就能对卢曼的理论纲领做个大概的总结了。

第一，卢曼是在一般系统理论的基础上开展他建构社会学理论的工作的，因而，"系统/环境"这对概念是进入卢曼社会学的关键。对此，卢曼从一开始就有一个坚定的立场：在他的社会系统理论中——伴随着最新的自然科学中系统理论进展的整合——系统同它的环境相区分的系统论模式将取代传统的帕森斯式输入/输出式系统理论模式。进一步，新的社会系统理论将不再从统一的角度，按部分和整体的理论图式去描述现代社会。相反，从一开始，系统和环境的二分就预示了卢曼将从差异出发描述现代社会。

正是从系统/环境这一根本的差异立场出发，卢曼认为，现代社会是一个"功能分化"的社会。在这样的社会中，社会的秩序不再能够依靠对共同价值、信仰以及规范的一致性来加以维护。相反，在现代社会的各社会系统之中，对于共同价值或者规范的认同存在着巨大的分歧，宗教和道德不但不再能够提供一种可以在意义上整合全社会的规范或者共识，它们自身也将变成自我指涉的功能子系统。因而，在越来越趋于复杂的现代社会的大部分领域，浪漫地追求一种普遍的道德或者追求回归到一个紧密的共同体是不可能的。

第二，以系统/环境这一根本差异为出发点，卢曼这样定义系统："一个系统的最重要标志是它同世界的复杂性的一种关系。所谓复杂性，就是把它理解成可能性的总体性；这种可能性的总体性是实际的历程——不管它是在世界之中（世界复杂性），还是在一个系统之中（系统复杂性）中呈现出来的。每一个系统的建构总是只包含世界的一个部分，只能让各种可能性中的一个有限数量得到实现。系统是在同一种复杂性相区分的意义上，建构起其内和外的区别，也就是建构起秩序。系统的环境始终是过度复杂，无法加以概括和无法加以控制的。系统自身的秩序，相对而言，就其化约和简化复杂性，就其只容许系统自身的行动在较少可能性范围而言，是具有相当高的价值的。属于系统自身的秩序还具有一种对于环境的选择性的设想，这也就是系统的'主观的'一种'世界观'。系统对于世界的这种'主观世界观'，只是系统根据较少的相关事实、事件和期望，根据其周遭世界中摘取出来的可能性而获得的；而且这样一来，它才是具有意义的，就是通过这样的化约和简化，系统才有可能使行动获得一种充满意义的取向。"（Luhmann，1989；转引自高宣扬，2005b：621）

第三，关于复杂性及其化约，卢曼认为，世界既不是系统，也不是环境，反而是涵盖了所有的系统及随系统而来的环境，所以世界是系统与环境的统一。因此，随着社会的演变以及可能事件和状态的越来越多样化趋势，世界的复杂性也在不断提高。然而，由于人类只有"非常小的基于人类学理由来说是几乎无法改变的能力"（转引自 Kneer，Geory/Nassehi，Armin，1999：52），人类社会想要完全地掌握和接受这些复杂性始终是超载与不可能的。正因如此，社会系统接下了化约复杂性这个任务，并且基于人类生活必须化减世界复杂性的理由，社会系统的建构在"世界具有不确定的复杂性"和"人类处理复杂的能力"之间建立了中介。

进一步，对于社会系统来说，它担负的化约世界复杂性的任务就意味着：它要消除或减少可能的状态和事件。而借由系统/环境这一区分，社会系统就能够通过排除部分可能性，来化约世界的复杂性。这是因为，在一个社会系统之中被允许进入的事件和状态，总是少于环境中的事件和状态的，因此，社会系统能够通过化约复杂性而替参与其中的个人找到互动方向。也因此，在操作过程中，社会系统就可以在过度复杂的世界中，建立起"较不复杂的小岛"（Luhmann，1982：116），而使人们的沟通得以顺利进行。卢曼还认为：在化减复杂性的过程中，系统的秩序比起它的环境的秩序而言是较不可能出现的，所以，前者要求的秩序程度就比后者要高。这样，对于系统理论而言，就必须"稳定住系统与环境的界限，系统才能建立起来，在这个界限之内，一个具有较高价值的秩序能够透过较少的可能性（也即透过化约了的复杂性）而维持稳定"（转引自 Kneer，Geory/Nassehi，Armin，1999：53）。

然而要化约世界的复杂性，系统本身必须具备一定程度的复杂性，这样，它才能够在随时改变的环境条件下继续维持系统自身的持存。因而，系统掌握并化解世界复杂性的能力，也必将由它的可能状态的多寡决定。在此意义上，较简单的社会系统比起较复杂的系统就有着较简单的世界的复杂性。所以"系统特有的复杂性使得掌握并简化世界复杂的能力成为可能，但同时也限定了这些能力"（转引自 Kneer，Geory/Nassehi，Armin，1999：54）。

最后，卢曼认为，系统化减世界复杂性的能力体现在：

1. 时间维度。这一维度主要指一个社会系统必须发展出减少时间复杂性的机制，它必须通过发展过程使行动定位于过去、现在和未来，进而找到能够使时间维度变得有序的方法。

2. 空间维度。即在比系统更加复杂的环境之中，在潜在无限的物理空间中，系统之间沟通的一切可能关系。也就是说，系统要化减世界的复杂性必须追问：在物理空间之中，系统创造了哪些机制来调节相关的沟通？而这些机制的结构和形式又是什么？

3. 符号维度。它是指，在人类能够想象出的一切复杂符号及其各种组合形式中，是什么机制选择了其中的一些而非另一些符号来指涉系统的操作，并以某些特定方式把系统组织起来排斥掉大量的潜在替代物？社会系统选择和利用了哪些符号媒介来组织沟通？

三 微观社会系统的分化与整合

在早期最为重要的作品《社会的分化》中（Holmes & Larmore，1982，xix），卢曼曾这样定义"社会系统"：只要个体之间的行动有意义地相互关联，并且因为这种关联使个体之间的相关性能够从环境中凸显出来，我们就认为存在着社会系统（Luhmann，1982：70）。在这个定义的基础上，卢曼区分了三种基本的社会系统类型：（1）互动系统；（2）组织系统；（3）社会系统。

1. 当在场的个人能够互相感知时，互动系统就出现了。个人在场不仅是互动系统的选择基础，也是互动系统的边界产生的基础，通过这一事实，系统和环境得以区分开来。进一步，互动系统由于能够在面对面的沟通中使用语言而使不在场的人通过语言的象征性表达而被感知，所以，在互动系统之中，在场和语言的使用就作为系统的选择性机制使系统从环境中区分出来，系统也因为这种选择性机制化简了大量的复杂性而使人们之间的互动得以可能。例如，在大学的课堂中，每个人的发言讨论，老师的讲课，同学在课堂下与邻座的交谈都属于互动系统，而课堂中所有个人在课堂范围外所实现的行动，则属于这一互动系统的环境，随着课程结束，大家离开课堂，互动系统就结束了。

因而，互动系统本身具有几个固有的限制。首先，在一段时间内只能讨论一个论题，如果每个人都想同时发言并且都想表达自己的看法，系统势必崩溃。其次，互动系统中每个人拥有的话语资源是不同的，因而在谁应该发言并且对谈话加以控制等问题上参与者必然展开竞争，这样必将引起互动系统中的冲突、紧张和不平等。再者，发言和交谈需要时间，因为它们必须按照顺序进行。由于这样的限制，互动系统是不太复杂的。

所以，在社会系统类型中，互动系统是简单的，它们只能涉及那些同时在场、能互相交谈或相互感知的人们。它们很容易受冲突和紧张的破坏，这样，维持互动系统必然花费大量的时间。

2. 当成员资格与某些条件结合在一起时，例如，从事一定量的工作可以获取一定量的工资时，就形成了组织系统。组织系统通过一定的进入/退出规则来规定系统的边界，它凭借着规定成员资格而"较持续地再生产出高度稳定的'人为的'行为模式"（Luhmann，1982：75）。这样，组织的一个重要的功能就在于：将特殊的行动过程加以固定。人们只要进入组织就必须按组织规定的义务行动，因而，对于成员和非成员来说，行动过程就变得可以估算，组织系统也因此解决了协调个人动机、意向和执行某些任务的需求等问题。但是，对于组织系统而言，它们并不依靠成员的道德约束也不需要一致的规范来对系统加以维持。反而，一般化的进入/退出规则就规定了个体在做组织要求的事情时不需要随时和组织保持完全一致。

卢曼认为，对一个复杂社会的可能秩序而言，组织系统是必不可少的。组织系统能够在下述三个方面把人们组织起来以降低环境的复杂性：（1）在时间上，通过进入/退出规则，对现在和未来的活动进行安排；（2）在空间上，通过建立劳动分工来协调权威；（3）在符号上，通过指出什么是恰当的，可以采用什么规则及媒介从而来引导行动。在组织系统中，卢曼强调，社会秩序不需要同那些要维护的价值、信仰或规范保持一致，即使没有对行动者动机的承诺，组织系统也能够有效地运作。而事实上，卢曼认为，组织系统对变化的环境条件的灵活性和适应性，依赖于行动者有限的、根据形式而变的义务以及交换的中性媒介，例如货币。

3. 社会系统①是一个"能够全面包括所有相互间可感知的沟通行动的

---

① 正如特纳所言，卢曼对社会系统的讨论是很含糊的，其总体思想只可以从他对特定问题的分析中大概得出（特纳，2001：66）。

系统"（Luhmann，1982：73）。也就是说，所有的互动系统和组织系统都属于社会，但社会不仅是所有互动系统和组织系统的总和，因为社会系统内尚有许多不是来自于互动和组织系统中的行动。因而，社会建立起了"一个较高层次秩序的系统，即另一种类型的系统"（Luhmann，1982：74）。其中，社会系统使用高度概化的标示符码——例如在政治系统中使用权力，在经济系统中使用货币，在亲密关系中使用爱情等——来化减环境的复杂性。并且，从历史的观点看，社会系统虽一度被地缘政治所限制，但今天正在出现世界一体化的趋势（Luhmann，1997：13）。

对卢曼来说，社会文化的演化可以被定义为在互动系统、组织系统和社会系统之间持续不断的分化。这样，在最简单的古代社会秩序中，互动、组织和社会在实质上是同一的，部落社会是由部落成员间可见的和可感的所有互动所构成的，正如人类学家（如普里查德，2002）所观察到的：这些社会的边界和自我认同是相对模糊的。

进一步，卢曼认为，处于古代社会和现代社会之间的是具有高度宗教性限制的文化特征的中世纪。这一时期的特征在于，社会具有了大量的复杂性和容量（size），这些复杂性超越了必须在场的个人所形成的互动的狭窄边界。卢曼认为，在中世纪的城市中心，组织已经出现，特别是在宗教、政治、军事和商业功能方面，它们已经发生了分化。但是，在日常生活中，组织的影响还相对微弱，社会自身仍被当作"一个政治性组织"，一个所有可能行动的集合体。尽管一种全社会的道德整合已经不再可能，但是把这样的一些道德整合当作在互动层次中个体自身伦理的中心还是可能的（Luhmann，1982：78）。也就是说，尽管在这一时期组织系统已经分化出来并且不再可能还原回互动系统或社会系统，但是一种普遍的道德要求还是能够在个人互动中得以可能。

在现代社会中，卢曼看出：已不能在社会互动（social interaction）的层面再现"社会"（society）了。随着社会的演化，在互动与社会之间出现了分化。因而，现代社会已经不再能被当作日常生活中个体间的遭遇的集合体来加以理解了，这也特别体现在面对面互动的伦理和客观的经济、政治或者科学的社会需求间产生了巨大鸿沟。所以在卢曼看来，那些伦理学家面对着这一矛盾而要求在社会过程中追求更多的"个体性参与"是注定无望的，它们已经远远脱离了社会现实。相反，随着系统分化水平的提高，三个系统类型可以越来越互相独立和专注于实现自己的功能。互动系统不需要再担负组织或者是社会系统的双重职责，因而，它可以越来越朝向个体化和自我化发展，比如，人们可以表达越来越自我的要求和愿望，也越来越不依赖他人和受他人控制，所以在亲密关系中，个人可以越来越 "为爱情而爱情"，而不再过多考虑财产和地位。同时，个体间的互动也越来越不担负 "规范性" 的社会整合的期望（Luhmann，1982：79）。相应的，组织也从社会系统中逐渐分化出来，并进一步在组织之间互相分化，它们除通过进出规则控制人们以外，越来越无视组织系统中成员的其他社会角色，例如成员的宗教信仰、政治能力、家庭状况和邻里关系等。最后，整个社会的秩序将在社会系统不再负责化减那些由组织和互动系统导致的可能性时，达到高度的复杂性，这时，社会系统必须以一种松散和一般化的形式进行自我限制，以使得附属于社会系统中的各单元间的相互分离的功能和结构能够兼容[①]（Luhmann，1982：79）。

但是，系统的不断分化也给容量更大的系统提出了几个问题。第一是 "瓶颈问题"（bottleneck problem）。卢曼认为，在互动系统中，沟通是缓慢的和依顺序组织的，人们在交谈中利用自己的资源并遵循自己的动力学，结果是，互动系统常常妨碍组织的高效运作。同样，在组织系统中，由于它们各自发展出自身的结构和程序，并且其利益难免会互相冲突，在全社会层次上它们就变成了行动要求的 "瓶颈"。第二是系统分化中的冲突（conflict）问题。互动者或许会不同意某一主题，他们也许嫉妒和羡慕那些拥有谈话资源的人，又由于互动系统相对狭小，因而，它们无法变得复杂到能够 "划定边界或者相互隔离" 的程度来避免冲突。而在组织系统中，不同的组织可以利用破坏组织和把其包含在内的社会系统之间的关系来追求自身的利益，这同样将引起冲突。

不过，在卢曼看来，社会系统理论依然拥有维护系统间整合的原则。

[①]　在这种意义上，卢曼认为，对功能分化社会中全社会的整合机制，最重要的是 "避免陷入这种状态——一个子系统的运行产生了另一个子系统所无法解决的问题"（转引自 Holmes & Larmore，1982：xvi）。

首先，这种原则表现在系统之间的互相"嵌套"（nesting）过程中。这是指，在一个互动系统内的行动，经常被嵌套到组织系统内部，而组织系统的行动，又会被导入社会系统内部。因而，范围更大、容量更大的系统能够以两种方式推进整合：（1）为子系统中的行动选择提供时间、物质及社会前提；（2）把一种秩序或结构强加给自己每个子系统的环境。卢曼特别举出这样的例子加以说明：在全社会中，社会分化出了具有自身特色的经济子系统，它规定了经济组织能够做什么。所以，资本主义社会中的经济子系统里的公司组织就把货币作为其特有的沟通媒介，并与其他的公司组织通过市场联系起来。与此同时，组织中的成员也将按照特有的进入/退出规则（为金钱而工作）被安排在具有等级序列的组织系统中。

除了嵌套原则，人们在多样化的功能领域里的不同组织中的活动偏差也推动了系统的整合。譬如，卢曼认为，在现代社会中，人们的精力往往要投入几个不同的组织系统之中，个人既作为父亲或丈夫是家庭组织中的一员，又作为某公司的职工成为经济子系统组织中的一员，所以在特定组织中没有谁能够独享个体的身份和自我的感觉。人们只部分地卷入组织系统，其结果，他们就不大可能在情感上卷入组织系统间的冲突，这样，系统崩溃的可能性就降低了。此外，由于互动系统有别于组织系统，因而组织系统中的冲突往往被互动系统中的个人认为是某种与他们不相干的东西，从而觉得它们无关宏旨。

组织系统中的进入/退出规则也是缓和系统冲突的一个原因。由于这些精心设计的规则被应用于组织中的等级秩序、办公过程和成员的报酬幅度等，因而它们大大减少了成员在组织系统中发生冲突的可能性，例如个人的宗教信仰和种族归属在组织系统中已变得不再重要。这样，外部冲突从内部冲突中被分离出来，结果是在更大的社会系统中降低了复杂性。

最后，因为组织系统的分化在现代社会中成为固定机制，特定的社会控制组织（军事、警察、法院）能很容易地建立并被用来解决冲突。也就是说，具有特定功能的多种组织的诞生，意味着一种新的"社会技术"。因此，组织的分化和繁殖所引起的整合问题，恰好创造了解决这些问题的条件——在因分化而产生的组织中再度创造出具有调停作用的组织的能力。

四　宏观社会的演进、分化与整合

为了更适洽地观察和描述现代社会，卢曼站在系统理论立场上再一次反思了经典社会学关于社会演化的思想①，并对经典社会学理论对于社会分化过程的描述提出了尖锐的批评，卢曼认为：

1. 由于没有对社会分化过程进行适当的分析以便准确把握现代社会的实际情况，经典理论预设了一个社会进化的终点。从它们的理论推导来看，这个终点好像在今天的"后工业社会"中到达了。

2. 经典理论认为社会分化所产生的问题能够被轻易地解决，社会分化的后果要么会被一种"道德整合"，要么会被一种共享信念所克服。然而，这种乐观假设低估了伴随极度分化而来的棘手问题，即现代社会出现的价值多元和相对主义的趋势。

3. 经典理论把许多过程（像犯罪、冲突、价值异议和非人格化等）视为越轨或病态。但是这些过程在系统分化中是不可避免的和正常的。

4. 经典理论无法充分掌握社会分层的事实和问题，这导致它们要么根本没有涉及此类问题（如涂尔干），要么把它们作为一种统治阶级的政治意识形态问题来看待。这些都无益于更好地观察和描写现代社会（Luhmann，1982：262）。

卢曼批判这些理论的目的，就是要建构自己的系统理论去重新分析社会分化现象。因此，卢曼将社会的进化视为系统在与其环境的联系中不断分化的过程，这种不断的分化使系统及其环境的发展更具有弹性，其结果是系统的适应程度不断增加。而且，在分化的同时，系统也制造出了整合各子系统的新机制，它们共同维持了系统整体的整合。

---

① 在笔者的行文中，经常出现社会进化、社会演化、社会分化混用的情况。笔者这么做基本上是出于忠实于不同的人的不同提法的考虑。在卢曼那里，社会进化和演化的提法基本上都出现在他社会分化理论的范围框架内。把握了这一点，对它们的理解就不会引起概念上的混乱了。

在卢曼的社会系统理论中，社会的分化被看作系统分化：在一个系统内，系统和其环境间差异的复制（a replication, within a system, of difference between a system and its environment）。这样，系统分化就被他当作一种反涉（reflexive）和循环（recursive）的系统建构形式来理解：这种系统建构形式重复着相同的机制以便扩展它自身的结果。也就是说，系统不断制造新的子系统来应付社会的复杂性（Luhmann, 1982: 230 - 231）。

为了准确地描写社会分化的过程，卢曼利用系统理论中的两对概念——系统/环境、平等/不平等——描述了社会分化中出现的三种分化形式：分割化（segmentation）、阶层化（stratification）、功能分化（functional differentiation），以及以它们为主要分化标准的三种社会类型。

分割化是最简单的分化原则，它把全社会系统分化为几个结构相同的部分，例如家庭、部落、村庄等。并且，"每一个子系统将全社会内的环境仅仅视为等同的或类似的系统的堆积。因此，整个系统只包含一些复杂程度低的行动可能性"（Luhmann, 1982: 233）。在这种社会中，平等是指分化过程中出现的子系统的相似性。例如，当一个传统社会开始分化时，它将产生以前的部落和村庄的复制品。而不平等则来自于系统所处的环境条件之间的差别。这种差别往往具有偶然特征：卢曼认为，在古代社会，系统基于"血统"（descent）或者"居住地"（residence），或者是基于两者结合的原则在全社会中分化出自己的子系统，但这些分化出来的子系统和孕育它们的全社会系统在运作上是相像或相同的。这些子系统的不平等在于地域性及具体的行动处境的不平等。因而，在分割化社会中，互动和全社会这两者的区别尚未被经验到，因为"个人在场"这一原则在子系统的归属上是重要的判准（Luhmann, 1982）。

在早期社会中，子系统中的行动可能性是由"个人在场"及共同地域而建立起来的。这样，每个子系统一方面只能形成一个程度非常低的分工，另一方面，基于"个人在场"的要求，系统内部就只能允许少许的复杂性来组织沟通的衔接。因此，社会系统的复杂程度得到了限制。相应的，其适应环境的能力也受到了限制。

随着早期社会的不断进化，全社会的社会环境也不断变得复杂，全社会分化也从分割化过渡到了阶层化。① 阶层化把全社会分化为不等同的阶层，全社会不再是由类似的或相同的子系统，而是由不同类的子系统组成，这些子系统彼此之间有一种阶层式的关系，子系统以"上/下"这一等级秩序的区分来识别自己，并且，用平等/不平等调整着系统和环境之间的对称关系，其中，平等原则成为调校同一阶层间内在沟通的标准（norm），而不平等成为调校子系统和环境间沟通的标准。在这类社会中，全社会将个人归属到不同的等级也就是不同的子系统，并且每个子系统都是在定义了其他子系统的特征后才能维持自己的认同和边界，简言之，子系统通过确定自己处于"上/下"哪个阶层来维持自己的沟通。在这种情况下，不是什么被说了出来，而是谁在上面或下面说，才是重要的。例如，在宫廷社会中，对于个人的尊重或不尊重，并不是基于才能或情感，而是基于个人的社会定位。关于爱的沟通也是一样，并不是浪漫的爱、以无可取代的个体为主导的爱，而是"等级"使得男人与女人结合在一起。以等级为主的婚姻结合并不是个体化的个人之事，反而是一个与全社会相关的行动，这个行动是为了阶层的再生产，以及为了排除那些出身于低等级而不处在子系统同一阶层秩序的个人（Luhmann，1986）。

　　所以，各子系统之间不仅在权力、财富，而且在沟通机会（chance）上处于不平等的位置。但是卢曼不同于其他社会学家（特别是马克思）的观点在于：他不把焦点集中在不平等上面，相反，他认为不平等对于子系统的认同具有更重要的意义，进一步说，它对于化简世界的复杂性具有重要意义。因为阶层化一开始是作为社会的容量（size）和复杂性（complexity）的增长的结果而出现的，它是在分割化社会中社会成员间面对面的个人化互动的极大扩展，从而产生了分割化社会无法处理的复杂性的情况下作为

---

① 在全社会是怎样从分割化过渡到阶层化这一问题上，笔者尚未读到卢曼进一步的相关文献，所以还难以做出很清晰的描述。我们只可以从其论述中推想为：早在古代社会，就有了某种程度的角色分化和分工，例如早期宗教角色的树立，性别差异或年龄团体的分化形式。像这样的角色分化无疑提高了全社会的复杂性，虽然这种分化也只能在"同时在场"及共同地域这种限制上进行，但这些分化使得人们逐渐无法克服在同一时间内诸如角色、活动、功能等的某种不同。此时，全社会必须发明出新的分化形式，以便应付复杂性的压力。所以，随着复杂性的增多，全社会必然将复杂性分配到多个的并且必然是不一样的组织团体中。这样，社会分化从分割化逐渐过渡到了阶层化。

一种新的分化形式出现的。因而，它一方面以"上/下"这一不平等原则规定了各子系统所处的环境，另一方面它又以平等原则促进了处于同一阶层的个人间的沟通。这样，阶层化的分化模式就限制了社会的复杂性。

但是，卢曼认为，在阶层化社会中处于上/下两端阶层中的集团（groups）就行为和生存状况经常进行沟通是不可能的，所以低度（low-lying）的沟通环境是在所难免的。处于上层集团中的成员间较频繁的沟通所产生的功能既不能影响也不会去适应这种环境，同样的，处于下层集团的成员也很难有机会引起上层集团的注意从而变为有影响力的沟通主体。在卢曼看来，低阶层集团引起高阶层集团注意的唯一方式就是冲突，如社会运动、农民起义或者骚乱等。虽然这类方式可能对社会发展具有某种决定性后果，但它们很少能够仅仅经由触发沟通而改变社会，全社会的复杂性依然要由阶层式分化来化减。

卢曼进一步认为，在全社会的复杂性要由阶层式分化来化减这一要求之下，全社会必然会要求一个具有中心地位的负责人来提供一种基本的象征方式，这一具有中心地位的负责人位置理所当然地属于处于高阶层的集团。这样，不同的子系统或者说不同的阶层才能"经由整个全社会的阶序的基本象征方式"（Kneer, Geory/Nassehi, Armin, 1999：163）而维系或整合在一起。在卢曼看来，这些象征方式主要是宗教和道德，它们稳定住了特定成员对某一个阶层的归属，并且给予了各子系统一个整体上的"意义"而使它们能够在日常的全社会沟通中起作用。这样，在此一时期，虽然各子系统分别处于上/下的阶序等级之中，并且处于上/下两端阶序的集团只有低度的沟通，但由于处于上层这一阶序的集团在沟通中发展出来了组织化的宗教和道德，因而，经由这些宗教和道德，全社会及世界就被赋予了"意义"，社会的不平等也被加以正当化。这时，宗教和道德提供了纪律化的功能、安抚的功能及公然压抑的功能，但同时它们也保证了秩序的维持，并安排好了行动的可能性，同时，它们还为全社会成员在自我认同上提供了稳固的"意义"保证。

但随着全社会的复杂性的增加，第三种分化形式——功能分化成为全社会复杂性最主要的化约方式。在这一阶段，全社会将自己分化为功能上不同而非阶序上不同的子系统，同时，这些子系统再也无法被一种共有的基本象征方式整合起来（如阶层化中的宗教和道德）。相反，这一时期分化出来的各功能子系统——政治、经济、法律、教育、宗教、科学和家庭等——始终是从它们当时所特有的功能出发来运作和整合的。这样，全社会就由功能分化组织起各种沟通过程来完成复杂性的化约。在功能分化社会中，子系统所担负的功能是不平等的，但在功能的操作上是平等的，这些操作独立于任何其他的功能操作。换言之，各功能子系统是不平等的，但与之相结合的环境是平等的，因为各子系统只有功能上的区分而不再有等级上的优先。如现代社会中，经济子系统虽然功能上优先于教育子系统，但它并不能取代教育子系统的功能，个人并不能用金钱就能买到良好的教育。反而是各个功能子系统围绕着完成自身所特有的功能逐渐变得"自律"（autonomous），并且，它们中的每一个都能在其他子系统完成自身特有功能时容忍一个开放和激扰的环境。这样一来，每个子系统就以三个参照系形成子系统和全社会、子系统和其他子系统之间、子系统和自身之间的选择性操作（selective operations）。在卢曼看来，三个参照系是（1）子系统以自身功能朝向全社会；（2）子系统以输入（input）和输出（output）绩效（performances）朝向同处于社会内部环境的其他子系统[①]；（3）子系统以反涉的方式朝向自身（见表3-1）。

　　以政治子系统为例，在功能分化的社会中，政治子系统把"具有束缚力的决策的程序化和实施"（Luhmann，1982：238）作为自身的功能从全社会中分离出来，同时它也必须在完成自身功能的情况下才能持存，此时的政治子系统不再能够靠"君权神授"或者是某种宗教上的保证来确定自己在全社会中的位置。进而，政治子系统以输出政治决策解决其他子系统（如经济）的问题，或者从其他子系统（如法律）输入权力资源等方式而在子系统之间建立起联系。但是，尽管它们通过互相之间的绩效的输入/输出可以建立起联系，它们在功能之间仍然是无法相互取代的。最后，当政治子系统需要做出新的决策以应付周围环境的复杂性的时候，它就必须通过反省自身从而制定具有连续性的决策。

　　卢曼认为，功能分化中每个子系统的运行都要考虑的三个参照系使得

---

① 显然，笔者这里主要分析的是卢曼还未发生"自我再制式转折"时的基本思想。

它们和全社会的相关被化简到特定功能。因而，面对世界的复杂性，任何一个子系统都不能占有一个全社会中心的位置，也不再能提供一种基本象征方式或者是现代社会的整合模式。即使是政治子系统也不再能被合理地解释为全社会的"中心"或"核心"。反而，每个子系统都是任意一个给定子系统的环境的一部分——例如，经济、法律、教育、宗教、科学和家庭子系统可能成为政治子系统环境的一部分——它们可以影响给定子系统的运作，同时，给定子系统也要平等对待和回应其环境中的其他子系统，这样，它们虽然相互依赖甚至相互渗透，但它们绝对不可能相互取代和提供一个在意义上整合全社会的规范或者共识。尽管可以观察到，在功能分化社会中，有时科学发展或者是经济增长有助于政治决策，但是，在卢曼看来，这并不能保证全社会能够以科学真理、经济和法律成果等来确保政治子系统中围绕着权力的功能运作。"所以，在与环境的关系上，每一个子系统都不再拥有一个能指涉全体的结构及象征方式。相反，这个指涉最后变成了功能本身，也就是变为一个环境自己所无法拥有的原则"（Kneer，Geory/Nassehi，Armin，1999：183）。显而易见，根据这样的分析，功能分化社会不再可能有某种超越各种子系统的系统/环境差异，从而在意义上能将各功能子系统加以整合的机制——无论是某种道德共识还是规范共识，抑或是宗教。

表 3 - 1　功能系统的分化和运作

功能系统	政治系统	经济系统	法律系统	科学系统	教育系统	宗教系统
功能	权力分配	稀缺品的制造和调整，以使未来需求满足的不可能问题	预防冲突；相似的行为期待和标准特征的观察与调节	获取知识	人类的改造，发展前程的调整	确保信仰
沟通的要素运作	集体的决定	支付	法律判决，法律断言，标准确定	真理的断言，出版	授课	教义，祈祷，教堂的仪式
符号性沟通媒介	权力	金钱（和财产）	法律	真理	受教育者	信仰

功能系统	政治系统	经济系统	法律系统	科学系统	教育系统	宗教系统
编码	政府/在野党	支付/不支付	正当/不正当	真实的/非真实的	好/坏，表扬/谴责	内在的/超验的
程序	意识形态，党纲	价格	条例，判决，命令，条约	理论和方法	考评，教学计划，评分	圣典的解释，如圣经等

注：本表根据齐曼的表格制成（齐曼，2008：325）。

因此，卢曼的社会系统理论对于现代社会的一个重要结论就是：现代社会已经变成一个无中心（center less）的社会。在这个社会中，不存在任何拥有无可争辩的优势的中心或部分。按卢曼的说法，"传统欧洲社会思想"有一个基本前提：秩序是随中心地位而确立的。正是在这一根深蒂固思想影响下，早期的社会学家（如涂尔干）才会求助于分工所产生的团结和共有的集体意识作为社会整合的基本概念，并且要求一种社会的中心机构——国家来履行这一功能（Holmes & Larmore，1982：xvi；哈贝马斯，1994：159）。对此，卢曼不再像涂尔干那样把国家看作全社会的一个中心机构，相反，卢曼把国家看作政治子系统的等同物，认为它只是政治子系统分化出来的行政（包括国会、各行政机构）、政治（如政党活动）、公众（例如选民）三个更小子系统的某种综合的抽象物，它执行着"集体的约束性决策"这个功能，并利用"权力"这一沟通媒介完成自身的操作。在卢曼眼里，国家（或者政治子系统）不再能位居高位从而承担起社会秩序的最高保证的角色，因为处于功能分化社会中的国家不再也不能够去干预其他子系统去完成自身的功能了（例如，现代社会中的福利国家已难以去干预自己国家中的跨国公司的运作了）。这样，卢曼也就拒绝了像涂尔干那样把国家构想为社会有机体的大脑并"拥有自己专门享有的地位，或者说是特殊的地位"（涂尔干，2000：142；Simpson，1964：181）了。

无疑，在卢曼把现代社会作为功能分化的社会来加以分析之后，在某种意义上，分化本身就成了增强社会整合的机制。因为，分化可能使冲突局部化和地方化（功能分化中有分割化，见注），一个高度分化的全社会能够防止危机像灌木丛中的大火一样从一个子系统蔓延到另一个子系统。

换言之，在功能分化社会中，卢曼持有的不再有超越所有子系统的共有的价值信念和道德共识的判断，也许正好可以确保作为整体的全社会不至于像一盒火柴那样一触即发地被烧完为止。所以，卢曼把高度分化的现代社会的整合规定为："避免陷入这种状态——一个子系统的运行产生了另一个子系统所无法解决的问题。"（转引自 Holmes & Larmore，1982：xvi）不过，卢曼对现代社会中不具有普遍的规范和道德的判断并不意味着他完全否认存在着一定程度上的共识。他认为在地方层次上，在分化了的功能子系统中，以及在人们平常的互动情景中，各种形式的共识仍然是不可或缺的。但是，他坚持认为，关于高层次的目标和规范的共识（也即跨越了地方层次，跨越了分化的子系统）在功能分化社会中肯定是不再可能的。社会的高度复杂已经使全社会的统一不再能够由共同伦理信念来保证了。现代社会只能借助系统分化与运作来解决整合问题，而我们如果还想试图建构某种规范模式（"集体意识"或"生活世界"）来解决现代社会的整合的话，我们不仅仅是建构了某种形式的乌托邦，而且这种努力还有可能造成某种形式的压制，结果可能导致我们走向一条"通向奴役之路"，最终使现代人成为社会的"傀儡"。

五 卢曼一般社会系统理论的意义

从理论的创新和理论所具有的意义上来说，卢曼从系统的视角出发，对现代社会做出的"功能分化"的观察和描述，不仅拒斥了在功能分化的社会中寻求某种价值共识和道德整合的想法，而且对现代社会的整合也做出了全新的阐释。卢曼认为，各功能子系统通过完成自己的功能就能够生产出系统整合、秩序和社会和谐，并且，现代社会不再包含某个具有优势地位的中心或部分，也不再需要某种具有绝对中心或优势地位的国家。

在卢曼看来，从 17 世纪迄今的现代社会既非涂尔干眼中的"工业社会"，也非马克思意义上的"资本主义社会"，相反，"这一切并没有放眼于世界社会，从而导致了概念的混乱"（Luhmann，1990：183）。因而，廓清这一问题的关键就在于彻底抛弃各种经典看法，把现代社会当作功能分化社会来理解。这样一来，卢曼认为，社会的分化是社会系统自身复杂性的增加所致。社会从一种分化水平到另一种分化水平的过渡，既非人类意图所为，也没有一种普遍的历史法则可以遵循。与此同时，现代功能分化社会的整合也就并非能够通过某种一般化的文化价值观念的导控得以实现。相反，对于现代社会的存续，最重要的是日益分化的各社会系统如何圆满完成自己的功能，化减日益增长的社会复杂性。正因如此，卢曼指出，现代社会不再包含某个具有优势地位的中心或部分，也不再需要某种具有绝对中心或优势地位的国家。无疑，在帕森斯对美国式的自由民主制度的乐观信仰遭到严厉批评后，卢曼对现代社会的这种冷静而又现实的观察和描述，不仅实质上是在为一种彻底的自由主义立场做辩护，而且也与我们当今所处的社会现实之间具有高度的适洽性。

不过，卢曼对现代社会的描述仍存在几点争议。首先，正如许多批评所指出的那样，卢曼的理论从功能角度为社会的存在（结构）做出的顺应式描述，忽视了现代社会结构中的许多问题，特别是在卢曼肯定了现代社会系统可以通过不断分化与演进而达致自然和谐的整合后，在其理论中已看不到个体行动者丝毫的主观能动作用。其次，如果说在涂尔干和帕森斯那里还保留有作为观察者的外在角度和参与者的内在角度，从而能够很好地说明社会结构的强制性和个体的社会化过程的话，在卢曼的理论中，我们会经常疑虑地问：个体行动者到底要怎样理解和适应社会系统自我指涉的社会分化和整合过程？最后，卢曼认为现代社会17世纪以来就进入了功能分化社会，但他并没有对此过程给出有理有据的论证，而且，卢曼对在功能分化社会中并不存在一个"中心"系统的看法也未给予明确而严密的证明。

总而言之，虽然卢曼的社会理论也可能包含一些缺陷，但他建构的"功能分化"社会理论仍然可为我们观察和描述现代社会提供了一种全新思路和视角，提供一种理解社会和我们自身处境的新的可能性。正是在这种意义上，我们对卢曼的社会分化与整合思想的梳理和分析才显得有了意义。

第四章

行动、文化与公共领域：
亚历山大的多维度理论

一　范式修正：重构社会学的一般性理论逻辑

当代社会学家中，如果说卢曼是"德国的帕森斯"，那么亚历山大则毫无疑问是帕森斯理论遗产在美国的第一继承人（Mouzelis，1999），而且，相比卢曼彻底抛弃帕森斯的行动理论转而拥抱系统理论，亚历山大则更全面、多维度（multidimensionality）地维护和重构了帕森斯的理论成果，从而也在批判和重构帕森斯的基础上建立起了"新功能主义"研究范式。

因之，对于亚历山大而言，认真检讨帕森斯理论建构的成就与失误就是必须迈出的第一步。不过，这首先需要从 20 世纪 70 年代的方法论之争这一根本性问题入手。这一时期，帕森斯宏观社会学理论遭到了来自各种微观取向的社会学理论（例如社会交换论、符号互动论、常人方法学等）与经验研究（如默顿提出的中程理论研究）的猛烈抨击。这些抨击大多视帕森斯为唯理论研究倾向的典型代表，指责他所建立的宏观概念体系过于抽象、空洞，批评"宏大理论家们实际上是在构造一个概念王国，这个概念王国排除了人类社会的许多结构性方面，排除了被人们长期以来正确认识为理解人类社会必不可少的方面"（米尔斯，2001：37），并宣称"社会学或许还不到出现爱因斯坦的时候，因为还没有开普勒，更不要说还得有牛顿、拉普拉斯、吉布斯、麦克斯维尔和普朗克"（默顿，1990：65）。一时间，社会学学科内部对于一般性理论在研究中的作用与地位充满了疑虑，社会学到底还需不需要一般性理论成了每个研究者不得不面对的问题。

正是在这样一种氛围下，亚历山大开始了他的思考，"鉴于社会学在很大程度上是以自然科学的标准衡量自身的，这首要问题的中心就成了围绕科学之本质而展开的争论"（亚历山大，2008a：1）。进而，亚历山大认为，"科学可视为发生于由两种环境所构成的背景下的智力过程：其一是经验观察的世界，另一个是非经验的形而上世界"（亚历山大，2008a：2），因而任何的科学陈述只可能是较多地指向其中某一种环境，而不可能只为其中一种环境所确定（见图4－1）。

图4－1　科学思维的连续体

顺此思路，亚历山大又构建了一个科学连续体（见图4－2）来指陈："我认为科学可被看作是一个多层次连续体：从最一般的形而上预设，到较具体的意识形态的假定和模型，再到更经验的假定和方法论信念，直至纯粹经验性的命题和'事实'都包含于其中。"（亚历山大，2008b：2）

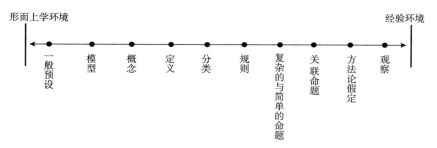

图4－2　科学连续体及其要素

亚历山大认为，在上述科学连续体中，每一层次之间在研究规则上都有其相对独立性，同时每一层次之间又存在着相互依赖性。因而，任何一个标榜为"一般性"或"特定性"的理论，或者任何一种被当作"理论"

或者"数据"来对待的陈述，它们表示的只是不同种类的科学陈述的取向或方向，反映的只是某一层次的陈述对一般性或特定性的侧重点不同而已，而并非意味着某个层次上的陈述就是完全独立的，从而是跟其他层次的陈述毫无关联的。对此，亚氏进一步阐释道，"即使是最形而上的社会理论，即那种公开申明只关注、只阐述社会之最一般属性的理论，也要受到那些虽未阐发但却隐含其中的有关模型、命题以及经验关联物等概念的影响。同时，即使是为了最有意识地保持中立的和最精确的科学活动，'经验观察'也不过是在表征一种明言的关注罢了"（亚历山大，2008a：2）。

显然，亚历山大之所以提出这一被他称为"后实证主义"的立场，一方面是针对社会科学中愈演愈烈地把理论化约为事实的"实证主义"倾向，另一方面也是针对社会科学中与实证主义对立的"人文研究"方法论的失败而进行的思考。在亚氏看来，彼时由霍曼斯（George C. Homans）、默顿、华莱士（Walter L. Wallace）等人倡导的实证主义预设了以下四个原则：（1）经验观察与非经验陈述之间存在着截然的分裂；（2）基于上述分裂，被称作"哲学的"或"形而上的"问题对经验取向的社会科学来说便不具备根本性的意义；（3）既然取消非经验指涉是自然科学的显著特征，那么社会学就必须采取一种"科学的"自我意识；（4）在完全排除了"哲学"因素从而以经验观察为主要任务的科学里，理论争论只有诉诸经验验证才能得以解决。对于上述立场，亚氏认为，它是一种将科学研究视为靠近经验观察一端的单向运动的观点，这种观点因过分强调经验证实的作用，必然导致社会科学极大地缩小经验研究范围从而日益专注于统计分析技术改进，最终丧失其理论知觉深度与想象力。不过，亚历山大对实证主义的强烈批判并不意味着他能完全接受社会科学中唯一一个形成了一贯反实证主义取向的运动——"人文研究"或阐释学批判，反而，亚历山大认为，以狄尔泰（Wilhelm Dilthey）、温奇（Peter Winch）与韦伯为代表的人文研究，在拒斥实证主义的客观主义时，尽管它指出了实证主义的"科学"观点在某些方面的重大缺陷，但人文研究最终采取的唯心主义立场使得它趋向了一种无法接受的主观主义，从而"压抑了对于我们在面对社会世界时赖以做出评价、判断以及说明的那些普遍标准的追求"（亚历山大，2008a：23）。

　　如果说实证主义与人文研究都有自身难以克服的问题，那又该如何是好呢？亚历山大认为，转向一种"后实证主义"观或许是一个不错的选择，而这种立场也正在科学哲学领域日益得到阐发与支持。在亚氏看来，科学哲学家波兰尼（Michael Polanyi）与史学家柯耶勒（Alexandre Koyre），特别是科学哲学家库恩（Thomas Kuhn）已经为这种后实证主义立场打下了坚实基础。其中，波兰尼指出，"经验数据的可理解本身，即所谓'观察结果'的性质本身，依赖于科学家本人的结构能力与结构框架"（亚历山大，2008a：26）。柯耶勒则通过分析蕴含在伽利略对运动规律的科学阐发背后的哲学与文化设定，指出"伽利略提出的新的运动规律的'发现'和'证明'并非依赖于更好的、更精确的观察，而是接受了有关客体的本性及其在宇宙秩序中的关系的不同的本体论假设"（亚历山大，2008a：26）。而库恩的贡献尤其巨大，正是他把科学描述为是在经验观察与先验"范式"框架之间双向运动的革命性观点，最终确立了后实证主义的科学观。因而，站在这些巨人的肩上，亚历山大认为，至少可以为后实证主义总结出以下四个基本原则：（1）所有的科学数据都是由理论内在构成的；（2）经验承诺并非仅以实验证据为基础；（3）一般性理论的阐发在常态下是独断论的和水平向的而非怀疑论的和垂直向的；（4）科学信念的基本转变仅当具备了其他理论承诺从而足以应付经验变化之时才会发生（亚历山大，2008a）。

　　很自然，借由上述一种后实证主义科学观，亚历山大轻而易举地实现了其真正意图，也即为提倡一种一般性理论研究正名。在亚氏看来，随着各种微观和经验取向的研究在20世纪六七十年代对帕森斯理论的批评和淡忘，这种一般性理论在社会学领域正日渐式微，这"不仅会导致对社会学事业之本性的误解，而且还会歪曲社会学的实践"（亚历山大，2008a：45），所以，社会学已经到了"必须努力地创立一种能够说明发自更一般原则的反向运动的'理论的方法论'"（亚历山大，2008a：43）的时候。进一步，亚氏主张，社会学理应追求的一般性理论必然要求我们以多维性的方式理解社会理论，而一个理论是否具有多维性也必将成为我们评估一个理论所取得成就的标准。具体而言，多维性指示了这样一种标准："它不只是企图揭示实在，而且还试图保护和拓宽对实在作特殊解释的相关环节。多维性视角包含着为理想的志愿奋斗，没有理想人类社会会真正崩溃；为理想的志愿奋斗又不能把个体化强调到以前的社团自治和相互同一的地步，而没有社团自治和相互同一，这种奋斗就会徒具虚名。但是多维性同样也保护了那些密切接触行动的外部条件的实在。它承认外部条件中会有经常妨碍人类理想实现同时也妨碍理想变成现实的具体机会的两方面障碍。"（亚历山大，2008a：159）

在亚历山大眼中，帕森斯曾经的理论综合正是他所提倡的多维性理论研究的典范，不过这必须建立在对帕森斯理论建构模式的修正基础上。亚历山大认为，首先，尽管遭到各种攻击，但客观来看，帕森斯的社会学理论仍代表了社会学领域追求一般性理论建构所达到的最高成就。在《社会学的理论逻辑》第四卷以及后来的《社会学二十讲》中，亚历山大都充分地肯定了，如果把帕森斯理论作为整体加以分析，则帕森斯无疑是多维性主张的最初信徒，特别是其构建的"AGIL"交换模型，不仅充分考虑到了理论分析中概念形式和物质形式的各方面，而且综合了唯心主义和唯物主义的传统（亚历山大，2000），从而真正做到了在理论预设的一般分析层面和应用于特定历史现象分析的具体经验层面的结合（可见上文帕森斯章节）。

然而，亚历山大同时坚持，帕森斯理论建构的失败也在于他没能一贯坚持和最终发展出一种多维性的理论。在他看来，帕森斯最大的失误在于其犯了"合并论"（conflation）的错误。具体而言，首先，亚历山大认为，帕森斯对行动和秩序的综合性探讨并不是一种首尾一贯的探讨，在其著作中明确显示了一种意味深长、交错穿插式的唯心主义倾向；其次，亚氏认为帕森斯对秩序问题的各种预设性解答没有以一种对科学各个不同层次都保持敏感的方式而实现；最后，亚氏指责帕森斯合并了预设逻辑和经验层次的特定承诺，使得帕氏的经验错误破坏了他的一般概念框架，这样一来，诸如帕氏构建的"AGIL"等理论模型就被概念化为一种均衡模型，而各子系统间在分析上的对称也就被视为在为一种既定的美国社会现状作合法性辩护。一言以蔽之，帕森斯最终辜负了他建构多维性理论的承诺（Alexander，1984）。

如果说帕森斯的失败归根结底在于其理论丧失了多维性，从而无法回答关于行动和秩序的各种预设性问题，那么很自然，对于亚历山大来说，重构一种有关行动和秩序问题的首尾一贯的多维性理论，不可避免地将是社会学面临的最重要任务，而他自己，也将是这一任务无可置疑的担当者。

二　行动

为重构社会学一般理论的逻辑，亚历山大选择的第一个切入点是行动问题。在他看来，帕森斯在《社会系统》中把具体行动分解为文化、人格与社会系统三个分析层次的做法，无疑是帕森斯理论构建取得的一大突破。其中，帕森斯通过下述论证——因为文化系统中所包含的价值模式为具体的行动取向提供了原材料，加之发生于社会系统中的制度化过程把这些材料转变为合法的角色期望，以及人格系统中的社会化过程进一步把它们转变为行动者的人格动机——从而成功地建构了一个关于好社会的理论模型。

然而，正如微观取向的社会学家布鲁默（Herbert Blumer）、戈夫曼（Erving Goffman）和加芬克尔（Harold Garfinkel）等人所指出的那样，亚历山大也同样认为，尽管帕森斯提出了一个可信的贯通文化、社会和心理的一般模式，但他却没有给出一个关于特定行动的说明，也即"他没有对具体、生动和鲜活的、在时间和空间中实践的行动者做出说明"（亚历山大，2003：260）。不过，亚历山大也没有全盘接受那些来自微观社会学理论的看法，反而他认为，微观理论虽避开了帕森斯解构企图所带来的消极后果，但因为它们采取以一种实体的方式构想行动者，从而它们并没有吸取帕森斯的理论贡献。因此，真正要超越帕森斯行动理论，就必须去解释本身被分析性构思出来的行动者之间的具体的、经验的互动可能性。

对于亚历山大来说，可行的办法就是把分析论的视角和实体论的视角综合起来，在帕森斯文化、社会、人格三个分析层次基础上再加入一个能动性（agency）的维度。这样一来，亚氏认为，"如果我们把行动界定为一个人在时间和空间内的活动，那么我们就可以看到，不管是反制度还是独立的行动，还是服从和依赖的行动都包含了一个自由意志，或者说能动性的层面"（亚历山大，2003：265）。进一步，亚历山大把能动性定义为在文化、社会和人格三个结构化环境中出现自由的时刻，并认为能动性可以被看作一个包括发明、类型化和策略化的过程。从而，通过三种类型自由意志的能动过程，文化、社会、人格和能动性四者之间的相互连贯最终构成了具体行动者的概念。

上述立场使得亚历山大坚信，自己既吸取了微观社会学理论的洞见，即充分考虑到行动者的自由意志，也摒弃了诸如吉登斯（Anthony Giddens）和布迪厄（Pierre Bourdieu）等人所犯的把行动者和能动者合并的错误，因为后者往往视行动者是"见多识广的能动者"。而自己的立场则可充分说明，行动者并非传统意义上的能动者，同样结构也不会只是外在地跟行动者遭遇的强制性力量。相反，一方面行动只能在跟高度结构化的内在环境发生关系的条件下才能发生，也即行动受文化系统的规范，由人格来激发，在这种意义上，行动者既可能是见多识广、理性与有创造性的，也可能是无知、非理性和机械的；另一方面，人格和文化规范并不能穷尽个体主动性的全部内容，即使受到外在于行动者的社会系统的巨大制约，但行动者仍能拥有一定程度的自由意志发挥空间。

三　文化

如果说重构行动概念是亚历山大理论构建的第一步，那么文化研究则是亚氏迈出的第二步。同样，后者也始自对帕森斯理论的反思。亚历山大首先断定，帕森斯的文化、社会和人格系统的理论模式给予了文化领域一个相对独立的地位，从而在一定程度上避免了很多理论家常犯的混淆文化和社会层次分析的错误。但是，由于帕森斯的兴趣更在于对社会系统的分化与整合而非文化系统进行分析，所以帕森斯并没有认真地考虑过文化领域本身的符号象征结构。特别是帕森斯把价值作为文化系统的一般符号媒介的做法，使得他严重忽视了构成文化的其他重要方面。其次，亚历山大还发现，即使在那些与帕森斯持对立立场的理论中，对文化的分析也存在着同样缺陷，最典型的例子是葛兰西（Antonio Gramsic）。作为后马克思理论的代表，尽管葛兰西也把文化意识形态领域作为一个独立自主的领域，但他分析的焦点仍在于文化的象征结构是怎么样被经济和物质利益所形塑，而非象征的内在结构和逻辑，所以葛兰西式马克思主义与帕森斯式功能主义一样，低估了文化的象征维度而高估了社会系统的作用。因此，在亚历山大看来，新的文化研究既需要把文化视为独立于其外在环境并发挥着特定功能的领域，又必须重新认真考虑文化作为语言（在索绪尔语言理论的意义上）以及文化作为象征世界存在的各方面，研究和理解文化自身的内在逻辑和潜藏着的语法结构。

不过，对于针对着帕森斯并在 20 世纪七八十年代蓬勃兴起的大多数文化研究，亚历山大同样并不认可。在他眼中，诸如阿彻尔（Margaret Archer）、斯威德勒（Leonord Swldler）与伯明翰学派从事的那种文化社会学研究，在突出文化作为一个相对领域的重要性的同时也走向了另一个极端：未能说明文化领域在保持相对自律运作的同时，它是如何与政治斗争、经济利益和系统性紧急状态相互关联的。

那么亚历山大真正属意的文化研究应该是什么样的呢？亚氏认为，戈夫曼的拟剧论，特纳与玛格丽特的人类学写作，尤其是格尔茨的文化分析是新型文化研究最好的榜样，因为他们在低估文化的内在逻辑结构和过度文化主义之间取得了一种良好的平衡。最后，以格尔茨对印度尼西亚斗鸡游戏的精彩分析为榜样，亚氏为这种文化研究进路做出了如下说明：

> 斗鸡游戏既非一种有利于地位区分的功能强化物——格尔茨把这种观点（功能强化物）归因于功能主义——也不是一种从社会情境中无意识地推演出来的东西。它是一种主动的，具有审美趣味的成就，一种从日常经验中提取的、可被投入一种夸张的戏剧表演加以理解的艺术形式。格尔茨始终认为，是行动者和事件创造了结构，而非结构创造了事件（Alexander and Seidman，1990：15）。

四 公共领域

无论是前期使用"市民社会"的称谓，还是近年以"公共领域"为指称，亚历山大一直关注着有关市民领域的讨论，而他对此一领域的理论贡献也越来越被认为是他后期的最大成就之一（亚历山大，2003；Mohan，1999；Mouzelis，1999）。虽然亚历山大这一理论构建至今仍在进行之中，但追溯过往历程，可以清晰地看到，他是围绕着以下几个方面展开其论证的。

首先，亚历山大为市民社会的理论构建区分出了三个不同时期。在他看来，第一期的理论构建开始于 17 世纪晚期新兴社会阶层反对欧洲绝对君主专制国家统治的斗争，这一时期，市民社会概念首先在洛克（John Locke）和哈灵顿（Harrington）的著作中出现，随后它又被苏格兰道德哲学家［尤其是弗格森（Ferguson）和斯密（Smith）］以及稍后的卢梭（Rousseau）与黑格尔（Hegel）等人加以发展，最后在托克维尔（Tocqueville）的讨论中达到了顶点。亚历山大总结后认为，这一时期的市民社会是一个像伞状的包容性概念，它指涉着除国家之外的所有制度体系，很明确的，它既包含着资本主义市场及其相关制度，也指向着托克维尔所谓的"自发宗教"（那些还未制度化的各新教教派分支），以及私人和公共组织。总之，它涵括了一切经由信任、公共舆论、法定权利与制度以及政治党派联系起来的社会合作关系。不唯如此，这一时期最重要的一种观点还认为，市民社会是一种具有道德和伦理的社会形式，因而在那些激进思想家眼中，资本主义市场体系及其发展，不仅有助于国家内部平稳与民主参与的增长，而且还不断生产着个人的自律与责任。

然而，关于市民社会的第一期理论在 19 世纪中期出现了戏剧性转变。随着资本主义市场工具性、支配性和残忍剥削的一面被越来越多地发掘出来，一方面，以马克思为先锋的第二期市民社会理论开始把市民领域和对资本主义社会的批判联系起来，并视市民社会为造成资本主义剥削、支配的根源之一。这一思路发展到葛兰西之后，市民社会又被认为是在政治社会与经济社会相互渗透和影响之间能够自主发展的独立空间，所以民主国家必然需要一个民主的市民社会。另一方面，即使在那些与马克思持相反立场的资本主义工业家与自由经济代言人中，他们也无法回避马克思的观点，不过，他们企图以一种将所有的社会关系（习惯、地位、文化）化约为市场经济关系的形式，把市民社会理解为在罪恶的、自私自利的市场一方与道德的、集体的社会另一方之间对抗的一种社会形式。而这种理解也在波兰尼的《大转型》一书中淋漓尽致地表现出来。

但到了20世纪80年代市民社会再度受到广泛讨论的时候，这个概念又被赋予了更新、更深的一层含义，有关市民社会的理论构建也进入了第三个时期。亚历山大认为，这个时期至少有两点特别突出，一是时代背景，二是有系统的理论建构。从前者而言，20世纪80年代东欧社会的一系列剧变促生了市民社会概念的再度兴起，尤其是波兰的团结工会运动和随后发生在匈牙利、捷克斯洛伐克等国家的一系列社会运动，使得市民社会作为一种自下而上创建的、独立的而不是受国家督导的社会生活方式的纲领表述，成为东欧社会转型中被广为接受和传播的信念。而从后者来讲，与东欧如火如荼的"新社会运动"同时，对市民社会的理论反思也在西欧盛行开来，且与前两期的零散论述不同，第三期的市民社会理论开始显现系统建构的特征，这尤其体现在英国学者基恩以及美国学者科恩与阿雷托的著作中。这诚如后两者所言："尽管市民社会'话语'不断扩散，市民社会概念本身也不断增多，但迄今为止还没有人发展出一系统的市民社会理论，而本书便是要开始建构此一系统理论的努力。"（Cohen and Arato，1992）

于是，在既承认受惠于科恩与阿雷托，又对其不断批评的过程中，亚历山大建构了自己关于市民社会的理论框架，同时也形成了亚氏第二方面的重要论证。按亚历山大的看法，首先，科恩与阿雷托最重要的成就在于他们对帕森斯理论进行了卓有洞见的批判性诠释和应用。众所周知，在帕森斯"AGIL"社会系统模型中，帕氏曾视"社会共同体"为现代高度分化社会中最重要的制度化整合子系统，对于他来讲，在经济阶层化与政治科层化的现代情境中，"社会共同体"是一个基于影响而非基于金钱与权力媒介的、为社会提供着一般性团结基础的子系统，它既是一个高度分化从而相对自治的社会领域，同时又与经济、政治与模式维护子系统保持着良好的交换关系。亚氏认为，科恩与阿雷托很成功地吸收了帕森斯的这些洞见，从而建构了一个市民社会、政治和经济子系统的三元模型，顺利地把市民社会理解为由所有非经济与非国家的制度构成的领域。不过，亚历山大同时又批评科恩与阿雷托的解释仍停留在陈旧的正统功能主义形式上，忽视了20世纪七八十年代发生在社会学领域中的对帕森斯理论进行批评和重构取得的成果（例如新功能主义的成果），以致他们的理论根基摇摇欲坠。因而，亚历山大认为，他自己的市民社会理论在以下三点弥补了帕森斯以及科恩与阿雷托的理论缺陷。第一，亚氏以一个比较特别的六层次划分模型——经济体、政体、市民社会、宗教、亲属体系、科学——取代了帕森斯"AGIL"四层次社会系统模型以及科恩与阿雷托的三元模型。第二，在帕森斯的理论模型中，帕氏总是预设在现代社会各分化子系统及其一般性符号媒介之间存在着一种均衡关系，对此，亚氏指出，从整体上而言，现代社会各子系统之间非但没有体现出一种内在均衡反而更多地体现出一种失调的关系，最典型的例子，构成帕森斯意义上"社会共同体"基础的普遍性团结的媒介往往并不能和经济子系统及其媒介形成均衡关系，反而由于发生在经济子系统的持续性不平等，社会共同体及其普遍性团结会遭到严重破坏。所以，市民社会理论必须重视现代社会分化中非均衡的各面向。第三，亚氏还批评了帕森斯对社会生活中的互动维度重视不够的缺陷，从而提出必须对市民社会及其团结性媒介本身的构建、毁灭和解构问题进行深入讨论。

其次，亚历山大强调，在科恩与阿雷托关于市民社会的三元理论模型中，他们通过采取哈贝马斯的理论立场和"分两步走的理论策略"，试图像哈贝马斯那样，既希望在理论上构建出一个与政治、经济子系统相对立的、自治的生活世界（市民社会）领域，又冀图从经验层面上把生活世界理想化为一个不仅在价值上与政治、经济子系统截然不同而且能够抵御后者殖民的整合领域。这在亚历山大看来，至少存在两个重大缺陷。其一，科恩与阿雷托混淆了理论的分析层面和经验层面。亚氏认为，只有在分析层面上，我们才会认为经济子系统是一个有着自己特有的专属价值媒介（金钱）并围绕这种媒介进行沟通运作的领域，而在经验层面上，我们都承认经济子系统同样包括各种与生活世界领域中一样的价值和规范。因而，科恩与阿雷托既在分析层面上把经济子系统与市民社会按专属媒介区分开，又在经验层面上认为只有后者才包含着社会中有意义的价值与规范的做法，显然是一种混淆。其二，在亚历山大看来，科恩与阿雷托更为重大的失误在于，他们在对市民社会的结构和过程进行分析时，由于求助于哈贝马斯理想化的话语伦理作为出发点，使得他们坚持认为市民社会是一个理性的、内部高度一致的世界。这样一来，他们也就与市民社会建构其话语和团结的真实的、经验的过程与逻辑渐行渐远了。

正是基于上述缘由，在亚历山大随后的理论发展中，对市民社会进行经验性的文化研究构成了其思想的又一个重点。亚历山大认为，在社会思想史上，关于市民社会已有太多从政治、经济等角度出发的讨论，唯独对市民社会本身是如何建构起来又是按什么逻辑运作等问题很少论及，因此，当务之急在于发展一种能够对市民社会内在逻辑进行研究的新进路。显然，在亚氏眼中，对市民社会的话语结构进行文化分析就是一种不错的选择。于是，与帕森斯一样，亚历山大以美国社会为典型认为，"从社会结构的层面来看，市民社会是由行为者、行为者之间的关系以及制度三者构成的。美国市民社会文化的核心，是一套二元准则体系；它们以一种模式化的和首尾一致的方式来讨论上述社会结构现实的三个向度，并使之相互关联"（亚历山大，2006b：215）。具体而言，美国社会创造了一种民主的准则体系（或语式）与非民主的准则体系，而围绕这两种相互冲突的准则体系，社会分别形成了关于行为者、社会关系与社会制度的话语结构，其中，每一个话语结构又包含着相互对立的民主的/非民主的不同模式，最后，经由行为者在这些对立模式基础上进行的政治与社会争论，一种关于市民社会的自主性文化准则体系得以形成。

细致说来，亚历山大认为，美国社会中存在的民主语式与非民主语式首先为行为者规定了两种不同形象。其中，在民主语式一边，人们被构设为理性的、合乎情理的、冷静而现实的行动者，他们的行动具有积极主动、自我节制等特征。而在非民主语式一边，人们则被认为是非理性、歇斯底里、激动而不现实的行动者，因而他们的行动往往是消极被动、情绪化和依赖性的（见表4-1①）。

---

① 表4-1至表4-3根据亚历山大相关图表制成（亚历山大，2006b：216-217）。

表 4 - 1　关于行为者的语式结构

民主的准则体系	非民主的准则体系
积极主动	消极被动
自主性	依赖性
理性	非理性
合乎情理	歇斯底里
冷静	激动
自我节制	情绪化
现实	不现实
心智健全	疯癫

顺理成章，与上述关于行为者形象相伴而生的是另一种关于社会关系的不同语式。在这种语式中，民主性的准则体系认为人们之间的社会关系是开放、信任他人、坦诚和直截了当的，它们鼓励人们形成批判和反思的朋友关系。与之相反，与非民主准则体系相联系的是秘密和阴谋的交易，欺骗和算计往往在社会关系中发挥关键作用（见表 4 - 2）。

表 4 - 2　关于社会关系的语式结构

民主的准则体系	非民主的准则体系
开放	秘密
相信他人	多疑
批判	遵从
坦诚	欺骗
直截了当	算计
朋友	敌人

进一步，现代社会中，民主与非民主准则体系必然延伸到社会、政治和经济等制度中。显然，在亚历山大看来，如果某社会中其成员的动机是非理性的、其社会关系是互不信任的，那么这些成员"自然"会创立一些专断的而非随规则调整的制度，这些制度的运作必然依靠强力而非法律，实行的也将是等级制而非平等制。进而，社会各制度必将趋向于排外而非包容，它们促进的也必将是个人化和小宗派的而非整个社会群体的利益（见表 4 - 3）。

表 4 - 3　关于社会各制度的语式结构

民主的准则体系	非民主的准则体系
规则调整	专断
法　律	权势
平　等	等级
包容性	排他性
非个人性	个人化
契约性	有归属性的忠诚
社会群体	派别
职　务	人格

　　不仅如此，亚历山大还认为，在上述关于行为者、社会关系及制度的语式结构中，它们的诸多要素是紧密联系在一起的。例如，社会制度层面的"规则调整"必然被认为是与社会关系层面的"开放"与"坦诚"，以及行为者层面的"自主性"与"合乎情理"同质。反之，"等级制"必然被认为既与"开放"与"批判"相对立，又与"积极主动"与"自我节制"相冲突。

　　这样一来，亚氏就为关于美国市民社会文化的各种争论提供了一种新颖的思路。无疑，这一思路既承认美国市民社会文化中存在着诸多相互冲突的理想和价值，也主张美国市民社会存在着一种基本共识。不仅如此，通过对美国市民社会二元准则体系的建构和分析，这种思路也既摆脱了像科恩与阿雷托一样把市民社会理解为理想化的生活世界所带来的缺陷，又充分考虑了市民社会内在的文化紧张，也说明了市民社会得以建构的文化逻辑。显然，在美国的市民社会中，民主的准则体系具有神圣的地位从而构成了市民社会的文化核心，而非民主的准则体系往往被视为一种危险且具有污染性的威胁。因此，市民社会的建构也就意味着，一方面必须保卫民主的准则体系，而另一方面，为了保卫这种体系，就必须把非民主的行动者、社会关系和制度排除在市民社会的领域之外，甚至消除它们。

　　最后，如果说亚历山大关于市民社会话语的研究是从内部分析了市民社会的文化逻辑，那么亚历山大最近的研究则是从外部来进一步说明市民社会的运作逻辑。尤其在 2006 年出版的《公共领域》一书中，亚氏全面地总结了上述思路，其中，至少有三点值得注意。第一，亚历山大再次重申与肯定了他的理论框架，也即在他的理论架构中，公共领域仅仅是众多社会系统中的一个领域，除了它，社会系统中还包括家庭、地域群体、科学组织、经济体系和宗教共同体等领域。第二，与帕森斯和卢曼一样，亚历山大坚持认为，公共领域与其他领域一道构成了现代社会的各功能分化子系统，它们"制造着不同种类的物品并按不同的理想和约束条件来组织它们的社会关系"（Alexander，2006：404），因此，公共领域是现代社会分化出来的一个既与其他领域相互联系又有着自身运作逻辑的独立自主的领域。但与帕森斯不同的是，亚历山大并不认为公共领域和其他领域总是处于一种均衡的交换关系之中，相反它们之间经常会出现紧张与冲突。同样，亚历山大也反对卢曼关于功能分化的激进主张，与卢曼认为的各功能分化子系统只存在结构耦合关系的主张相反，亚氏认为，公共领域不但能够保护自己免遭其他领域的侵害，而且能够把它的影响扩展到其他非公共领域，"去维持民主，保卫正义"（Alexander，2006：34）。第三，顺循上述思路，在亚历山大看来，发生在现代民主社会之中的最紧要问题，并非在于韦伯所言的各价值领域之间的分化和紧张，而是在于非公共领域对公共领域的破坏性入侵，特别是来自于资本主义市场经济和福利国家政治系统的干扰，可能导致公共领域被支配从而失去自主运作能力。

五　多维度还是折中：简评亚历山大理论建构的意义

20 世纪 80 年代，科林斯曾这样精辟地评价过亚历山大的四卷本巨著《社会学理论的逻辑》，"从没有任何一本社会学著作像它那样，不仅通过浩瀚篇幅，还通过来自这个学科一系列名人的支持做足了宣传。随着宣称：'这部作品的出版将是美国社会学家生命中的重大事件'，甚至是阿尔文·古尔德纳也参与到其中。（在作品出版之前，）有如此多奉承的评论确实少见，而在作品出版之后，评论家们又如此地加以责骂更是少见。巨大的宣传同样累积了巨大的反冲，以至于很难找到一篇赞许的甚至是温和的评论。……这一切都很不幸，因为它既遮蔽了亚历山大真正的目的，也掩盖了他实际取得的成就"（Collins，1985：877）。

某种程度上，面对亚历山大迄今为止的理论建构，科林斯的上述评论仍不失为一个发人深省的总结。的确，就亚历山大的理想来讲，无论是他雄辩地倡导后实证主义方法论，还是他宣称社会学需要重建一种多维度的一般性理论逻辑①，亚氏都为社会学的理论发展许下了太多美好的愿望，似乎经由这些方法论和理论逻辑的指导，社会学就能顺利地走上康庄大道。然而，从亚历山大实际所取得的理论成果来看，与其说他成功地重建了一种多维度理论，不如说他只是在各种反帕森斯理论的启发下，对帕森斯的理论遗产进行了折中式的修正。

毫无疑问，亚历山大在帕森斯文化、社会、人格三个分析层次基础上加入能动性维度的做法，确实能够克服帕森斯把行动者描绘为单向度的社会制度与文化价值之被动产物的缺陷。然而，无论在宏观还是微观分析层次上，亚氏都没能讲清楚行动者的能动维度是如何与其他三个维度既相互联系在一起又各自区分开的。同样，亚历山大虽认为，真正的文化研究必须既能够说明文化领域的相对自律运作，又要能讲清它是如何与政治斗争、经济利益和系统性紧急状态相互关联的，但是，遍观亚历山大的著作，我们都不能找到对这种文化研究具体、详尽与一以贯之的阐述。

即使在亚历山大着力最多，成果也最丰的公共领域理论建构中，理想与现实的落差依然巨大。显然，一方面通过帕森斯与卢曼，另一方面通过科恩、阿雷托与哈贝马斯，亚历山大既从前者那里汲取了分化理论的洞见，又像后者一样没有放弃从理论上构建一种"好社会"的理想。尤其是通过后实证主义的经验分析策略，亚历山大认为自己已经找到了一种理论化"好社会"的方案，它不仅能够超越以罗尔斯（Rawls）、哈贝马斯等规范取向理论家为一方的普遍主义"好社会"模式，而且也优于以沃尔泽（Walzer）、泰勒（Taylor）与博尔坦斯基（Boltanski）等解释取向理论家为另一方的特殊主义"好社会"建构。然而，与亚历山大的理论抱负形成鲜明对比的事实是，他既没能像帕森斯那样创造性地提出"AGIL"理论框架与"社会共同体"概念，或者是像哈贝马斯那样别具一格地分析"资产阶级公共领域"，他同样没能像卢曼那样，以一种逻辑上高度自洽、论证上

① 亚氏认为帕森斯的理论曾体现了这种逻辑，但最终失败了。

前后贯通一致的方式构建其理论大厦。即使是他的"好社会"理论模式，实际上也只是像他承认的那样"我们的模式所提供的还够不上一种对其他学者所提出的各种具体观点的替代，而毋宁是一种对它们的重新解读"（亚历山大，2006b：219）。

当然，上述批评并不意味着我们就能够轻视亚历山大所取得的成就。正是他开启了重新认识与解释帕森斯理论遗产的大门，是他的坚持才使对帕森斯的兴趣在 20 世纪 80 年代得以复活并延续至今。此外，在主要由政治哲学与政治理论主导的市民社会研究领域，正是他对公共领域持续不断的经验研究和理论建构，才使得社会学能够提供一种足以与其他学科相匹敌的洞见与卓识。因此，考虑到亚历山大至今仍在不断完善其理论大厦，我们或许可以说：社会学的未来值得期待。

第五章

分化与整合：关于功能主义与中国社会秩序问题的一些断想

以上几章，笔者以涂尔干、帕森斯、卢曼和亚历山大为主要代表人物，梳理、讨论了作为社会学最重要理论传统的功能主义围绕秩序问题展开的理论建构。无疑，这基本上是一种"从理论到理论"的，旨在追问上述生发于西方现代性过程中的社会理论究竟说了什么，它们为什么这么说等问题。从而，笔者期望这样的理论澄清能够为当前正发生于中国的相关论辩和研究提供一种较全面的理论逻辑和较新颖的问题视角。当然，这样做的局限也显而易见，最突出的危险可能在于一些学者曾经指出的，"中国论者固执地依凭一己的认识向西方寻求经验和理论的支援，用于批判中国的传统、界定和评估中国的现状、构设和规划中国发展的目标及其实现的道路……但在适用于中国的发展研究时却发生了同样的问题：例如把西方发展过程中的问题及西方理论旨在回答的问题虚构为中国发展进程中的问题；把西方迈入现代化社会后所抽象概括出来的种种现代性因素倒果为因地视作中国推进现代化的前提条件；把中国传统视为中国向现代化转型的障碍而进行整体性批判和否定；忽略对西方因其发展的自生自发性而不构成问题但对示范压力下的中国的发展却构成问题的问题进行研究；在西方的理论未经分析和批判以及理论预设未经中国经验验证的情况下就视其为当然，进而对中国的社会事实作非此即彼的判断，等等"（邓正来，2006：458－459）。对此，暂且放下之所以产生这些问题的根源不论，问题本身至少已经告诉我们，在从西方经验和理论中汲取灵感、智慧到真正置身中国社会现实、研究中国社会的真正问题之间，我们仍有很长的路要走。所以，以下所论，仅是一些断想而已。

一 从西到中：功能主义与中国社会学

毋庸置疑，无论就社会学还是人类学而言，功能主义都是最有成就也最有影响的一种理论传统。这一点，不管是在理论的延续性上，还是在它形塑人们对现代社会的认知上都得到了明显体现。

从理论的延续来讲，自社会学诞生之初孕育在孔德与斯宾塞思想中的有机体类比，再到 19 世纪末 20 世纪初涂尔干对社会学方法论的阐明和经典实证研究的写作，皆使功能主义初具雏形。继而，经由英国社会人类学者群——最初是以马林诺夫斯基（Bronislaw Malinowski）与布朗（A. R. Radcliffe – Brown）为代表，接着普理查德（E. E. Evans – Pritchard）、福特斯（Meyer Fortes）与弗思（Raymond Firth）又加入其中——的精心阐发和大力推陈，功能主义作为一种人类学最重要理论和方法论的地位得以确立。不过，只有在帕森斯与默顿之后，功能主义才真正达到了其声望的顶点。即使之后功能主义不断背负了太多属于或不属于它的指责与批评，从当代卢曼和亚历山大等新一代的功能主义理论家正逐渐增大的影响而言，它仍然是社会学智慧得以生发的源泉。

因而，当金斯利·戴维斯（Kingsley Davis）宣称："虽然关于结构功能主义分析并不存在一致的定义，但只要仔细考察一下大多数人都会提及的那些特征，以及在（结构功能主义）标签下实际完成的工作，我们就不得不承认，结构功能主义就是社会学分析的同义词。"（Davis，1959：757）我们也就不难理解功能主义对于社会学研究究竟意味着什么了。实际上，对于功能主义在理论和方法上到底为社会学分析带来了什么，也许胪陈一下亚历山大的总结会多有助益。在亚氏眼中，作为理论传统，功能主义至少有以下贡献：（1）功能主义在描述性的意义上提供了一种理论模型，提供了一种社会各部分之间相互关系的一般图景；（2）功能主义像关注结构那样关注行动，尤其是它注重根据行动的目的去调整和规范手段；（3）功能主义关注于作为一种可能性的社会整合，以及事实上的社会控制的变迁与过程；（4）功能主义假定人格、文化与社会之间的区别是社会结构所必需的，而它们之间相互渗透所产生的张力是变迁与控制的持续根源；（5）功能主义把分化认定为社会变迁的最主要方式，同时也是这一历史进程所导致的个性化和制度张力的主要方式；（6）功能主义意味着对概念化与理论化的独立性的信念（亚历山大，2005a：69－70）。

无独有偶，回顾中国社会学的发展历程，不难发现，我们最有活力与成就的工作也都与功能主义有关。早在 20 世纪 30 年代，吴文藻先生就曾敏锐察觉：因为功能学派是社会人类学中最先进，也是当时学术界中最有力的一个学派，所以，用功能学派的理论从社区入手来研究中国的国情必然能够结出丰硕的果实（吴文藻，1990）。在这种认识下，他采取了"请进来"与"派出去"的策略，一边邀请世界一流学者到中国讲学、指导学生，一边利用各种机会把优秀学生送到学术条件较好的欧美国家深造。最终，诸如费孝通、林耀华与杨庆堃等新一代社会学者、人类学者，在马林诺夫斯基、布朗等大师的影响下，不仅通过运用功能主义理论与"社区研究"方法写作了一大批时至今日仍未被超越的著作[①]，而且，他们的社会学研究还得到了同时代的西方同行这样的评价："可以说，在第二次世界大战以前，中国是除北美和欧洲以外的世界上社会学发展得最繁荣兴旺的地区，至少在学术质量方面如此。"（Freedman，1962：106）

遗憾的是，随着 1952 年的院系调整，中国社会学研究的花朵没有等到完全盛开就早早凋零了。与此同时，战后西方社会科学非但没有放慢脚步，反而经历了一个高速发展的时期，以致经由帕森斯的理论综合，功能主义不仅在学理逻辑、分析方法上不断深入和改进，还在知识整合、研究途径、学科影响等方面较二战之前发生了巨大变化。因此，及至 80 年代改革开放，社会学重新蹒跚起步之时，功能主义理论与方法的进展早已不是封闭了 30 多年的中国社会学者所能够想象的模样，以致费老到其生命晚期仍念念不忘地提醒我们：社会学亟须在基础理论方面进行"补课"（费孝通，2002）。

[①] 例如林耀华的《金翼》，蒋旨昂的《战时的乡村社区政治》，费孝通的《江村经济》、《乡土中国》，费孝通和张之毅合作的《云南三村》，史国衡的《昆厂劳工》，以及田汝康的《芒市边民的摆》、许烺光的《祖荫下》和杨庆堃的《中国社会中的宗教》等著作。

从这种意义上说，本章之所以要对功能主义关于社会秩序问题的各种理论建构和解答进行刨根问底的探究①，不仅仅在于它确实能为我们理解现代世界提供理论指导，而且在于它真正形成了一种"问渠那得清如许，为有源头活水来"的理论传统，这尤其值得今日的中国社会学者深思。

那么，在当今一方面我们还未能接续上老一辈学人的传统，另一方面我们又迫切需要为中国社会又一轮巨大变迁做出相应智识贡献的现实下，功能主义理论又能够为我们提供什么样的"他山之石"呢？

二 从总体性社会到分化社会：功能主义视角下的中国社会结构变迁

笔者以为，立基于中国社会自身运作逻辑的特殊性与复杂性，功能主义能够为中国社会分析提供的首要思想资源是分化理论。这一点，正如亚历山大的评价所指出的，"在我看来，对于确定现代生活的实际特征、它所面临的紧迫威胁以及它的现实前景而言，分化概念比当代的任何其他概念都更为贴切……我认为，分化理论以一种更加笼统的和现实的方式为描述现代性提供了一次机会，也即现代性意味着生活世界的多元化而非文化殖民化，这种多元化创造了现代生活的各种机会和各种问题。……分化理论也对马克思主义所提出的控制和统治问题提供了一种更为具有辨别力的探讨"（亚历山大，2005b：65 - 66）。具体而言，分化理论为我们思考中国社会问题指出了下列可能性。

第一，不同于马克思的阶级斗争学说，也不同于韦伯对现代文明所做的理性化解释，功能主义为概括现代社会变迁与发展提供了一种新的理论视角——社会分化。在这种视角下，首先，现代社会不再被否定地看待，至少从涂尔干开始，现代社会的发展已不被认为是社会关系破裂和社会有机体解体的过程，相反，现代社会使人们不仅可以得到更多的机会与自由以发展自身，而且也为现代人提供了一种新型社会关系和生活方式。与此

---

① 限于精力、篇幅和主题，本章没有集中对社会人类学中的功能主义以及默顿进行深入讨论，这不得不说是一个遗憾。

同时，从传统到现代也不再被视为一种完全性的激进断裂过程，反而被视为一种渐进式的各社会领域趋于独立自主的过程，在此过程中，传统与现代并不必然是截然对立的，同样它们之间的关系更多是功能性而非因果性的。在中国，这意味着可以以另外一种视角来看待传统与现代之间的关系，也即中国传统并不必然被视为中国向现代化转型的障碍。例如，近来，著名的中国研究学者怀默霆就曾对发展研究中被广泛接受的一个观念——中国传统制度和文化是其现代化发展的阻碍——进行了批驳[①]（Whyte，2009）。

其次，这种视角很契合对中国社会结构进行分析。其实，20世纪90年代以来部分学者对我国改革开放以来的社会结构变迁所做的杰出分析就是最好例证（孙立平，王汉生，王思斌，林彬，杨善华，1994；孙立平，李强，沈原，1998；渠敬东，周飞舟，应星，2009）。无论是他们认为中国的结构变迁是由改革前的总体性社会向改革后的分化性社会转变（孙立平，王汉生，王思斌，林彬，杨善华，1994），还是他们指出，"改革前的总体性支配权力为一种技术化的治理权力所替代，从中可以理解'中国经验'的独特意味，并洞悉中国社会转型所面临的挑战与机遇"（渠敬东，周飞舟，应星，2009）。这些观点的基本理论视角都是从现代社会变迁的根本在于分化出发的。

---

① 按怀默霆的看法，这一观点最早的版本即出现在韦伯（Max Weber）的《新教伦理和资本主义精神》与《中国的宗教》等著作中。最典型的，韦伯曾认为，尽管中国文化在很多方面都很优秀合致，并且浸染着相当高层次的理性，但它在容许现代资本主义起源所需的制度和价值观方面存在关键的缺陷，例如，中国文化强调对过去、稳定性、和谐的尊重，而不是改变、追求个人自利的开放精神；贬低商人，城市政治自治和社会阶层的发展很差；强调家庭责任，不利于理性的经济计算；科学实验和理性的发展水平很低；等等。显然，这是一把中国现代化的失败归咎于文化缺陷的论点，这种论点即使在后进的专研日本和中国的功能主义学者贝拉（Bellah）和列维（Levy）那里依然明显。与此相对但却殊途同归的是制度缺陷论，最有代表性的就是伊懋可（Elvin）的"高水平均衡陷阱"（high level equilibrium trap）论。他指出，中华帝国晚期的商业系统极为精细复杂，对需求和供给变化的反应非常迅速，从而避免出现严重的短缺和瓶颈，而这种短缺和瓶颈本来是有可能激发技术性突破的（如从家庭纺织到工厂纺织生产的转变）。因此，伊懋可认为，中国是它自己数百年来建构的高效、反应迅速的前工业经济体系的受害者。然而，对东亚经济1950年来以及迄今之成就根源的广泛研究使怀默霆认为，东亚发展的成功带来的可预见的结果就是一种新的修正论观点的出现，这些观点要么认为华人社会共同拥有的文化优势有助于解释他们近来的成功发展，要么以前被描述为发展障碍的同样的传统制度安排和价值组合，现在被重新阐释为发展的一个引擎（Whyte，2009）。

第二，分化理论指出了现代社会变迁的基本逻辑。从涂尔干的"分化社会"，到帕森斯的"AGIL"社会系统模型，再到卢曼的"功能分化社会"以及亚历山大的"公共领域"，他们的分析都暗含着同一个前提：现代社会的根本特征在于经济、政治、社会以及宗教、亲属体系、科学等各领域①逐渐形成了可以与其他领域相区别的边界，并通过相应的制度化与专门化独立自主地运作。因而，从分化理论出发，现代社会既不是一个西方传统意义上的亚里士多德式的"政治社会"，也不是马克思的资本主义社会所描绘的那样一种社会。同样的，分化理论指出，施密特（Carl Schmitt）认为现代社会的特征在于国家与市民社会正逐渐融合，以及受波兰尼思想激发形成的国家—经济—市民社会关系的三元模型，它们都未能真正完全把握现代社会变迁的方向和发展出来的各维度，从而也无法避免简化论的致命失误。

进一步，从帕森斯对一般性符号媒介的创造性分析开始，分化理论逐渐阐明，现代社会各领域最根本的区别或者说内在运作逻辑在于其独特的沟通媒介和方式，例如，政治领域被帕森斯和卢曼认为是围绕着权力这一媒介和其他领域区别开和运作的，经济领域围绕着金钱，社会领域围绕着影响，宗教等文化领域围绕着价值承诺，等等。这样一来，分化理论就为各领域的边界形成、互动和运作指明了方向，从而也就轻而易举地可以解决国内的相关研究很难说清社会范畴的老毛病。②

第三，根据分化理论，现代社会发展面临的最大威胁在于社会去分化（dedifferentiation）的发生。这是因为，首先，功能主义认为，分化不仅仅意味着各领域的制度化和专门化，它还意味着现代社会越来越大的包容性和越来越广的价值普遍化。从包容性来讲，分化压力必然要求社会把"包容"扩大到先前被排斥在外的群体，扩大到少数民族与经济上受压迫的阶级，扩大到其他原先被排斥在特定场所的诸如老年人、青年人和残疾人等群体。而社会去分化则意味着包容的减少甚至放弃，它一旦发生，则像德

---

① 当然，对现代社会究竟形成了哪些独立自主的领域，涂尔干、帕森斯、卢曼与亚历山大的看法不尽相同，笔者更倾向于认为，卢曼与亚历山大的观点要更加全面，尤其是卢曼对各领域运作逻辑的分析特别有启发性。

② 例如，在孙立平等人的分析中，对社会范畴的边界和运作逻辑就一直没有很清晰的说明。

国法西斯迫害犹太人那样的事件必然不可避免。从价值普遍化而言，分化必然意味着价值的多元化和共存，这正如卢曼所言：在功能分化社会中，由于不再有超越所有子系统的共有的价值信念和道德共识，也许正好可以确保作为整体的全社会不至于像一盒火柴那样一触即发地被烧完为止（Luhmann，1982）。

其次，依功能主义的观点，社会去分化要么意味着全社会中某个子系统取得了压倒性优势，从而任何一个其他子系统的功能都可以由它替代（Luhmann，1982），要么意味着全社会的某个领域对其他领域的破坏性入侵（Alexander，2006）。因而，无论哪种情况发生，都将对现代社会构成巨大威胁。这一点，已经为有关中国社会结构演变趋势的研究所指出，例如，孙立平就曾明确指出，政府行为市场化、企业化已经构成当今中国社会建设与社会管理面临的最大问题（孙立平，2003）。

最后，按功能主义的逻辑，诸如社会的"断裂"（孙立平，2003），或者像法国著名社会学家阿兰·图海纳（Alan Touraine）所指出的：社会从过去的"金字塔式"等级结构变为一场"马拉松"，每"跑"一段都会有人"掉队"，从而被甩到社会结构之外，这些现象都源于社会去分化的发生。因而，正像帕森斯所言："任何向现代发展的累积现象，都是长远的。要谈后现代社会尚言之过早。尽管面临着巨大破坏的可能性，笔者所期望的是，下个世纪的趋向将走向本书所谓的现代社会这样类型的完成。"（帕森斯，1991：294）换句话说，我们面临的真正挑战，可能正在于避免现代社会在任何一个方面倒退回去分化的局面。

三　从稳定到有序：中国社会整合的功能主义逻辑

正如硬币的两面，功能主义在用分化构建现代社会变迁理论的同时，它也指陈了现代社会整合的可能性。在后一方面，尽管对功能主义的相关观点一直存在着各种批评，但即使是较为激进的批评者也承认"一般功能主义的视角仍然是最重要的工具"（洛克伍德，2010：133）。与上节一样，笔者认为，功能主义至少有下列几点贡献。

第一，无论是前期的涂尔干与帕森斯，还是当代的卢曼与亚历山大，功能主义理论家历来视追求社会整合为社会学研究应有之义。涂尔干对以斯宾塞为代表的功利个人主义式市场契约论的深刻批判指出：市场契约关系后面还存在着"契约中的非契约成分"，正是后者才使得人们能够彼此通过缔结契约而维持社会的秩序。进一步，帕森斯把社会系统定义为整合子系统，并赋予它高于经济、政治子系统的地位。最后，卢曼对功能分化社会、亚历山大对公共领域的理论探讨，它们在在显示了功能主义对整合的重视。

第二，功能主义对社会整合机制做出了有系统的理论阐述。在涂尔干看来，既然社会秩序的存在源于"契约中的非契约成分"，那么，现代社会中，只有保持最低限度的集体意识、形成最起码的"有机团结"，这种"非契约成分"才可能维持。因而，社会最致命的危险就在于因失范而导致社会团结的丧失。为避免这种危险，涂尔干最终求助于国家、个人与职业群体的相互作用来解决社会转型带来的弊端。

而帕森斯则直接把"AGIL"理论模型中的社会共同体构建为一个以维护团结作为自身独特逻辑与动力的整合子系统。如上文分析所揭示的，这一构建既清晰地指出了高度分化的现代社会中，每一个子系统独特的价值/规范，也指出了子系统之间复杂的"输入/输出"的交换关系。最后，它还说明了共同体是如何整合来自于经济、政治与文化的输入（譬如整合工业革命、民主革命和教育革命所带来的后果）而又不为其中的经济或者是政治所支配。

进一步，为克服帕森斯过于强调共有价值信念和道德共识的缺陷，卢曼通过把现代社会整合规定为："避免陷入这种状态——一个子系统的运行产生了另一个子系统所无法解决的问题，"（Luhmann，1982：xvi）以及通过承认在地方层次上，在分化了的功能子系统以及人们平常的互动情景中依然存在各种形式的共识，巧妙地从理论逻辑上解决了整合难题。

最后，亚历山大通过对行动的能动性维度以及文化自主性与内在逻辑，特别是公共领域自身独特运作逻辑的一系列研究，不仅吸取了各种反帕森斯理论的批评意见，而且进一步申明了现代社会整合的逻辑以及可能的危险（见上文亚历山大章节），形成了所谓"新功能主义"的独特视景。

第三，整体而言，功能主义至少启示了下述两种具体整合机制：系统整合与社会整合。① 从社会整合来讲，即使遭到了部分冲突论者的指责②，但功能主义毕竟指出了一定程度上的规范、价值对于维持社会秩序的重要性，而且功能主义也对价值系统③的各种特性做出了最全面的考察。因此，连不那么激进的冲突论者也承认："我们认为即便是达伦多夫和雷克斯认为和他们的理论联系最密切的社会整合的方面——社会冲突——也同样需要把他们的理论框架进行系统的扩张，以便把规范功能主义曾重点关注的关于价值体系的各种特性考虑进去。"（洛克伍德，2010：137）而在系统整合方面，无论是帕森斯的"AGIL"模型，还是卢曼的功能分化社会逻辑，在批评者眼里（例如哈贝马斯），它们都堪称体现了系统整合思路的最典型代表。

最后，如果说上述三点都还是纯粹出自于功能主义理论逻辑的推论，那么，结合中国实际，笔者以为，未来我们也许可以围绕下述几点思考中国社会的秩序问题、建构相应的整合机制。

1. 重建和完善中国社会的系统整合机制。近年来，针对中国社会结构变迁的相关研究形成了一个基本共识，也即认为：从晚清开始，中国社会经历了一场"总体性危机"，即政治体制解体与社会解组相伴随的全面危机。为了克服这一危机，自新中国成立以来，我国实际上采取了以政治整合替代社会整合的策略，形成了一种可称之为"总体性社会"的模式。在这种社会模式中，"国家几乎垄断着全部重要资源。这种资源不仅包括物质财富，也包括人们生存和发展的机会（其中最重要的是就业机会）及信息资源。以这种垄断为基础，国家对几乎全部的社会生活实行着严格而全面的控制。同时，对任何相对独立于国家之外的社会力量，要么予以抑制，要么使之成为国家机构的一部分"（孙立平，王汉生，王思斌，林彬，杨善华，1994：47）。因而实质上，到20世纪50年代中后期，中国已经变为一个结构分化程度很低，并在政治、经济、社会、文化上一体化的社

---

① 需要说明的是，这里所用的"系统整合"与"社会整合"主要根源于洛克伍德最初的表述，而非来源于哈贝马斯和吉登斯有所误解的表述。因此，这里的"社会整合"指的是"研究行动者之间有序的或冲突的关系"，"系统整合"指的是"研究一个社会系统的各个组成部分之间有序或冲突的关系"（洛克伍德，2010：134）。

② 这主要以达伦多夫和雷克斯为代表，他们指责功能主义具有轻视社会整合的倾向。

③ 也就是帕森斯"AGIL"系统模式中的模式维护子系统。

会。改革开放 30 多年来，随着市场经济体制的逐步建立，中国社会虽然在社会结构上发生了由总体性社会向分化性社会的部分转变，在社会治理上改革前的总体性支配权力也为改革后的技术化治理权力所替代（渠敬东，周飞舟，应星，2009）。但是，综观我国现阶段在整合上显现的难题——诸如政府行为市场化、企业化从而在原本应该发挥公共管理职能的地方缺席，又或者是通过强化权力来应对日益突出的社会矛盾等——可以说，它们的根源都在于或者如卢曼所言的用政治的沟通取代社会的沟通，或者如亚历山大所言的非公共领域对公共领域的破坏性入侵。

因此，说到底，解决中国社会秩序问题最紧要的任务，可能恰在于重建一种社会系统的各个组成部分之间可以有序运作的系统整合机制。也就是说，我们最应该做的是让众神归位，"上帝的归上帝，恺撒的归恺撒"，从而真正做到政府、市场、社会、科学甚至是宗教等社会各领域各守本分、各司其职、互相渗透并相互制衡。①

2. 重构中国社会领域及社会整合机制。正如部分学者指出的那样，虽然从改革开放初期到 20 世纪 90 年代中期，一个相对独立自主的社会领域曾缓慢发育，但从近十多年的趋势来看，似乎出现了一种相反的趋势，即出现了以扭曲市场和打压社会为代价的权力的强化趋势（孙立平，2009）。从而，中国的社会领域非但没能成为一个能和政治平起平坐一样重要的领域，反而日益沦为鸡肋，并在技术治理逻辑下成了行政管理的附庸。随之而来的，必然是帕森斯早就指出的发生在"社会共同体"层面的危机，也就是部分学者担心的信任结构解体和社会"西西里化"危机（孙立平，2002）。

因此，如笔者曾在绪论部分所言，当前关于中国社会建设和社会管理的思考，最重要的并不是寻找到某种专家治国论式的社会公共事务治理模式，也不是去追求一种为暂时避免社会问题和社会混乱而对整个社会施加控制的"完美管理"，而是去探索和构建社会领域作为一个独立自主运作

---

① 在这一点上，笔者与孙立平等学者的主张有所不同。笔者以为，孙立平等学者更多的是受波兰尼、葛兰西的影响，采用一种政治、经济与社会的三分模型来建构分析框架。而笔者更倾向于接受功能主义的理论传统，采用卢曼、亚历山大更加多元化的分化模型作为分析出发点。

系统所应该有的逻辑与实施之道。这一点，恰如帕森斯对社会共同体及其沟通媒介的创造性分析指出的：现代社会得以可能正在于社会共同体具备了高度的自给自足性，因而它不但能成功控制与其他系统间的交换，它还能提升全社会的功能运作、维持全社会的存续；此外，社会共同体的逻辑在于通过影响、说服与感化等沟通手段来达致社会团结，因此它既不能为政治系统中的权力逻辑取代，也不该受经济领域中的金钱或效益原则的控制。从这种意义上说，无论是对传统的士绅制度还是对当前如火如荼的社会组织建设，我们都该换一种思路重新思考其得失。①

3. 重思中国社会中规范、价值的存在意义和运作逻辑。虽然在当代社会理论内部，关于规范价值问题的思考至今仍是仁者见仁智者见智，但按功能主义的逻辑，我们至少可以看到，人类社会的演化，除了增进"概化的适应力"（因此才有对市场化与科层制的追求），它还有另外一种普遍倾向，即为求解决人类社会历久长存的诸多问题，比如善与恶、正义与不平、机缘与命运，人们还必须创造出一系列文化上的象征符号去描绘人类生存的不确定、关心和悲剧等，这种对帕森斯所谓的"终极实在"的指涉，正是人类追求规范与价值的根源所在。

基于此，笔者以为，上文所述之中国总体性危机的共识，还只是从制度与物质基础着眼看到了整合问题的一面，因而，我们还需要从文化与精神层面着眼思考另一面：中国社会中规范、价值的存在及其运作问题。虽然，无论是社会舆论对诸如"小悦悦"等一系列事件的愤慨与反思，还是充斥于公共讨论空间的重建道德吁求，都反映了对中国社会价值规范缺失和急需重建的认识已近于常识。然而，实际上我们从未在理论与实践中真正厘清过思路：传统中国社会中有过什么样真正起作用的文化价值？现存文化系统中还存在着什么样的道德规范？是否存在帕森斯意义上能够维持社会系统均衡的"共享价值因素"？还是说像卢曼所言，现代社会的高度

---

① 笔者以为，站在社会共同体角度上辩证地再看士绅制度的存在及其作用，它的积极功能远大于消极功能，某种程度上它正是帕森斯意义上的一种有中国特色的社会共同体形式，因而若说当代社会建设和管理的困局所在，可能恰在于我们已经找不到一种在功能上能与士绅制度相埒的存在。进一步，对于当前的社会组织建设，笔者以为，如果我们不充分放权让社会组织按自身逻辑独立自主地存在与发展，那么它可能最终将难逃成为政治或经济领域附庸从而形同虚设的宿命。

复杂性已经使全社会的统一不再能够由共同伦理信念来保证，现代社会只可能在地方层次、分化了的功能子系统以及人们平常的互动情景存在着共同的规范与价值？如果规范、价值确有其可能性，我们又该如何既避免曾经的价值大一统又防止当代的虚无化，让它们能够在恰当的层面生根发芽呢？是仍然依靠政治来保证规范，还是让价值在共同体中自然生长？诸此种种，确实亟待认真思考。

　　总而言之，中国社会未来的整合之路，可能比我们想象到的都更艰难。因此，与其空谈信仰危机，不如认真思考道德的可能性，与其妄言价值沦丧，不如追问规范如何存在，与其寄望某种形式的乌托邦，不如切实地建设和谐的共同体。或许，这样的社会才是普通人既"可欲"又"可求"的福祉所在。

参考文献

Alexander, J. C., and S. Seidman. 1990. *Contemporary Debates*. New York: Cambridge University Press.

Alexander, J. C. 1984. "The Parsons Revival in German Sociology. " *Sociological Theory* 2: 394 – 412.

Alexander, J. C. 1990. "Differentiation Theory: Problems and Prospects," in *Differentiation Theory and Social Change*, edited by J. C Alexander, and Paul Colomy. New York: Columbia University Press.

Alexander, Jeffrey. 1984. *Theoretical Logic in Sociology*. Volume 4, *The Modern Reconstruction of Classical Thought: Talcott Parsons*. Berkeley: University of California Press.

Alexander, Jeffrey. 1997. "The Paradoxes of Civil Society. " *International Sociology* 12 (2): 115 – 133.

Alexander, Jeffrey. 2000. "Theorizing the Good Society: Hermeneutic, Normative and Empirical Discourses. " *The Canadian Journal of Sociology*, Vol. 25, No. 3.

Alexander, Jeffrey. 2006. *The Civil Sphere*. Oxford: Oxford University Press.

Bershady, H. J. 1973. *Ideology and Social Koowledge*. Oxford: Blackwell.

Burger, Thomas. 1977. "Talcott Parsons, the Problem of Order in Society, and the Program of an Analytical Sociology. " *American Journal of Sociology*, Vol. 83, No. 2.

Cohen, J. L., and Andrew Arato. 1992. *Civil Society and Political Theory.* Cambridge: The MIT Press.

Collins, Randall. 1985. "Jeffrey Alexander and the Search for Multi – Dimensional Theory." *Theory and Society*, Vol. 14, No. 6: 877 – 892.

Dahrendorf, R. 1958. "Out of Utopia: Towards a Reorientation of Sociological Analysis." *American Sociological Review* 64: 115 – 127.

Davis, Kingsley. 1959. "The Myth of Functional Analysis as a Special Method in Sociology and Anthropology." *American Sociological Review*, Vol. 24, No. 6: 757 – 772.

Dung – Sheng Chen. 2001. "Taiwan's Social Changes in the Patterns of Social Solidarity in the 20th Century." *The China Quarterly*, No. 165.

Freedman, Maurice. 1962. "Sociology in and of China." *British Journal of Sociology*, Vol. 13, No. 2: 106 – 116.

Goldberg, C. A. 2007. "Reflections on Jeffrey C. Alexander's the Civil Sphere." *The Sociological Quarterly* 48: 629 – 639.

Gouldner, A. W. 1971. *The Coming Crisis of Western Sociology.* London: Heinemann.

Habermas, J. 1988. *The Theory of Communication, Vol. II: Lifeworld and System: A Critique of Functionalist Reason*, translated by Thomas McCarthy. Boston: Beacon Press.

Hempel, C. G. 1994. "The Logic of Functional Analysis," in *Readings in the Philosophy of Social Science*, edited by Michael Martin and Lee C. McIntyre. MIT Press.

Holmos, Stephen, and Charles Larmore. 1982. "Translators' Introduction," in *The Differentiation of Society.* New York: Columbia Univercity Press.

Homans, G. 1964. "Bringing Men Back In." *American Sociological Review* 29: 809 – 818.

Kneer, Geory/Nassehi, Armin. 1999.《卢曼社会系统理论导引》，鲁贵显译，台北巨流图书公司。

Lockwood, D. 1956. "Some Remarks on the Social System." *British Journal of Sociology* 7: 134 – 145.

Luhmann, Niklas. 1982. *The Differentiation of Society*, translated by Stephen Holmos and Charles Larmore. New York: Columbia Univercity Press.

Luhmann, Niklas. 1990. *Essays on Self – reference.* New York: Columbia University Press.

Luhmann, Niklas. 1990. *Political Theory in the Welfare State*, translated and introduced by John Bednarz, Jr. Berlin; New York: Sage Publications.

Luhmann, Niklas. 1991. "Paradigm Lost: On the Ethical Reflection of Morality." *Thesis*

Eleven 29.

Luhmann, Niklas. 1994. "Speaking and Silence." *New German Critique* 61: 14 – 25.

Luhmann, Niklas. 1995. *Social Systems*, translated by John Bednarz, Jr., with Dirk Baecker; foreword by Eva M. Knodt. Stanford, California: Stanford University Press.

Luhmann, Niklas. 1997. "Globalization or World Society: How to Conceive of Modern Society?" *International Review of Sociology*, Vol. 7, Issue 1: 13 – 27.

Luhmann, Niklas. 1998. *Observations on Modernity*, translated by William Whobrey. Stanford, California: Stanford University Press.

Luhmann, Niklas. 2000. *Niklas Luhmann's Modernity: The Paradoxes of Differentiation*, edited by William Rarch. Stanford, California: Stanford University Press.

Lukes, Steve. 1985. *Emile Durkheim: His Life and Work*. Stanford, California: Stanford University Press.

Lukes, Steve. 1973. *Emile Durkheim: His Life and Work. A Historical and Critical Study*. Harmondsworth: Penguin Books.

Mauss, Marcel. 1958. "Introduction to the First Edition," in E. Durkheim, *Socialism and Saint Simon*: 1 – 4. Yellow Springs: The Antioch Press.

Merton, Robert K. 1994a/1934, "Durkheim's Division of Labor in Society." *Sociological Forum*, Vol. 9, No. 1.

Merton, Robert K. 1994b. "Durkheim's Division of Labor in Society: A Sexagenarian Postscript." *Sociological Forum*, Vol. 9, No. 1.

Mohan, Sudha. 1999. "Ideas on Civil Society." *Economic and Political Weekly*, Vol. 34, No. 46/47: 3291 – 3292.

Mouzelis, Nicos. 1999. "Post – Parsonian Theory." *Sociological Forum*, Vol. 14, No. 4.

Müller, Hans – Pete. 1994. "Social Differentiation and Organic Solidarity: The 'Division of Labor' Revisited." *Sociological Forum*, Vol. 9, No. 1.

Münch, R. 1981. "Talcott Parsons and the Theory of Action I: The Structure of the Kantian Core." *American Journal of Sociology* 86: 709 – 739.

Münch, R. 1982. "Talcott Parsons and the Theory of Action II: The Structure of the Kantian Core." *American Journal of Sociology* 87: 771 – 826.

Nagel, E. 1979. *The Structure of Science*. Indiana: Hackett Publishing Company.

Parsons, Talcott. 1951b. *Toward a General Theory of Action*, editor and contributor with Edward A. Shils et al. . Cambridge: Harvard University Press.

Parsons, Talcott. 1953. *Working Papers in the Theory of Action* (in collaboration with Robert F. Bales and Edward A. Shils). Chicago: Free Press. Reprint edition 1967.

Parsons, Talcott. 1956. *Economy and Society* (co – authored with Neil H. Smelser). London, Routledge and Kegan Paul; Chicago: Free Press.

Parsons, Talcott. 1963a. "On the Concept of Influence." *Public Opinion Quarterly* (Spring). Reprinted in *Politics and Social Structure*, 1969, New York: Free Press.

Parsons, Talcott. 1963b. "On the Concept of Political Power." *Proceedings of the American Philosophical Society*, Vol. 107 (no. 3): 232 – 62. Reprinted in *Politics and Social Structure*, 1969, New York: Free Press.

Parsons, Talcott. 1966. *Societies: Evolutionary and Comparative Perspectives*. Englewood Cliffs, N. J.: Prentice – Hall.

Parsons, Talcott. 1967. "Durkheim's Contribution to the Theory of Integration of Social Systems," in *Sociological Theory and Modern Society*: 3 – 34. New York and London: The Free Press.

Parsons, Talcott. 1968. "On the Concept of Value – Commitments." *Sociological Inquiry*, Vol. 38 (no. 2). Reprinted in *Politics and Social Structure*, 1969, New York: Free Press.

Parsons, Talcott. 1969. *Politics and Social Structure*. New York: Free Press.

Parsons, Talcott. 1970. "On Building Social Systems Theory: A Personal History." *Daedalus*, Vol. 99 (no. 4).

Parsons, Talcott. 1971. *The System of Modern Societies*. Englewood Cliffs, N. J.: Prentice – Hall.

Parsons, Talcott. 1991/1951a. *The Social System*. London: Routledge & Kegan Paul Ltd.

Parsons, Talcott. 2006. *American Society: A Theory of the Societal Community*, edited by Giuseppe Sciortino. Boulder, CO: Paradigm Publishers.

Parsons, Talcott. 2006. *American Society: A Theory of the Societal Community*, edited by Giuseppe Sciortino. Boulder, CO: Paradigm Publishers.

Parsons, Talcott. 1964. *The Social System*. New York: The Free Press.

Rex, J. 1961. *Key Problems in Sociological Theory*. London: Routledge & Kegan Paul.

Robertson and Turner. 1989. "Talcott Parsons and Modern Social Theory: An Appreciation." *Theory Culture & Society* 6 (4): 539 – 558.

Sciulli, D. , and D. Gerstein. 1985, "Social Theory and Parsons in the 1980s." *Annual Review of Sociology* 11: 369 – 387.

Tiryakian, Edward. "Revisiting Sociology's First Classic: 'The Division of Labor in Society' and Its Actuality." *Sociological Forum*, Vol. 9, No. 1.

Turner, B. S. 1991. "Preface to the New Edition," in *The Social System*. London: Routledge & Kegan Paul Ltd.

Turner, J., and A. Maryanski. 1979. *Functionalism*. Menlo Park, CA: The Benjamin/Cummings Publishing Company.

Viskovatoff, Alex. 1999. "Foundations of Niklas Luhmann's Theory of Social Systems." *Philosophy of the Social Sciences*, Vol. 29, Issue 4: 381 – 389.

Whyte, K. M. 2009. "Paradoxes of China's Economic Boom." *Annual Review of Sociology*, Vol. 35: 371 – 392.

Wrong, D. 1961. "The Oversocialized Conception of Man in Modern Sociology." *American Sociological Review* 26: 183 – 193.

阿隆，2000，《社会学主要思潮》，葛智强等译，华夏出版社。

布伦克霍斯特，2009，《当代德国社会理论》，《当代欧洲社会理论指南》，上海人民出版社。

蔡文辉，1982，《行动理论的奠基者：帕森斯》，允晨文化实业股份有限公司。

陈振明，2006，《什么是政府的社会管理职能》，《新华文摘》第 3 期。

邓正来，2006，《中国发展研究的检视——兼论中国市民社会研究》，《国家与市民社会》，上海人民出版社。

费孝通，2002，《师承·补课·治学》，三联书店。

高丙中，2006，《社团合作与中国公民社会的有机团结》，《中国社会科学》第 3 期。

高宣扬，2005，《鲁曼社会系统理论与现代性》，中国人民大学出版社。

哈贝马斯，2004，《现代性的哲学话语》，曹卫东等译，译林出版社。

科塞，1989，《社会冲突的功能》，孙立平等译，华夏出版社。

肯普，2009，《社会理论形成时期的创建者、经典与典范》，《当代欧洲社会理论指南》，李康译，上海人民出版社。

李程伟，2005，《社会管理体制创新：公共管理学视角的解读》，《中国行政管理》第 5 期。

李学举，2005，《加强社会建设和管理　推进社会管理体制创新》，《中国民政》第 4 期。

列奥·马修，2006，《凝聚性"公众"的分立成形》，程农译，《国家与市民社会》，上海人民出版社。

列维－斯特劳斯，2006，《结构人类学》，张祖建译，中国人民大学出版社。

卢曼，2003，《宗教教义与社会演化》，刘锋、李秋零译，中国人民大学出版社。

卢政春，1986，《卢曼》，《西方著名哲学家评传》（第十卷），苏国勋主编，山东人民出版社。

鲁贵显，2003，《功能分化社会中的偶连性与时间》，《现代与后现代》，黄瑞祺主编，北京大学出版社。

鲁贵显，2003，《在社会秩序的或然性与不可能性之间》，《政治与社会哲学评论》第 4 期。

洛克伍德，1997，《社会整合与系统整合》，李康译，《社会理论论坛》第 3 期。

洛克伍德，2010，《社会整合与系统整合》，李康译，《和谐社会的探求——西方社会建设理论文选》，浙江大学出版社。

吕付华，2008，《系统视角中的社会分化与整合——卢曼社会分化思想研究》，《社会理论》，社会科学文献出版社。

马塔·格哈特，2009，《帕森斯学术思想评传》，李康译，北京大学出版社。

米尔斯，2001，《社会学的想象力》，陈强、张永强译，三联书店。

莫塞利斯，1997，《社会整合与系统整合：洛克伍德、哈贝马斯、吉登斯》，赵晓力译，《社会理论论坛》第 3 期。

莫泽里斯，2010，《晚期现代性中的分化与边缘化》，《和谐社会的探求——西方社会建设理论文选》，浙江大学出版社。

默顿，1990，《论理论社会学》，何凡兴、李卫红、王丽娟译，华夏出版社。

尼达姆，2005/1960，《〈原始分类〉英译本导言》，汲喆译，《原始分类》，上海人民出版社。

帕森斯，1991，《社会的演化》，章英华译，台北远流出版事业股份有限公司。

帕森斯，2003，《社会行动的结构》，张明德、夏遇南、彭刚译，译林出版社。

帕森斯，2005，《论社会的各个分支及其相互关系》，《社会理论的诸理论》，上海三联书店。

帕森斯，斯梅尔瑟，1989，《经济与社会》，刘进、林午等译，林地校，华夏出版社。

普里查德，2002，《努尔人》，褚建芳等译，华夏出版社。

齐曼，2008，《尼克拉斯·卢曼的"世界社会"观点》，张睿译，《社会理论》第 4 辑。

秦明瑞，2003，《复杂性与社会系统——卢曼思想研究》，《系统辩证学学报》第

1 期。

　　渠敬东，1999，《缺席与断裂：有关失范的社会学研究》，上海人民出版社。

　　渠敬东，1999，《涂尔干的遗产：现代社会及其可能性》，《社会学研究》第 1 期。

　　渠敬东，周飞舟，应星，2009，《从总体支配到技术治理——基于中国 30 年改革经验的社会学分析》，《中国社会科学》第 6 期。

　　孙立平，2002，《90 年代中期以来中国社会结构演变的新趋势》，《当代中国研究》第 3 期。

　　孙立平，2003，《断裂——20 世纪 90 年代以来的中国社会》，社会科学文献出版社。

　　孙立平，2009，《从政治整合到社会重建》，《瞭望》第 36 期。

　　孙立平、李强、沈原，1998，《中国社会结构转型的中近期趋势与隐患》，《战略与管理》第 5 期。

　　孙立平、王汉生、王思斌、林彬、杨善华，1994，《改革以来中国社会结构的变迁》，《中国社会科学》第 2 期。

　　汤志杰，1994，《社会如何可能——卢曼的观点》，《思与言》第 32 期。

　　汤志杰，1998，《理论作为生命——悼念德国社会学家尼古拉斯·卢曼》，《当代》第 136 期。

　　特纳（布赖恩），2003，《社会理论指南》，李康译，上海人民出版社。

　　特纳（乔纳森），2001，《社会学理论的结构》上册，邱泽奇等译，华夏出版社。

　　滕尼斯，1999，《共同体与社会》，林荣远译，商务印书馆。

　　涂尔干，1996，《自杀论》，冯韵文译，商务印书馆。

　　涂尔干，2000，《社会分工论》，渠东译，三联书店。

　　涂尔干，2001，《职业伦理与公民道德》，渠东、付德根译，上海人民出版社。

　　涂尔干，2003，《乱伦禁忌及其起源》，汲喆、付德根、渠东译，上海人民出版社。

　　涂尔干，2003，《孟德斯鸠与卢梭》，李鲁宁、赵立玮、付德根译，上海人民出版社。

　　涂尔干，2006，《宗教生活的基本形式》，渠东、汲喆译，上海人民出版社。

　　王思斌，1992，《社会管理初论》，《社会科学研究》第 6 期。

　　韦伯，2010，《新教伦理与资本主义精神》，斯蒂芬·卡尔伯格英译，苏国勋、覃方明、赵立玮、秦明瑞中译，社会科学文献出版社。

　　温铁军，2005，《李昌平的悲剧和胡温的难题——在安徽某县的演讲》，互联网（第一时间/世纪中国，2005 年 7 月 13 日）。

吴文藻，1990，《现代社区实地研究的意义和功用》，《吴文藻人类学社会学研究文集》，民族出版社。

谢立中，2003，《行动与系统的联结：哈贝马斯论帕森斯的理论失误》，《解读"沟通行动论"》，林端、阮新邦主编，上海人民出版社。

许烺光，1990，《宗族·种姓·俱乐部》，薛刚译，华夏出版社。

亚历山大，2000，《社会学二十讲》，贾春增、董天民译，华夏出版社。

亚历山大，2003，《新功能主义及其后》，彭牧、史建华、杨渝东译，译林出版社。

亚历山大，2005，《范式修正与"帕森斯主义"》，艾彦译，《社会理论的诸理论》，上海三联书店。

亚历山大，2005a，《论新功能主义》，姜晓星译，《社会理论的诸理论》，上海三联书店。

亚历山大，2005b，《分化理论：问题及其前景》，姚莎莎译，《社会理论的诸理论》，上海三联书店。

亚历山大，2006a，《作为符号性分类的公民与敌人——论市民社会的极化话语》，朱苏力译，《国家与市民社会》，上海人民出版社。

亚历山大，2006b，《美国市民社会的语式——文化研究的一种新进路》，朱苏力、方朝晖译，《国家与市民社会》，上海人民出版社。

亚历山大，2008a，《社会学理论的逻辑（第一卷）实证主义、预设与当前的争论》，于晓、唐少杰、蒋和明译，苏国勋校，商务印书馆。

亚历山大，2008b，《社会学理论的逻辑（第二卷）古典思想中的矛盾：马克思和涂尔干》，夏光、戴盛中译，夏光校，商务印书馆。

社会治理的新视角：
福柯治理理论研究

在《论美国的民主》中，托克维尔提出这样一个令人印象深刻的观点，即在民主和平等的社会中，有可能出现"温和的新型专制"，在这种专制状态下，权威当局以父权式的无微不至、忧心操劳去照顾公民，为保证公民的幸福而行使无远弗届的统治权，最后织就了一张详尽、细微、全面、划一的迷网盖住全社会。他"并不践踏人的意志，但他软化、驯服和指挥人的意志"。他"不实行暴政，但限制和压制人，使人精神颓靡、意志消沉和麻木不仁，最后使全体人民变成一群胆小而会干活的牲畜，而政府则是牧人"（托克维尔，1988：869-870）。与此相反，政府变得"暴虐、残忍"这种危险则是少见和短暂的。

这段影响深远的文字揭示了一个洞见：没有自由精神的注入，民主和平等容易让一个社会走向新型专制，这种新型专制可以以非常巧妙的形式运行，甚至可以打着人民主权的旗号往来无碍。一个半世纪过去了，托克维尔的若干预见得到惊人的应验，乃至这个"温和的新型专制"，在有关福利国家、社会保险等问题的讨论中不断被人谈到（福柯，1997）。由此引出的问题是，这种新型的专制权力从何而来？它是如何得以渗入公民的私人生活领域，对日常生活发生影响的？西方社会的政治治理与社会治理经历了怎样的变化？如果仍然有自由的空间，这种自由可能寄寓何处？

福柯晚期的治理术研究正是对上述问题的深入探讨。在他1978年和1979年的法兰西学院的讲座中，福柯均以更为复杂的框架来讨论生命政治学。在这些讲座中，他考察了引导人类从古代经由现代国家理性观念和"政治科学"（Polizeywissenschaft），直到自由主义和新自由主义理论的"政治知识的谱系"，其中的核心是"治理"概念。福柯提出了"一种广义上的治理的含义"，而且直到18世纪，这个词的意义仍然是多种多样的。尽管这个词在今天政治上的含义十分纯粹，但福柯所要说明的是，直到 18 世纪，治理问题往往是在一个更一般的情况下来谈论的。换句话说，谈论治理，不仅仅是在政治上进行谈论，而且也涉及哲学、宗教、医学和教育学。除了国家的管理和行政之外，治理也涉及自我控制，家庭对孩子们的引导，管理家务，灵魂的导引等其他问题（Lemke，2012）。

在福柯的治理分析的框架内，生命政治学具有决定性意义。《生命政治学的诞生》（1979 年讲座的题目）进一步将其同治理的自由主义形式的出现关联起来。福柯认为自由主义不仅仅作为一种经济学理论，或者一种政治意识形态，而且也作为一种对人类进行特殊治理的方式。自由主义所引入的治理的合理性与中世纪和早期现代国家理性中的统治概念不同：社会的自然本质观念构成了治理实践的根基和边界。因此，追寻福柯的思路，重新思考自由主义这个看似陈旧的问题，由此达致对西方政治理性的全新理解，就是我们这里的核心任务。

毫无疑问，福柯的治理理论异常复杂，既涉及他早期的权力－知识研究，又在许多方面有相当大的突破。可以说，治理理论反映了福柯对西方现代性的集中考察和诊断，在这个近乎最终的考察中，福柯梳理了牧领权力、君主权力、治安（或管治）技艺、自由主义治理技艺、公民社会等西方政治理性发展历程中的重要主题，以独具一格的方式对治理术、治理技艺问题展开阐释，在这样一个展开过程中，也蕴含了福柯的思考当中顺乎逻辑的走向，即如果要对现代性困境进行深入理解，就必然会思考政治理性或政治治理对个体的影响，以及为了避免权力技术对个体的宰制（支配），该如何在恰当融入权力关系的同时，保持伦理上仍然有自由反思的主体化过程。或许更重要的问题在于，如何从福柯的治理理论中找到西方政治理性中蕴含的有关"自由"的要义，由此回过头来，对中国社会拓展自由的积极含义、寻找良善治理的明确界限与机制这些重要问题，提供有益的参照以及富有想象力的借鉴。

第六章

政治实践：治理理论提出的时代背景

福柯的治理理论对西方政治文明的广泛、深入地探寻，无疑有鲜明的时代背景烙印。20 世纪六七十年代，正是西方遭遇政治转型、大规模社会抗议和运动浪潮此起彼伏的时代。我们以福柯本人经历过的政治运动为线索，撮取其中主要事件加以回顾，力图呈现影响福柯的政治经历和理论思考的时代氛围。

一 突尼斯学潮和"五月风暴"事件

首先是众所周知的法国"五月风暴"事件。但是在讨论"五月风暴"事件之前，有必要看一看早些时候在福柯工作的突尼斯大学所发生的学潮。自从突尼斯独立以后，该国总统致力于清除宗教迷信、实现现代化事业、大力发展高等教育，力图"在一个充满古风的社会造就一个开明的民族"（米勒，2003：236）。然而吊诡的是，高等教育中的启蒙更多来自左派思潮，马克思、托洛茨基、阿尔都塞等人的学说在大学中大行其道，高等教育引发了强烈的批评浪潮。1966 年 12 月，突尼斯大学发生骚乱①，学生们抗议政府的家长式统治和亲美反共的外交政策。到了 1967 年 6 月，由于阿拉伯军队在"六日战争"中被以色列军队击溃，突尼斯的暴力骚乱变得更为严重。这一针对犹太人的、带有种族主义色彩的暴乱引起福柯的反

---

① 按照埃里蓬（1997：212）的记述，事件的起因是一位大学生不买公共汽车票遭到警察毒打，随即抗议浪潮遍布各个学院。

感，因为在一定程度上，这一系列反犹学潮是政府特意安排的，而福柯是一个有深厚的亲犹感情的人（米勒，2003：237）。然而，骚乱只是一系列动乱浪潮的开端，左派学生们聚集在一起，为"巴勒斯坦兄弟"而行动起来，与政府和布尔吉巴总统的制度的对立越来越尖锐。1968年3月至6月，美国副总统汉弗莱访问突尼斯时，骚乱再起，政府对学生严厉镇压，被捕的学生中有几位是福柯的学生。这一次福柯真正受到震动，他认为突尼斯学运的意义非同小可，他从中看出马克思主义在这一情况下产生某种神话的作用。用福柯的话来说，这种索雷尔意义上的神话能激发一种道义的力量，激起"狂暴的行为、强烈的情绪和非同寻常的激情"，使学生们能承担起可怕的风险，哪怕因此而坐牢。这给福柯留下极其深刻的印象，也正是从这时候起，福柯和一些法国教师们开始介入事件，帮助那些躲过大搜捕的学生们，并因此受到便衣警察的威胁和殴打。这个经历对福柯影响很大，他后来在回顾自己的政治经历和经验时，曾这样说过："……我在突尼斯生活了两年半，这段生活令我难忘：我亲历来势凶猛、激烈的学生动乱，它比在法国发生的学生运动早几个星期。……警察冲进大学，殴打学生，许多学生受重伤并遭逮捕。有些学生被判八年、十年乃至十四年徒刑。……这些冒着巨大危险写传单、散发传单或号召罢课、甘冒失去自由的危险的男孩和女孩们给我留下极深的印象。这对于我来说是一种政治经验。"（埃里蓬，1997：213 - 214）在此次事件中，福柯已经敏感地意识到政治思想所起的作用。

1968年5月10日晚，巴黎一个广场上两万名年轻人的集会，拉开了法国大学生抗议整个高等教育的运动序幕。当天晚上，学生们筑起了极有革命象征意味的街垒，与警察对抗，尽管没有人被打死，但警察的进攻毕竟造成350人受伤，社会舆论大哗，法国工会开始号召罢工，5月13日周一，大学生的造反转变成对戴高乐威权主义政府的全面抗议浪潮。政府的有限让步反而让学生的抗议更加高涨，大学生们占领了索邦大学。直到5月30日，戴高乐重新确立权威，共产党敦促它的数百万党员复工，政府采取紧急行动取缔了最好斗的学术组织，事件才初步告一段落（米勒，2003：231 - 233，241）。这是史称"五月风暴"的、法国现代史上最波澜壮阔的一次社会运动，而且发生在一个感受不到任何明显的政治或经济危机的现代西方资本主义社会，没有任何征兆，其影响一直延续至今。事件的导火索源于当时的大学生对整个的高等教育制度的不满，他们反对教育中的权威主义，主张激进民主主义；受各种左派理论的影响，他们大谈阶级斗争、工人革命甚至不断革命。但总的来说，面对大学教育的保守、僵化，学生们的诉求各异，部分学生希望大学进行改革，完善基础设施，更新教学方法和内容，提供一个自由、开放的学习空间，让受教育者毕业后顺利找到工作；另一部分学生则更加激进，他们质疑大学本身的理念及其背后整个资产阶级生活方式，反对庸庸碌碌的生活和消费社会。法国政府并未积极回应学生的诉求，反而粗暴镇压，导致事态恶化，这场学生运动因此在极短时间内席卷全国各大学，扩展至工人阶级，引发全国性大罢工，最终导致内阁变动，国会全面改选以及总理蓬皮杜的下台。而这场运动的更深层次的原因，有论者认为，是源于面对工业化的历史变迁时，法国的国家角色一直暧昧不清：从殖民帝国转型为一个现代民主国家时，法国的国家机器变成一个"矛盾的综合体"，它既是中央集权的，又结构涣散；既现代，又老旧；既自由，又威权。中央集权使社会受到压制，社会缺乏自主的空间，冲突不断积累与扩大；因此，"当国家宰制整个经济生活与社会运作时，文化的反叛（大学是其突破口）成为反抗权力的一种斗争方式。法国五月的学运成功地将政治上的抗争与文化上的反叛，二者结合成为一种社会运动"（于治中，2001：12 - 15）。

　　和"五月风暴"中其他知识分子（如萨特）的耀眼表现不同，福柯基本上没有参与，只是密切关注事态发展。这一度使得激进的学生认为福柯是一名"保守派"。但事实上，福柯在 1982 年的一次谈话中还谈到这场运动对他的影响："从 60 年代到现在，人们的日常生活已发生了变化，而我自己的生活肯定也是如此。这是一个事实。"他所关注的一些问题逐渐进入公共领域。而这种情况"并不是由他们的政治派别造成的，而是许多运动产生的结果。这些社会运动已切实改变了我们的整个生活，我们的精神状态，我们的态度，以及一些并未参与这些运动的人的态度和精神状态，这一点非常重要，具有非常的积极意义"（米勒，2003：235 - 236）。

二　监狱情报组运动和政治参与

1968 年"五月风暴"后，法国一批左派活动分子被捕判刑，1970 年 9 月，29 位活动分子发起绝食斗争，以争取政治犯应享有的"特殊待遇"。事态很快演变为对监禁条件发起更普遍的质疑，即抗议者们认为所有犯人都是社会体制的牺牲品，因此，他们力图通过斗争，揭露监狱现行制度，帮助所有犯人。在这个背景下，福柯于 1971 年 2 月发起监狱情报组运动。福柯等人组织一个有法官、律师、记者、医生、心理学家参加的监狱情报组，调查监狱的整体运作，如，"什么人进去，怎样和为什么进去，监狱里发生的事情，犯人的生活和看守人员的生活如何，牢房、食物、卫生状况如何，内部规章制度、医疗检查、劳动车间如何运转；如何从监狱出来，以及作为我们社会中的一名出狱人员意味着什么"（埃里蓬，1997：247）。在福柯的理论中，正常和非正常之间的界限往往比人们预想的更模糊，监狱中的情况同样如此，因此，借助对监狱的观察，福柯可以进一步揭示权力是怎样运作的。监狱情报组运动取得了极为辉煌的成果。除了展开调查，揭露监狱的残酷状况，组织模拟法庭辩论，发行小册子呼吁人们团结起来参加监狱内外战斗，监狱情报组还坚持让犯人讲话，在法国各地成立委员会。另外一个具有重大意义的成果，显然是福柯 1975 年出版的《规训与惩罚——监狱的诞生》。用米歇尔·佩罗的话来说，"制造犯人和管理违法行为是我们从《规训与惩罚》中看到的主题之一。人们由此估量到这部书受用于怎样直接和间接的经验。一部揭示社会阴暗面的巨著，它从黑夜的教训中汲取营养"（转引自埃里蓬，1997：252）。

然而，总的来说，监狱情报组时期的福柯仍然是一个不折不扣的激进派。[1]

---

[1]　1973 年，萨特在接受一家杂志采访时，评论了福柯有关民众正义的立场。他认为，福柯的观点导致他"在暴力行动发生的地方把民众正义看成是简单的暴力行为"，而且，和福柯一样，萨特认为人民绝对能够创立一个正义法庭。"福柯，他是激进派：任何资产阶级或封建主义的司法形式都必须有法庭、法院和坐在桌子后面的法官，那么，我们取消它们。司法首先导致一场推翻机构的伟大运动。但是，如果在这场伟大运动中革命司法的形式出现了，就是说我们以司法的名义问人们他们忍受着什么偏见的话，我看不出这对那些坐在桌子后面或没坐在那里的人们有什么不妥。"（埃里蓬，1997：272）

这也可以从福柯针对阿尔图阿案件的反应中看出。1972 年，法国北部小煤城一位 16 岁的女孩晚上在旷野被杀害，预审法官怀疑凶手是本城要人皮埃尔·勒鲁瓦，于是向他提出指控并将他收监，检察院请求假释被告时，预审法官拒绝；全城工人支持法官抵制"阶级司法"意志的行为。福柯在这场围绕司法问题展开的行动中，看到了人民斗争的伟大壮举，即人民第一次把社会新闻政治化，由此，他在 1972 年 6 月 23 日同克洛德·莫里亚克的对话中，表现出鲜明的激进主义态度。当莫里亚克认为应该避免外界对司法的干涉时，福柯回答："如果没有这些外界干涉，勒鲁瓦可能已被释放。帕斯卡尔法官也会在检察官的压力下做出让步。这是一直受保护的北方资产阶级第一次失去了保护。"（埃里蓬，1997：274）

福柯参与当时法国社会实践运动的另一个令人瞩目的事件，是他于 1973 年负责《解放报》一个"工人回忆录专栏"，通过让工人说话，重建"人民斗争的历史"。必须指出，福柯的参与与真正的政治实践仍然有距离：他把知识分子定义为信息机器，而不是生产机器；知识分子利用自己的知识阐明观点、传播知识，但他并不培养工人的意识，而是使工人的意识进入信息体系，让它成为一种知识并得到传播，最终达到帮助其他工人的目的。福柯的话语中明显有一种谨慎和自谦，他认为知识分子的知识和工人相比，永远是局部的。正是这种谨慎、自谦，促使福柯在政治实践的参与方面，逐步与单纯的激进主义风格拉开了距离（埃里蓬，1997：278）。

这种政治参与方面左派式的激进和自我克制并存的状况，在克鲁瓦桑事件上也有体现。福柯的传记作者埃里蓬把这个事件当作福柯和德勒兹友谊破裂的重要原因加以阐明，这当然没有疑义；不过，从这个事件中，我们可以看出福柯的政治参与和他后来的治理思想有密切的关联，而他的参与风格和他对治理问题的分析风格也相当一致。克劳斯·克鲁瓦桑是西德一个恐怖组织"赤军派"的头目的律师，他因为向被告提供物质援助、超越了辩护权限，面临在德国判刑的危险，因此请求到法国政治避难。福柯和德勒兹等人奋起抗议对他的引渡。但是必须看到，福柯的斗争局限在严格的司法领域，他非常愿意支持这位律师，但对其委托人则毫无兴趣，他不支持被他视为"恐怖分子"的人，在这一点上，他恰恰和德勒兹等人把问题扩大到指责西德是一个"警察国家"的做法不同（埃里蓬，1997：286－287）。

三　伊朗革命事件

真正意义的政治参与，甚至可以说直接触发福柯的治理思想的，是至今对世界仍有深远影响的伊朗革命事件。自 1926 年伊朗的巴列维王朝执政以来，承继之前的宪政主义改革，伊朗开始了一个独特的现代国家进程，即在国王的独裁专制下，引入欧洲模式的法规，开始现代化进程。这种现代化侵入了宗教事务，导致世俗主义和教法之间的冲突恶化；又因为国王的专制压迫以及官僚体制的腐败，左派的世俗主义者也对国王政权发起抗议。这场反对运动逐渐聚焦到宗教领袖鲁霍拉·霍梅尼身上，他毫不迟疑地抨击政府反伊斯兰，是美国和以色列的走狗，作为卡里斯马式的宗教神权领袖的霍梅尼在各种政治力量角逐的过程中，很快脱颖而出，遭到国王的流放和压迫。1978 年 1 月，被视为国王政权的喉舌的一个报纸发表了一篇恶毒攻击霍梅尼的文章，引起一场大规模的抗议，并导致警察的强力镇压。这场抗议导致一连串螺旋上升的，不断升级的游行示威、暴乱和起义，冲突在 1978 年 9 月 8 日达到顶峰：国王的军队向集会抗议人群开枪，造成近 4000 人死亡，引起全世界的震惊和愤慨。进一步的抗议斗争，以及各方政治力量角逐的结果是，国王被迫于 1979 年 1 ~ 2 月离开国家，伊朗所有主要团体围绕霍梅尼结成同盟推翻了巴列维王朝，霍梅尼也成功回到了伊朗，成为新生的伊斯兰共和国的最高领袖（丹尼尔，2012：15 – 17）。

福柯正是在伊朗革命达致鼎沸时，到伊朗现场进行调查和采访的。由意大利《晚邮报》（*Corriere della sera*）发起提议，福柯两度远赴伊朗。第一次是在 1978 年 9 月 16 日到 24 日，第二次是同年的 11 月 9 日到 15 日。在这两次停留中，福柯以国王沙赫（Shah）[①] 垮台的新闻背景来撰写评论，

[①] 伊朗的君主制有其特殊之处，但是和欧洲作为封建主义走向资本主义的中间"工具"之君主制相比，也有类似甚至共通之处。这点恰恰是引人注目的地方。1921 年，Reza Khan 从土耳其凯末尔处学到的三样东西：民族主义、世俗主义、现代化。巴列维王朝从未达到前两个目标，因此，在沙赫政权统治下，现代化就成了它的国家理由。当傲慢的君主试图建成现代化工业国家时，出现了某种"现代化的专制主义腐败联合"，专制维系腐败，腐败支持专制。如此一来，反现代化本身即某种复古主义。霍梅尼的神权政治之所以有如此强烈的号召力，除了伊朗本身的宗教历史基础因素，还应注意到，反对腐败专制的马克思主义左派（大学知识分子）和宗教运动的联合也是一个重要原因。伊朗革命之前，已经有明确的民意表达：让国王在位，但别让他治理（let the king reign，but not govern）。

然而在他看来此事件的核心特别是在人民反抗的事件本身。福柯于 1979 年 2 月 13 日发表了一篇文章，题为《有火药库之称的伊斯兰》，是他对过去在政治上及社会上动摇整个伊朗的 12 个月以来的革命所做的一个批判总结。在这篇文章中，福柯表现出对伊朗人民集体反抗沙赫政权这一事实的高度热忱。伊朗革命不是古典的政治革命，对福柯而言，它是 20 世纪罕见的运动。在此运动中，宗教扮演着终于使"全能"的政体幻觉破灭的"序幕"的角色，而且激起一种经验上的强烈转变，这个经验就是"整个伊斯兰国家能够自他们数百年传统的内部中被撼动"。在探讨霍梅尼的作用时，福柯写道："没有一位国家元首、没有一位政治领袖敢在今天夸口能获得如此个体化、如此强烈的爱戴，即便他们可以依仗本国的一切新闻媒介。……霍梅尼不是政治家：不存在霍梅尼党，不存在霍梅尼政府。霍梅尼是集体意志的聚焦点。"① 因此，伊朗运动应该这样来定义："这是赤手空拳的人民的起义，他们要摆脱压在他们每个人身上，尤其是压在他们这些石油工人和在王国边境劳作的农民身上的重负，也就是全世界范围的重负。这或许是反对全球体制的第一次大起义，是最现代的反抗形式，也是最猛烈的形式。"（Foucault，2005；埃里蓬，1997：322）

当然，这并不意味着福柯在追寻伊朗革命中展现出的"政治精神性"（见 1978 年 10 月 16 日福柯在《新观察家》发表的文章。埃里蓬，1997：319）时，会低估宗教的重大影响。恰恰相反，福柯极为重视伊斯兰教什叶派为人民抵抗国家权力提供的无尽源泉。对于福柯来说，宗教不是鸦片，尤其伊斯兰的什叶派教义，其角色是唤醒政治，保持政治意识，激发政治自觉。即便在什叶派与国家权力接近，宗教本质有所改变的时期，宗教仍然扮演了反对者的角色。福柯进一步认为，什叶派与欧洲中世纪末期直至 17 ~ 18 世纪的宗教运动之间存在令他感到震惊的联系和相似性。这些

---

① 按照米勒的看法，福柯把霍梅尼看作一个"圣人"，一个象征形象，却没有注意考察霍梅尼的实际行为，因此福柯和当时伊朗的很多世俗反对派领袖犯了同样的错误。霍梅尼上台后根据"伊斯兰政府"的理解制定苛酷的法典，通过逮捕、拷打、处决等手段制造了和革命前一样深的伤口，政治精神性的幻想被无情的神权政治现实祛得一干二净。尽管如此，面对种种批评时，福柯仍然用"反抗的自由"为自己对伊朗革命的热情进行辩护（米勒，2003：422，425 - 426）。如果不结合福柯的政治哲学及其治理理论的演进脉络来看，我们就很难理解福柯的这种自我辩护。

宗教运动都是大众运动，反对封建领主，反对资产阶级社会的第一个严酷的形态，强烈抗议国家的全面控制。

欧洲的宗教运动，如果做一个回溯，可以说在 17～18 世纪，都有具备政治斗争含义的反抗运动。但是在马克思的 19 世纪，情况有某种变化。马克思有理由说宗教是人民的鸦片，但只有在他自己所处的时代才是对的，因为国家、行政管理者和教会组织那时确实说过要把反叛的工人带回宗教，让他们接受命运。但马克思的这个论断只适用于他那个时代，不适用于基督教的所有时代，也不适用于所有宗教（Afary，Anderson，2005：186－187）。

伊朗革命事件中，福柯的强烈关注以及大量立场鲜明的政治观察和报道，自然引发这样一个问题，究竟如何看待知识分子与政治、政治权力的关系？知识分子自身的立场是怎样的？

福柯对这一问题恰恰有深入的思考，这不仅仅是因为他是一位权力理论家，更重要的是，受到康德的启蒙理性精神强烈影响的福柯，对于主体性、对于"现在"的哲学思考以及批判的可能性等问题极为敏感，而这些问题都会指向知识分子自身。

在福柯看来，知识分子必然卷入政治。这有两层含义：其一，知识分子不可能脱离政治。历史上很少有脱离政治的"纯"理论、客观的知识分子，也很少有知识分子认同这种所谓的纯粹。其二，成为一个知识分子，恰恰需要关注他（她）所处国家的道德、社会和经济生活。所以，问题不在于知识分子是否要出现在政治生活中，而在于知识分子要在其中扮演何种角色，以追求关系重大、最本真以及准确的结果（Afary，Anderson，2005：183－184）。用福柯的话来说，"知识分子的工作并不在于塑造其他人的政治意志。而是一件这样的事情，即在他或她自己的领域内从事分析，重新询问证据和假定，改变行动与思考的习惯、手段，驱逐平庸的信仰，对规则和制度进行新的评估……这是一件参与政治意志构成的事情，知识分子被要求在这件事情中履行作为公民的作用"（Foucault，1991b：11－12）。

福柯反思了西方过去 200 年知识分子（主要是英法德）面对政治时的两个宏大的、惨痛的经验。首先是整个 18 世纪，英法德三国的知识分子试图构造一个全新的社会，依照他们所构思的好政府（good government）的愿景和原则。这是一种哲学式的愿景：没有异化，清明、均衡的社会。但结果是，最严酷、野蛮、自私、虚伪，人可能想到的最具压迫性的社会，以工业资本主义面目出现。知识分子当然不用单独负全责，但他们的观念对社会变迁确实造成了冲击。① 福柯以国家理论为例，对这点加以阐明。全能国家、经由个人的全能社会理论，能在 18 世纪的法国哲学家以及 18 世纪后期 19 世纪早期的德国哲学家那里找到。其次是在革命思想家和今天所知的社会主义国家之间出现的。马克思以及社会主义者的视角是最为客观、理性以及看似严格的思考和分析，这些思考和分析落实到现实政治体系、社会组织、经济机制中，今天看来这些都是糟糕的、应该抛弃的。

因此，福柯认为现在我们处于极端黑暗和极端光明的节点，之所以说极端黑暗，是因为我们实在不知道从哪里寻找光明；之所以说极端光明，是因为我们应该有勇气重新开始。我们必须抛弃一切教条原则，不断质疑之前成为反对资源的原则的有效性。从政治思想上说，我们回到了零。这时必须建构另外一种政治思考，另外一种政治想象，开创全新的未来图景。而伊朗展示的一系列社会、政治困境是任何西方知识分子都不能无动于衷的，因为伊朗的斗争没有从西方哲学中汲取任何东西，也没有吸收西方的法律、革命基础。他们展现了基于伊斯兰教义的另类斗争（Afary，Anderson，2005：185 - 186）。

---

① 福柯曾在一次谈话中指出，卢梭的异想天开（用无限制地行使人民主权的办法建立道德共和国），导致现代治理术某些最不可容忍的方面。福柯认为，卢梭的观念实际上是关于一种透明社会的迷梦：这个社会的每个角落清晰可见，没有任何阴暗区域，每个人都可以看到整个社会，人们彼此心灵相通，视线不为任何障碍所阻，人人都为共同意见所支配。参见米勒，2003：424。

第七章

治理理论的自由主义渊源

由于福柯的治理理论本身是对西方自由主义思想的批判性分析和回应，因此，有必要把该理论放在西方自由主义思潮演进的背景下来考察。

一　自由主义的神学根源

据考察，"自由主义"这一概念首先出现于 19 世纪初期的西班牙，指一个小集团想推翻专制国王的统治，建立宪政以保卫自由。1810 年西班牙议会中，主张英国式宪政主义的政党被称作"自由主义的"（liberal），1812 年，这个称呼被西班牙的自由政党所采纳，至 1816 年，英国托利党人首次使用这一术语。"自由主义"真正在英国得到广泛使用，已经是 19 世纪三四十年代的事情。但是自由主义思想事实上可以追溯到 17 世纪。《自由主义》这一小册子的作者约翰·格雷明确认为，古希腊、罗马有自由观念的成分，但是这些成分并非现代自由主义运动的组成部分，作为一种政治思潮与知识传统，作为一种可辨认的思想要素，自由主义的出现只是 17 世纪以后的事（李强，1998：15 - 16）。格雷对自由主义的定位代表了西方学术界的主流观点。如斯金纳也认为，英格兰文艺复兴时期，伴随着人文价值的广泛接受，新罗马自由理论已经在英国深深扎根。因此，在《自由主义之前的自由》一书中，斯金纳考察了 17 世纪中叶英国革命中一批新罗马自由理论家对自由的理解，并以此质疑自由主义胜利之后对自由的"消极"理解（斯金纳，2003）①。

而按照法国当代学者皮埃尔·莫内（2004）的敏锐分析，要理解欧洲的自由主义，就必须从欧洲史的全景视角来考察，其立足点尤其应该落在君主制以及相关联的主权观念上。罗马帝国衰亡后，欧洲出现了三种政治组织形式：帝国、城市国家和教会。前面二者虽然影响很大，但从实际情况来看，并不具有根本的重要性。真正影响深远、具有独一无二的存在方式、给欧洲人带来巨大的政治问题的，是教会。②

莫内认为，教会的存在，教会对自身的相互矛盾的界定，是欧洲政治史中的原发性问题。所谓自相矛盾，指的是，一方面，教会提供的拯救并不在此世，"恺撒的世界"对于拯救事业无所增益；另一方面，上帝本身以及圣子又被赋予引导人们获救的使命，教会则凭借上帝的恩赐成为唯一的媒介。也就是说，教会有权力或义务干预人的行动，避免将得救置于危险边缘的境遇。但人的所有行动当中，最重要的行为是由统治者实施的，因此，教会要确保统治者无法命令被统治者实施危及拯救的行为，或者确保统治者允许其臣民拥有实施拯救行为的自由，其逻辑结果是，教会拥有至高无上的权力。但是，天主教教义中蕴含明显的矛盾之处：教会允许人们在世俗领域自由安排自己的生活，与此同时，又在人们的身边建立了神权政体，它对世俗生活的宗教束缚达到空前程度，但也带来了世俗生活的解放。自然，当世俗世界力量增强时，就会寻求最能抵制教会主张的政治形式，事实上，由于教会的普遍性特征，这种努力本身也获得了自己的行动范围。但无论是城市国家还是帝国，都不足以和教会真正对抗。只有结构上优于城市国家和帝国的专制或民族的君主国家，才真正可以和教会对

---

① 福柯的治理理论（尤其是他的"生命政治"观）所涉及的自由主义思想，大致涵盖了 18 世纪至 20 世纪这样一个时间范围。

② "从学理的意义上讲，欧洲发展的核心可以称之为神学—政治问题。"（莫内，2004：3）如果要进一步探寻更为古老的源头，则可以追溯到柏拉图的先验至善论那里。柏拉图的学说演变为希腊化时期斯多葛学派的至善论，和希伯来的超验精神汇合形成基督教精神，由此构成欧洲影响深远的神学政治论。但是，单纯把基督教的神权政治论与亚里士多德以来的经验－历史（或合法性）政治对立起来，以此来理解神权政治与世俗王权的对立，似乎有简化问题之嫌。参见朱学勤的《道德理想国的覆灭》，尤其第二章"至善论的政治哲学：自由之浮现"（朱学勤，1994：49－72）。如莫内所提示的，应充分看到基督教教会内部蕴含的张力。

抗。原因在于，君主国家的单一性使其能获得神圣的权利，其臣民的自然地位即服从，这也更适宜于教会，这使得君主国家更容易与教会相处；而在实际后果上，国王通常将自身置于王国中各种组织甚至宗教组织的领袖地位。

由此，欧洲的君主国家就具有了两面性。其一是静态的一面，国王顺从教会，教会也承认国王源自上帝的恩赐，并鼓吹人们对其世俗权力的服从；其二是动态的一面，国王会不断寻求政治体的独立，与教会争夺权威。值得注意的是，世俗统治者用来克服国家组织内的分崩现象的办法，恰恰是通过仿效此前不久教会用来克服内部分崩的方法。教皇援引"绝对自主之权威"的观念来战胜主教与地方修道院长的地方性权利，这个观念逐渐转移到世俗世界，世俗统治者由此有了借口去攻击封建领主与特许城市的既得利益；随着中央集权的趋势不断加强，到 16 世纪的博丹（Jean Bodin）那里，"国家主权"已有了经典的陈述，到中古末期，英法等国已经完成相当程度的官僚中央集权，由此可以对抗教会提出的过分的要求了。二元的人类社会观逐渐成为西方政治生活的正常基础（沃特金斯，2006：41 – 42）[①]。君主制国家打断了欧洲政治史的自然节拍，推动历史向前运动，持续不断地形成崭新的政治和社会组织形式，也塑造了政治经济思想中，极具特色的欧洲自由主义思潮。究其根源，宗教神圣性和公民神圣性（civic sacred）之间持续的妥协，使欧洲君主制这一极具原创性而又不均衡的动力学得以出现（莫内，2004：1 – 10）。在福柯的分析中，和治理理性相关联的欧洲自由主义恰恰也具有两面性，正和教会"拯救"主题所展示的双重特性有深刻的呼应。

---

① 沃特金斯在此处的评点切中肯綮：中古末期，西方文明的基本形式已稳固确立，自此以后，"政府在法律架构内实行统治，并接受社会的道德指导"，这个理想一直对西方人民产生重大影响；而这个理想实质上源于基督教的人性观，它是建立在"永不平衡的二元力量基础之上"的危险且难以达成的理想。由于这是动态而非静态的平衡，因此，也唯有"最坚毅、最严峻的努力"才能维持这种平衡。参见沃特金斯，2006：44。值得注意的是，沃特金斯考察宗教问题时，他认为公民权越低落，失望和挫折就越深，神秘主义的宗教就容易流行；反过来，对公民责任的投入则会让人更加关心城邦事务，较少自我怀疑。这和韦伯对宗教理性化过程的考察恰相暗合。而基督教对犹太教的"扬弃"，使基督教既吸收了普世性的一神教形式（由此带来敏锐的历史意义感），又克服了犹太教律法烦琐的弱点。参看沃特金斯，2006；尤其第二章"基督教会"的崛起。

阿甘本（Agamben，2011：109 – 143）通过梳理基督教神学中"一般神恩"与"特殊神恩"的双重解释，指出希腊化时代的亚历山大（Alexander of Aphrodisias）已经强调神恩行为的本质既不是"自为的"，也不是"偶然的"，既不是首要的，也不是附属的，而是某种"算计中的伴生效果"的东西。这样一来，神统治却不治理，这恰恰让治理成为可能。也就是说，治理是神恩（或王国）的附带现象。这种方式无疑精细地界定了神恩行为的本质，也正是通过这种方式，亚历山大流传给基督教神学的是一种神对世俗世界治理的可能标准。无论神恩仅仅将自身展现在普世原则中，还是降临到世间，甚至照料最低等的事物，无论如何，它都需要穿越诸事物的自然本性，并遵循其内在性的"俭省治理"（economy）。对世界的治理，既不是通过把外在的一般意愿以暴君式命令方式来实施，也不是纯偶然的治理，而是通过了解在万物本性之中产生的可以预期的伴生效果，以及它们独特之处的绝对偶然性来进行的。这样，看起来像是边缘现象或次要后果的东西，正好成了治理行为的范式。

因此，在阿甘本看来，毫不奇怪，公元 9 世纪的一位阿拉伯作家，查比尔·伊本·赫扬（Jabir ibn Hayyan）以一种方式解释了亚历山大论神恩的神学，这种解释方式变成了"自由主义的原始范式"，仿佛主人，出于自己的兴趣和家中之物，提供了恩惠，而这个恩惠对那些蕴藏于其中的小动物们产生了好处——这并不涉及如何知道的问题。

进而言之，阿甘本认为，现代治理理性正好"重生"了这种神恩的双重结构。所有治理行为旨在一个首要目的，不过，正是出于这个目的，会导致"伴生性破坏"，其在特殊层面上是可以预期和预计不到的，但在任何情形下，"伴生后果"被看成理所当然的事情。对"伴生后果"的估算——甚至是可以进行思考的（在战争的例子中，会导致人的死亡和城市的破坏）——在这个意义上，是治理逻辑的一个内在成分。

二　自由主义的演进

自由主义发展为现代西方社会思潮的主流，其中流派繁多，歧见纷呈，各种划分方式都有。如，有的学者认为自由主义可以分为三大派别：

自由平等主义、自由至上主义与功利主义；从方法论的角度看，自由主义又可以简单划分为契约论和功利主义①两个学派（徐大建，2008：2）。又如，从宏观的角度划分，还可以把自由主义划分为政治自由主义、经济自由主义、社会自由主义以及哲学自由主义（李强，2002：416）②。从福柯的治理理论论述中可以看到，欧洲自由主义大致经历了重商主义、重农主义、功利主义、新自由主义这几个比较重要的阶段。因此，以下是对重商主义、重农主义、功利主义以及新自由主义的概要分析。

首先是重商主义。最初把 17 世纪科尔贝代表的思想称为重商主义的，是 18 世纪的重农主义者③，他们认为这种思想过分重视了商业。重商主义、重农主义思潮的出现，都和当时欧洲频繁发生的粮食短缺有关。面对饥荒问题时，一般来说，国家权力都会采取规训手段进行调节，具体而言，即限制粮食销售价格、打击囤积粮食行为、控制粮食流通、禁止粮食出口，采取各种行政强制手段保证粮食供应。通过压低粮价，工人的工资也被压低，产品在出口时更有价格竞争力，从而扩大出口换取贵金属，积累财富增强国家的力量。

而 18 世纪中叶兴起的重农主义则认为，单纯靠强制手段压低粮食价格、打击囤积，并不能真正解决粮食问题，反而会使问题恶化，粮食更加稀缺。重农主义认为应该反过来，允许粮食涨价、允许囤积粮食、让粮食自由流通，甚至允许粮食出口。他们认为，粮食价格太低，农民收入不足，就没有能力和积极性去改善农业技术、扩大耕地面积，所以，粮食产

---

① 在探讨自由主义源流时，哈耶克把一些传统上被视为保守主义的思想家（如爱德蒙·柏克）尊为自由主义者，而把功利主义者排斥在外。而在李强看来，功利主义时期的自由主义是自由主义发展的鼎盛时期。参见李强，1998：8。对于福柯来说，功利主义就是他所考察的自由主义治理术当中明确的组成部分，是英国激进主义用以确定国家理由的治理技术。福柯在 1979 年 1 月 17 日法兰西学院的演讲中谈到了这个问题。见福柯，2011：34 – 35。

② 在李强看来，作为意识形态的自由主义有某种统一性的内涵，其核心是政治内涵。自由主义主张个人享受法律保障下的权利、强调宪政与法制、主张有限政府、试图通过多种方式制约政府滥用权力、主张实现代议制民主，等等。这些是所有自由主义派别共同接受的。在其他方面，不同流派见解不一致，甚至可能彼此冲突。见李强，2002：416。

③ 重商主义这一术语最早出现于法国重农主义先驱米拉波所著《农村哲学》（1763 年出版），但该术语的真正流行是在亚当·斯密 1776 年出版《国民财富的性质和原因的研究》之后。

量一直处于勉强够吃的较低水平，一旦遭遇自然灾害，饥荒就不可避免。重农主义暗含的一个预设是，只要放任不管，自然的规律会使粮价回落到合理水平（钱翰，2010：3－4）。

值得注意的是，由于西方自由主义的倡导者和批评者都强调自由主义对国家的恐惧（福柯称之为"国家恐惧症"），倾向于把自由主义片面理解为仅仅是对国家权力的限制，忽略了自由主义同时也强调现代国家在构建自由主义经济秩序与市民社会中的重要作用（李强，2002：419），由此影响到人们对重商主义的理解，在斯密于《国民财富的性质和原因的研究》中对重商主义大加抨击之后，今天西方主流话语一般都在负面意义上使用该术语。事实上，重商主义不是单纯民族主义的对外政策，也不是守财奴式的"贵金属主义"，毋宁说，它是一套融"财富聚敛、贸易保护、工业扶植、就业促进、政府干预、强权打造"于一体的治国战略，其内核是贸易保护下的工业化战略（梅俊杰，2012：vi－vii）。

实际上，19世纪后半期大英帝国之所以成功，有经济学者认为应该归功于自由与权力的平衡：积累财富的个人动机与真正意义上的国家意志和国家监管恰当地结合了起来。相反，自由竞争时代自私且不受限制地追求个人财富的行为，才会使这种平衡面临被打破的危险（参见库特，2010：170）。

坎宁安尽管对亚当·斯密的自由竞争学说大加赞扬，但他也指出，自由竞争也导致诸多不幸，主要是不受限制的竞争的出现和工人阶级中大部分人生活水平的下降。他认为，到1830年，英国的天赋自由的政治制度已达到顶点，与此同时，工业垄断的增长和劳工组织的发展使自由竞争的时代逐渐走向终结，取而代之的是"国家管理"政策的再次实施（库特，2010：161）。

这种起源于16世纪中叶英国的经济思想，相信国家应当成为销售者而非购买者，国家的贵金属储量是国家实力的显而易见的指标；因此，应当尽量限制进口（最好只进口原材料），鼓励出口，实现贸易顺差。与此适应，为保障公民就业和国家独立而实现产业国有化的趋势愈益明显，重商主义的兴起和爱国主义、民族主义概念的问世发生在同一时代。重商主义为国家管制和国家计划预设了一个充分的外交平台。

值得注意的是，考察 17 世纪三大经济强国法国、英国、荷兰，会发现它们在处理国家与商业的关系方面各有千秋：由于科尔贝的努力，法国的重商主义被推到了极致，保护主义使得对出口的限制前所未有的苛刻，追求贸易顺差具有绝对的必要性，但是法国重商主义面临的政治社会环境却是最腐朽不堪的——如，"官职税"制度（官员为保证子孙继承自己购买的官职而缴纳年度费用），无意追求冒险、只图舒适的资产阶级，以及导致无法建立公共信贷体系的绝对君主制。英国与法国的情况正好相反，工商阶级充满活力和创造性，他们影响着政府的经济政策，而国王和政府难以控制工商阶级；因此，英国越来越不再坚持为出口产品的生产施加管制的教条重商主义，而是寻求更大的市场。但无论如何，法国、英国在这一点上是一致的，即他们都信奉一国的不义之财会威胁到其他国家自身的繁荣，因此，荷兰的商业繁荣是英法两国共同的心病。与不同于其他重商主义国家，荷兰坚决反对贵金属主义，依靠先进的政治和社会结构，他们建立了一个收支平衡的管理体系，由于公共信贷系统有组织、普遍化且合逻辑，政府就有信用；封建特权已被取消，市民和农民没有任何法律地位上的差别；荷兰人反对王朝精神，崇尚自由贸易，他们享有思想自由，积极进取，勤奋俭朴，以高超的商业智慧主宰了当时的商业贸易。尽管有这些不同，但是仍应充分注意，这三个经济强国都处于当时的重商主义背景下，从经济战争到军事战争，国家都在其中扮演了极为重要的角色（伊奈丝·缪拉，2012：131 – 151）。

福柯治理理论产生的思想背景中，近代欧洲的功利主义是相当重要的一个流派，其中最具代表性的，又当属 18 世纪英国的苏格兰学派，其主要代表人物是休谟、亚当·斯密、边沁和穆勒。休谟运用其建立在经验论认识论基础上的怀疑主义，对自然法学派进行了彻底的批判，认为自然法学派宣称的理性的自然法原则，实际上是人类情感、心理习惯和社会习俗的混合物，并不是出自自然的永恒真理；因此，只能从心理联想和社会习俗的角度，根据社会功利这种唯一的情感来解释种种道德、政治和法律的规定。休谟的好友亚当·斯密则从政治经济学的角度发扬了功利主义的精神，他认为，人有着双重天性：自利心和同情心，这是人的全部行为的基础。而经济行为的目的应当是个人的自由自主的幸福生活，以及为达此目的而必须具备的国民财富的增长或社会财富的最大化。最后，在这样的人性基础上，为达到社会财富的最大化目的，就应该采取自由放任的自由市场经济，以及严格保护财产权利和契约义务的政治制度。斯密已经用经济学的语言提出了功利主义思想中"最大多数人的最大幸福"这一终极目的。在此基础上，边沁首次对功利主义作了比较全面的阐释。在边沁看来，感觉经验是一切知识的根本基础，伦理道德也必须建立在趋利避害的本性和自我利益的追求这个基础上，社会最大幸福就是每个人的最大幸福的加总，最终，功利主义道德等同于对痛苦和快乐的计算（徐大建，2008：5－7）。而穆勒于1861年发表的《功利主义》，则对功利主义作了经典说明。除了把功利或最大幸福原理当作道德基础的信条主张，定义幸福、不幸并重申趋乐避苦是人生唯一终极价值或"善"以外，穆勒还弥补了边沁的不足，即幸福、快乐不仅有量的考虑，也有质的考虑（此即穆勒的名言"做一个不满足的人胜于做一只满足的猪；做不满足的苏格拉底胜于做一个满足的傻瓜"所要表达的）；功利主义不反对自我牺牲，但强调这种牺牲是有益于整体（或增加幸福的总量）的，而不是无谓的浪费，功利主义预设了一个不偏不倚的、公正无私的旁观者。

最后，继承了古典自由主义政治经济学的基本理论模式的新自由主义，是二战之后直至今天在西方大行其道的理论思潮。不过，如果仔细探究，新自由主义最初的发生却是在与马克思主义左翼思潮同步兴起的19世纪：当时一系列尖锐的社会矛盾，如劳资冲突、工人待遇恶劣、贫富差距扩大等，不仅导致马克思主义等左翼思潮，同时也促使自由主义的内部反思，进而产生新自由主义（new liberalism），也被称为"牛津唯心主义学派"，其代表人物是霍布豪斯、鲍桑葵、格林等。但事实上，从经济自由主义到新自由主义的转化，自密尔就已经开始。密尔强调，应该重视国家的重要性，即国家要在经济、社会生活中，扮演更为积极的角色。国家的干预主要集中在两个方面，其一是经济干预，保障公共利益；其二则是在社会福利方面提供更加充分的保障，实现社会公正的理念。这些理论对西方的发展实践有很大影响，如在现实政治上，以英国为例，可以看到，一系列社会福利政策开始在19世纪后期确立。需要指出的是，英国的许多社会福利政策都是在自由主义政府时期开始制定的，而不是如通常所以为的那样是由后来的工党政府制定的。二战之后，经济自由主义再次复兴，其批判的锋芒指向凯恩斯的干预主义经济学。被哈耶克称为古典自由主义的这种经济自由主义，正是最近二三十年的批判者称为新自由主义（neoliberalism）的学说。这个新自由主义学说和格林时代的"新自由主义"（new liberalism）由此区别开来。"neo"本身即有"复古"含义，这个复古所指向的是对古典政治经济学的复兴。由于20世纪70年代以来，西方资本主义国家经过二战后一段快速经济发展之后，遭遇了一系列严重的经济危机，经济因此停滞，并产生了通货膨胀，干预式的凯恩斯主义政策不再起作用。正是在这个背景下，新自由主义学说从无人关注的边缘状态跃到前台，发展成为主流学说（李强，2012）。

值得注意的是，福柯的治理理论并不把新自由主义当作一种经济自由主义来理解，相反，虽然其目标是在全球经济竞争中提高效率、竞争力，但新自由主义仍然认同有限政府的理念，即在不触动自由资本主义的框架的情况下，认为政府的职能只限于提供公共物品。当然，在有些学者的分析中，新自由主义与国家的关系并未达到国家主义的程度：国家主义希望政府在发展中扮演更有力、更积极的角色，而新自由主义则认为政府只能提供基本的公共物品。

第八章

治安与自由：福柯的治理理论

　　首先要明确一点，所谓福柯的"治理理论"，在福柯的学术思考中更多是一个理论纲要，或者说是一个"理论矿脉"，它虽然极为重要，可以说代表了福柯晚期思考的重大突破，但它本身并未发展成为一个完整、严密的理论体系，所以既遗留了不少问题，也给后来的研究者提供了相当大的思考空间及进一步运用该视角推进研究的可能。

　　值得注意的是，福柯的 1978 年讲座有其特定政治社会背景。和福柯的讲座同时进行的是当年法国议会选举，社会主义和共产主义联合党在选举中意外落选。他的 1979 年讲座结束几周后，玛格丽特·撒切尔当选为英国首相。这个时期，1968 年以来的社会斗争逐步退潮，马克思主义的学术声望行将名声扫地，这部分是由于东欧异议分子的影响。福柯积极参与了推动这种影响在法国的扩散和接受。新自由主义政治思想的影响也在不断扩大，从德国的赫尔穆特·施密特（Helmut Schmidt）到法国的季思卡（Giscard）、巴尔（Barre），英国的卡拉汉（Callaghan）和希利（Healey），都开始对战后正统的治理思想提出挑战。

　　1978 年和 1979 年福柯在法兰西学院的两个系列演讲是他集中处理"治理理性"或"治理术"的地方，随后福柯的注意力转向了晚期《性经验史》（主要是自我技术）论题，但这并不意味着福柯完全抛弃了治理理论，相反，福柯在频繁出访美国，尤其访问加利福尼亚大学伯克利分校时，继续讲授并组织席明纳讨论治理问题。概括而言，福柯对治理术的研究除了两个系列演讲以外，1981 年他还在比利时的天主教鲁汶大学发表了一系列演说，在同时期举行的研究席明纳中，福柯主持了"比利时的社会保卫谱系学"这项跨学科研究，集中考察 20 世纪最初的几年。1983 年在加州大学伯克利分校授课时，福柯曾对一些学生和学者们谈到他准备在另一部书中仔细考察 20 世纪早期的"福利国家"和治理术，但是这个研究规划没有实现；正如福柯在一个研究中心打算对现代治理概念进行研究，这个计划也没有实现（Lemke，2012：106）。尽管如此，在美国期间的一些讲座、论文和访谈录得到出版，成为有关福柯治理术研究的极有价值的文献。本章尝试综合以上文献，对福柯的治理理论进行初步梳理。

一 治理思想的提出

福柯有关"治理"的思考，最初是在 1976 年的法兰西学院演讲"必须保卫社会"的最后部分提出的。

福柯认为，19 世纪政治权力的重大变更之一，即从君主主权（使人死、让人活）权力变为（注意是变更，不是补充或替代）生命权利（使人活，让人死）（福柯，1999：227 – 228）。福柯追踪了这个转变过程，认为欧洲 17 ~ 18 世纪出现了围绕着肉体的权力技术，通过训练、锻炼等，人们对肉体加以组织、负起责任，通过监视、等级、审查、诉状、报告的系统，权力的合理化技术有效运转，福柯称这套技术为"工作的纪律/惩戒技术"（福柯，1999：228）。但 18 世纪下半叶出现了新的权力技术，它不排斥惩戒技术，而是包容它，部分地改变、利用它；这种新的权力技术运用的对象是人的生命（活人）。这种大众化的权力形式是在人 – 类别的方向上，而不是在人 – 肉体的方向上完成的，因此它不再是肉体的解剖政治学，而是人的"生命政治学"（福柯，1999：229）。

这种新的权力技术指向的是人口（出生率、死亡率、寿命、发病率等）。围绕人口现象，生命政治制定生育政策以干预整体出生率，建立医学和公共卫生系统以应对永久威胁生命的疾病现象，建立救济机构以及其他"更敏锐、更合理"的机构，如保险、个人和集团储蓄、社会保障等，以解决老人、事故、残疾等异常问题。所有这一切当中，最关键的应当是认识到出现了一种新的要素，它既不是法律理论确立的个人与社会借助契约关系建立的社会实体，也不是惩戒实践接触到的个人－肉体；这个新的复杂要素就是人口。生命政治学建立的机制和惩戒机制很不相同，其核心是在调节，即"围绕内在于人口的偶然，建立保障机制，并优化生活状态"，它面向普遍化的总体过程，而不是在细节层面考虑个人（因此不同于惩戒技术通过对肉体本身的影响来对个人进行训练），最终获得总体平衡化和有规律的状态，对于生命承担责任并在他们身上保证一种调节，而不是纪律（福柯，1999：232）。

值得注意的是，18 世纪起建立的惩戒肉体的技术和调节生命的技术是重叠的，如果说前者是肉体个人化（个体化）过程，那么后者则是肉体被置入整体的生物学过程（总体化）。由此出现了两个系列：肉体系列－人体－惩戒－机构；和人口系列－生物学过程－调节机制－国家（福柯，1999：235）。两者的关系是，既互相区别，又互相交织、连接。福柯以 19 世纪城市中的工人居住区为例，阐明了惩戒机制和调节机制是互相铰接的观点：城市空间分布达到的目光监视、规范化行为，是自发警察式行为的表现（与惩戒机制相关联）；与住房、租赁、购买有关的储蓄行为、医疗保险或人寿保险体系、卫生规则、儿童医疗等等，则是针对人口的调节机制。性则是惩戒与调节、肉体和人口的连接点。到 19 世纪，权力通过惩戒技术和调节技术的双重游戏，终于覆盖了"从有机体到生物学，从肉体到人口的全部"（福柯，1999：237－238）。

虽然只有短短一讲的内容，但其中提出的问题极为重要，浓缩了福柯后来有关治理思想的大量洞见。当然这些重大问题（如总体化和个体化技术究竟是怎样结合起来的）仍然需要进一步展开，因此，福柯在演讲结尾明确提到，他将用另外一系列课程来深入探讨这些问题。

二　治理术的界定

在福柯（Foucault，1991a：102－103）的"治理术"演说①中，他归

---

① 见福柯《治理术》（Governmentality）一文，载博切尔等人编的《福柯效应：治理术研究》（*The Foucault effect*：*studies in governmentality*）一书，中译有两种，一种是钱翰、陈晓径译《安全、领土、人口》1978 年 2 月 1 日福柯的演讲（页 74～99），另一种是赵晓力的译文《治理术》，收录于四卷本《福柯文选》，三联书店即出。

纳了"治理术"的三层含义。

1. 治理术是一个由各种因素综合形成的总体，其中包括：制度、程序、分析、反思，以及使这种既特殊又复杂的权力形式得以实施的计算和手法。治理术的目标是人口，其主要知识展现为政治经济学，所用到的根本的技术工具则是安全配置（apparatus of security）。

2. 从上述含义中，无疑可以看出，治理术是一种权力形式，一种和主权、纪律等其他权力形式同等重要（如果不是更重要的话）的权力形式。但是相比所有其他权力形式，这种可称为"治理"的权力形式越来越突出、越来越引人注目，而且与这种趋势相适应，一方面，一系列治理特有的配置或机器（apparatuses）逐渐形成，另一方面，一整套相关的知识（savoirs）也得以发展起来。

3. 不能把"治理术"等同于司法框架，恰恰相反，治理术正是超越司法国家的过程，也就是说，当中世纪的司法国家（the state of justice），在15～16世纪转变为行政国家（administrative state）时，国家可以被恰当地称为"治理化"了。

从这个定义中可以发现，治理术本身即代表了一套复杂的权力关系，个体在这个权力关系中，不仅处于被认识和反思的位置，而且被极力纳入某种规范化过程。这种权力关系是怎样出现的？"治理化"的过程具体是怎样转变的？以下我们来看看福柯对治理术进行的更深入的探讨。

在《治理术》一文中，福柯首先追溯了围绕马基雅维里《君主论》的几个世纪的争论，指出了马基雅维里的政治学里面，君主相对于君权的实际的唯一性和超越性质，联系二者之间的纽带纯粹是人为的，而且二者之间也没有什么本质的或法律的联系。一个君主对君权的获得是通过暴力、继承，还是通过政治联盟等途径，这些并不重要。这样一个性质决定了几条非常重要的引申后果。其一，君主与君权之间的联系既然是外在的，那么显然它也是脆弱并容易遭受威胁的。事实上，对于君主而言，其在外的统治面临的是竞争君权的敌人，在内的统治面对的则是臣民，而那些臣民之接受统治，却没有任何先验理由（a prioro reason）。其二，也是值得我们注意的一点：行使权力的目的就在于加强和保护君权。后面这一点也正是马基雅维里所赞赏的君主治理的艺术。然而，在那些反对马基雅维里的著作里面，有关治理的内涵被扩大并强化了。福柯分析了佩里埃的《政治之镜》，他认为，尽管这个文本显得单薄，但它预示了一系列重要的观点，其中之一就是治理和治理者在范围上扩大了很多，治理者不仅是君主、国王、皇帝或元首，还可以是贵族、长官、教士、法官，乃至与此类似的人。而治理的形式也扩大这样一些方面，诸如对家务（household）、对灵魂、儿童、地方、修道院、宗教秩序、家庭（family）等的"治理"（Foucault，1991a）。这是一个非常重要的变化。这些治理形式的多样性，以及它们相对于国家的内在性，使它们与马基雅维里式君主的超越性和唯一性区别了开来。17世纪的勒瓦耶归纳出三种基本的治理形态：和道德有关的自我治理的艺术、和经济有关的家庭治理艺术、和政治有关的统治国家的科学。福柯认为，尽管勒瓦耶强调了政治的特色，但是三种治理形态之间的连续性却构成治理术的关键特征。这种连续性包括了向上的连续性和向下的连续性；其中，向上的连续性指的是"修齐治平"，即欲图治理好国家者，必先学会"自我治理"，在治理自己的财产和家业后，才能成功地治理国家。在君主教学法中，这个特征体现得比较明显。我们在这里再次发现古代自我治理技术在近代国家学说中的回响，即要想治理好他人（如城邦、家庭），首先要学会自我治理，对自我的认识、对理性和节制的信赖等保证了自我处于善的状态。向下的连续性则反过来：当国家运转良好时，家长就知道如何恰当治理他的家业、照顾他的家人，每个个体行事也有所本，即要如他"应该做的那样"去做事。这点正是福柯所着重强调的，所谓的"下行线"（国家－家庭－个人）开始与"治安"（police）的问题相连，其中心是对家庭的治理，即"经济"（economy）（Foucault，1991a）。

而事实上，从词源学上看，"经济"一词的最初含义恰恰是落在家庭上的，即一家之长明智合理地管理家政，为全家人谋幸福；只是经过一系列非连续性的变化，才转向了18世纪由魁奈表述过的现代意义，即在国家的范围内进行管理和调控的治理艺术。所以，卢梭在《百科全书》"政治经济学"词条中这样写道，按照家政管理的模式来表达的"经济"含义已经不再被接受了，因为国家与家庭毫无共同之处，公共经济必须与私人经济区分开，现代意义上的经济不能被化约到旧的家庭模式中。但是，这中间经历了一个重要过程，即对人口问题的发现和深入认识过程，它对治理术的发展起到关键性的推动作用。由人口概念带来的是一种全新的认识，而作为现实领域的经济也逐渐从家庭领域中分离出去，而更多地和人口领域联系在一起；这个过程导致治理问题的独立出现成为可能，即，在主权的法律框架之外，人们开始围绕"治理"问题进行思考和筹划。这个过程经历了如下几个步骤：首先，统计学揭示了人口领域中的诸多规律、固有效果和特定经济效果，这些都不能还原到家庭维度，这就使得旧有的以家庭为治理模式的做法消失，取而代之的是人口治理，家庭成为人口的内在要素和人口治理的基本手段；其次，针对人口的一系列治理目标和手段本身也是人口的内在属性，因此，在治理格局下，人民在自己这一方当然知道自己想要什么，但对于治理那一方，对它所做的一切却一无所知，这使人口超越所有其他东西成为治理的最终目的；最后，为了进行更有效的治理，针对所有有关人口过程（即今天的"经济"）的治理知识被组织起来；政治经济学的发展与此密切相关。人口问题的发现使治理术找到一个新的出口，终于突破原来僵化的主权框架发展了起来。

那么，这种现代意义上的对国家进行治理的经济模式有什么特点？福柯认为，它首先是由治安来保证的，而且这种连续不断的管理形式要求新知识的出现（即人口学和统计学）；其次，也是非常重要的一点，这种治理是对总体化技术和个体化技术的结合。总体化技术的体现是：王权、纪律并未消失，对人口的管理，治安科学的总体管理技术。然而，我们似乎能够发现，对比总体化技术，福柯更强调的是个体化技术，这种针对个体的控制技术因其安排巧妙、长期隐蔽因而令人难以察觉，但它同时又是非常重要的一个现代社会控制机制。这一点仅仅从人口治理方面就可以看出来，"鼓励结婚、推广接种疫苗"等治理手段既有效，又难以被个体真正察觉其内在意涵。

无疑，国家权力以及治理术与现代性问题紧密相连。对国家的反思，其实是对国家的治理化的反思，从中我们可以勾连出现代自我被各种权力塑造的过程。但是在福柯看来，国家的重要性比我们想象的要有限得多，我们不必对国家问题赋予太多的价值，不管是通过抒情方式还是通过还原论方式；在这一点上，福柯的观点相当直截了当：要理解现代性，或者说要理解"现在"的历史，就必须明白，国家对社会的控制其实不如国家的"治理化"（governmentalization）那么重要（Foucault，1991a）。这种针对国家的观念无疑和福柯的治理术分析是一致的，在福柯那里，国家是一种动态的权力运作过程，它更像是一架无人操作的复杂机器，而不是某个行踪难觅的怪兽。此外，这架机器从来没有忘记对个体施加权力："我认为，我们不应该把'现代国家'视为忽视个体的个性甚至个体存在、在个体之上发展而成的实体，相反，应把它看作一种非常复杂的结构，个体可以被整合到其中，条件是：这一个体的个性可以以一种新的形式予以形塑，并服从一套非常具体的模式。"（Foucault，1986：214）这里已经显示了福柯对国家权力的深刻洞察。

必须指出的是，治理术和自由主义之间有非常重要的关联。二者的关系有些奇特：一方面，自由主义构成了对治理术、对国家理由的有力的批评，但另一方面，作为一种非常有效的反思，自由主义又是内在于国家的经济－法律体系中的，甚至构成了治理术的一部分，更有力地推动了治理理性的发展。

福柯是把自由主义作为一种实践，而不是作为一种理论和意识形态来分析的。他认为，自由主义是一种"针对不同目标并通过持续的反思来调整自己"的问题处理方式，在理性化的治理运作中，它体现了一种"俭省治理"的原则和方法；然而，治理本身并非它的目标。在这一点上，自由主义与国家理由发生了决裂。

从上述"治理术"的分析中可以看出，国家理由在 16 世纪晚期促使治理术找到了具体的组织方式，但是直到 18 世纪，国家理由依然是阻碍治理术发展的一个障碍；只是后来重商主义被清算、有关人口的科学发展起来之后，治理术才突破了僵硬、抽象的主权框架重新发展起来。在对人口问题的关注方面，"治安科学"充当了重要角色。作为国家理由原则支配下的一种治理技术，治安科学将人口的健康、出生率、公共卫生等问题都纳入管理范围，而且它始终遵循这一原则：国家没有给予人们足够的重视，太多的东西逃避了国家的控制，太多的领域需要管理和监控，还没有足够的秩序和行政；简言之，国家的治理太少了。

自由主义与此相反，它提出的原则恰恰是国家治理得太多了。它主张，需要在追问治理方案的可能性和合法性前提下，对治理术的运用进行批判，同时从社会的存在出发，警惕国家治理得太多了。这里福柯提到了国家与社会的分野，但是二者并非截然对立，社会"既在国家之外，又在国家之内"，它和国家有复杂的关联。正因为如此，从社会角度出发的自由主义思想呈现出的形态也是多样的，它既可以是"治理实践的调控方案"，也可以一种"遭到激烈反对的主题"；其共同点是这一原则：治理本身已经太多、过度，因此对国家的治理理由、政府存在的必要、政府追求的社会目标等都应该进行质疑。自由主义在法律中寻找调控，是因为法律形式的调控是一种比统治者的智慧或节制更有效的工具；同时还因为，被统治者也参与到法律的制定过程中，构成了"治理体制"最有效的系统。当然，自由主义并不必然是民主或法律形式的；福柯倾向于只把自由主义看作一种对治理实践进行的批判性反思，这些反思所围绕的核心即"治理得太多"的问题。

三　作为一种治理术的自由主义

福柯分析了 18 ~ 20 世纪的自由主义历史反复出现的三个议题：法律与秩序、国家与市民社会和生命政治，且从德国与美国两个主要的新自由主义形式（neo – liberal program）出发，进一步探讨了作为一种治理术或治理技艺的自由主义问题。德国的发展是从魏玛共和开始，历经 1929 年经济危机、纳粹崛起、二战后对纳粹的批判与战后经济重建的历史。对美国新自由主义的讨论则是关注新政与罗斯福政策，以及发展于战后反对联邦政府的干预政策。我们可以发现的是，两者都是对于凯恩斯的计划经济进行批判，排斥国家干预经济的行为。

后来成为德国总理的艾哈德说：应该把经济从国家约束中解放出来，应该避免无政府主义和蚁民国家，因为，只有建立了自由与公民义务的国家才能正当地代表民意（福柯，2011：72）。艾哈德在英美共治区的德国经济管理部门召集组成专家委员会，做出决议主张经济发展的方向应该在最大可能范围内由价格机制所保证，而这导致的结果是要求立即开放价格，以便向世界价格靠拢。这种尊重市场自由的原则，体现了对于国家干预应该要有所限制的想法。在福柯看来，这恰恰也是艾哈德所说的经济应该"从国家的框架中解放出来"。

福柯认为社会民主党立场转变的原因在于政治策略的运用。因为在一个经济为本，国家是基于经济自由才有正当性的背景下，社会民主党是没有地位的（没有选票），所以只能选择背离马克思主义，进入新自由主义的治理术框架之中。而更重要的是，福柯认为社会主义缺乏关于治理理由的理论，无法界定社会主义下的治理合理性，也就是缺乏对于治理行为的目标态样范围进行合理的、可计算的衡量方法。

德国新自由主义诞生于二战后国家重建的历史背景，描绘出新自由主义的核心思想：经济自由如何具有创立国家的作用，亦即经济如何能为国家提供正当性的基础。总言之，在市场的真理化机制之中产生国家正当性，是德国战后的模式。

而美国的新自由主义与德国有很多不同。福柯首先谈到美国新自由主义的发展背景，他认为，美国新自由主义可以如此有力的发展，实在是因为国家恐惧症而来的效应，也是因为植根在对罗斯福新政的批评对凯恩斯主义的反对还有战争期间所建立的计划性经济之批判，当然还有各种计划性计划所导致的政府壮大，以上都是使得新自由主义在美国发展的绝佳契机。

在对比美国新自由主义和德国自由主义时，福柯谈到二者有一个面向的相似和两个面向的差异。相似之处在于，美国的建国历史的特色使得她对自由主义概念是植入社会的各种层面，且成为建国的奠基石。而和欧洲的差异则在于，自由主义对美国是一种基本上的存在以及非常自然的思考模式，且美国也不断地在历史上利用自由主义的概念所形成的经济手段，让企业得以借由此普及的市场手段来进行操作和运行。

在这里可以追问一个问题，是否有可能把经济分析扩散到非经济领域，而且形成国家公共权力行为评判标准呢？

福柯认为，恰恰从人力资本理论当中，我们可以看到，自由主义对于二战后的美国来说，在其经济市场上取得巨大的胜利。福柯提到美国也是经由对古典自由主义者的批判后，让土地、资本和劳动的要素不再只是单纯又平板的要素，而是在自由主义的思考下，继续地往内深入。也就是异于马克思式的想法，直接将劳动力所承载的这个"人力"，把它从要素的层次拉升到"资本"的层次。这是新自由主义者最大的不同之处。也就是借由观看角度的更改，使人力不仅仅是劳动而已。而在一种劳动主体性的观看角度下，使劳动的内涵丰富化成为一种能力、本领、各种身体因素和心理因素的总和。

这就类似于在《安全、领土与人口》中对于鼠疫的措施。施打疫苗的演化，发展出对于人口的脉络的丰富化。人口不再只是一个单纯的总量而已，而是经由统计的方式使人口得以展现出各种的多样性并且以统计的预设样貌来加以调整，于是人口成了可以操控的各种数据的总和。而从这里来看，在美国的人力资本理论下，个人成为资本的象征，似乎也把规范的各种层面给细致化到可以让各种可测量的数据加以调节的境界。

初步总结，对于两个主要的新自由主义流派——"德国的秩序自由主义"和"美国的无秩序自由主义"，福柯认为这两者分别代表了"对过度治理固有的不合理性"批评：德国的秩序自由主义突出了经济领域中单纯竞争逻辑的价值，用一整套国家干预来指导市场；而美国的无秩序自由主义力求扩展市场合理性，把它一直扩展到当时仍被视为非经济性的领域，甚至后来上升到犯罪行为分析及毒品市场；最后是探讨18世纪诞生经济人（homo oeconomicus）概念的问题，探讨其应用性，分辨经济人作为利益主体而非权利主体的不同。最后并探讨在社会和国家之间，自由主义思想起了对立性的作用，社会代表自由主义治理趋于自我限制所依据的原理（福柯，2011）。

因此，福柯在《生命政治的诞生》演讲系列中，从新自由主义与古典自由主义的区别开始，进而扩展到讨论二战后的德国经验，纳粹时期的国家权力增长以及计划经济的成就，以及纳粹的这些权力扩张态势使得欧洲受到毁灭性的破坏。战后德国需要重建，但同时也要避免重蹈极权国家的覆辙，因此采取以经济自由为核心建立国家正当性的想法，国家存在只是提供经济自由一个运转的框架，不再强调国家本身的重要性。而德国弗来堡学派提出的新自由主义理论，即依据纳粹时期国家权力高涨的特征，主张纳粹所带来的一切破坏，都应该要让国家来负责，所以必须限制国家权力。从避免过度治理的原则出发，认为经济自由不是作为国家的制约原则，而是对国家自始至终的存在和行动的内部调控原则，国家应该受自由市场监督，并为其服务。

表面上看起来这样的主张与亚当·斯密以及重农主义者强调让经济自由放任，减少国家干预的立场相近，但其实两者差异颇大。古典自由主义者着重在"交换"，提供一个自由的市场让买卖双方通过交换各取所需，建立价值的对等，就可以达到互惠共生的目标。然而新自由主义者却认为"竞争"才是重点所在，认为竞争才能确保经济合理性。而竞争不是自然的现象，而是人工的，需要国家提供经济自由运转的框架。

换句话说，国家提供竞争的条件，而不直接干预竞争本身，因此，当出现垄断这种会破坏竞争的现象时，必须适当干预以维护竞争的环境。在福柯的观察下，德国新自由主义强调的是竞争的逻辑，以经济自由为重，国家只是提供其自由运转的条件，其诞生背景为二战后国家重建的危机。而美国则不同，自由主义在美国其实一直是政治争论的核心，是一种存在与思考方式，是治理者与被治理者的一种关系类型，不仅仅是一种治理术。因此，这也是为什么美国新自由主义者会将经济领域的思考方法，扩张应用到各个非经济的领域，使得人类行为甚至是犯罪行为可以被允许通过经济方法来研究，就像关于婚姻、犯罪等社会现象的经济思考。

美国新自由主义通过经济研究方法处理"劳动"的意义，而提出"经济人"概念。马克思对于劳动的分析，认为工人出卖劳动力来换取工资，而资本家就是靠压榨劳工的方式，降低制造成本来赚取利润，劳工的成本越便宜，资本家的利润也就越高。劳动成为一种商品，只存在被生产的价值作用。但对美国新自由主义者来说，确实应该对在经济活动中劳动被抽象化的态度进行批判，但那并非资本主义的过错。他们认为要重新把劳动引入经济学分析领域之中，必须将自己置于劳动者的角度，劳动者不是作为提供劳动力的客体，而是主动的经济主体。工资不是劳动力的卖出价格，而是一种收益，是资本的产出。对劳动者来说，劳动是一种能力，可以换取利益，因此可以把自己看作一个企业家（entrepreneur），通过自我投资以换取更多的利益。换言之，将劳动（labor）与劳动者（worker）结合观察的结果，产生所谓人力资本（human capital）的概念，个人成为可以（自我）投资的对象。

福柯在这里并不是批判新自由主义的观点，而是把新自由主义作为一种新的真理体制（a new regime of truth）放到历史实践中加以考察。而也有人认为新自由主义的治理术不同于过往规训权力只作用于个人的身体，新自由主义作为生命政治的框架，只是给予人行动的条件，告诉人应该如何自我治理，应该依据竞争等原则活存。不过，或许可以强调的是，福柯从新自由主义的观察发现"市场"取代国家成为治理、调节的机制（应该跟欧洲共同市场的兴起有关，治理术必须考量到欧洲整体市场的协调运作），并不代表其主张过往的规训权力甚至是主权权力已经消逝无踪，而应该是一种消长的关系，虽然两者渐渐失去其重要性，但仍然存在。

初步总结，治理术通过交错安排主权权力、规训权力以及调节权力，以达到其治理目的。换言之，新自由主义框架下的经济人概念，只是一种权力塑造主体的方式，权力运作其实就是将每个个体于不同时期以不同的方式塑造为主体，这也是为什么福柯说自己研究的中心议题为主体的原因，而于该讲座后到过世前，福柯就一直环绕着主体的积极面相在打转，探讨如何自我观照或是如何使自己成为道德主体。

福柯有理由断定 18 世纪末西方政治思想的重大发现之一，就是只有随着自由主义崛起才可能出现的"社会"这个观念："政府治理不仅应该管理一片领土、一个区域并照看其臣民，而且还应处理复杂和独立的现实，这个现实拥有其特有的法则、反应机制、规章和无序的可能性。这个新的现实就是社会。"（莫伟民，2012a：273）

如何进一步理解福柯的自由主义治理术在福柯思想谱系中的位置？

在福柯那里，存在一个主权－规训－治理的三角。治理之所以吸引人，部分原因在于它颠覆了既往的社会观，即社会是由日常、规训及理性化所支配的（Bruchell，1996）。相反，各种自由主义形式的可能性历史上是依赖于规训的操练。在自由主义的意义上，自由不应该等同于无政府主义，而是操作良好的"责任化"的自由。福柯的使命并不是否定自由观念，将其宣称为虚构，而是分析自由的实践在其中得以成为可能的各种条件。因此，自由既不是现代社会的意识形态虚构，也不是存在主义所说的生存特征；毋宁说，它必须被理解为一项统治方案。福柯的着眼点在于，如何将对自由制度的分析与对统治过程的分析联系起来，而所谓对统治过程的分析，也就是自由成为治理的资源（而不仅仅是阻碍）的程度。

因此，很清楚，福柯所说的自由主义和政治哲学家们所说的并不一样。至少可以从如下几方面看出来：福柯没有说过自由主义"阶段"，他无意写一部自由或权利的政治观念史。在福柯眼里，自由主义更像是治理的"精神气质"（ethos）。与其将自由主义理解为一套学说或治理实践本身，还不如将其理解为对国家理性和政治的再批判当中表现出的变动不居、难以满足的精神气质。因此，自由主义的发展进程与政治理性的发现一致，促使"治理得太多"这个观念出现，统治者需要重新考虑治理的目标。自由主义在此意义上，并不是关于治理得更少一些的问题，而是关于持续性的连接问题，政治家、统治者应该谨慎、细心、俭省、谦虚地治理。因此，在某种意义上，自由主义代表了一个对治理问题的谨慎且自我批判的切入途径。

福柯认为，19 世纪早期自由主义治理精神的出现有重大历史意义。简言之，只有伴随自由主义的出现，"社会"领域的出现才得以成为可能。实际上，社会就是治理理性要求变革的产物。为什么会出现这种情况？要理解自由主义和社会的出现之间的关联，其中一个途径就是将自由主义与"治安"这一政治理性对比。在总体化的治理问题逐渐倒转时，自由主义就出现了：

"对我来说，在这同一时刻，事情变得很清楚，如果人们治理得太多，就等于根本没有治理——因为结果事与愿违。那个时候所发现的，也是 18 世纪末政治思想的伟大发现之一，即'社会'观念。也就是说，治理处理的不仅是领土、领域、臣民，而且还处理一个复杂、独立的现实，这个现实有自身规律和扰动机制。这个新的现实就是社会。从人们掌控社会的那一刻开始，就不能全部靠治安来处理问题了。人们必须考虑社会是什么。反思社会，反思它的特别之处，它的常数和变数，成了必要之事。"（Foucault，1989：261）

因此，自由主义以双重方式被带入社会科学。一方面，自由主义政治理性是规训的目标——"社会"的历史条件。另一方面，自由主义政治理性确立了一个关注领域，这些关注既是技术的，同时也是政治的或意识形态的。社会科学提供了一种呈现社会的自治动力机制的方式，同时评估它们是应该还是不应该成为管制目标。实际上，社会科学可以为一切疑难困惑提供技术解决方案，而对自由主义来说，这些疑难困惑恰恰标志着社会和公共权威之间的联系。进一步来说，自由主义绝不是治理的缺席，也不是减少政治对行为引导的关切，福柯意义上的"现在"的历史关注那些思想和实践的技术及干预，正是通过这些技术、干预，公民社会得以成形，它既独立于政治干预，又与政治期望有潜在的一致。国家和公民社会之间假定的分离只是对治理进行问题化的特殊结果，而不是治理的撤销。

恰恰是在自由主义治理形式的逻辑中，存在某种自然主义（naturalism）。待治理的社会领域是一件自然事物，它对过度干预很敏感。由于过度操控经济的自然动力的治理不可能不破坏自由主义治理赖以存在的基础，因此必须保存社会的自治，使其免于国家干预。与此同时，必须确保这样一些政治空间的存在，即对国家行动的批判性反思在其中得以成为可能，由此确保这些行动本身受制于批判性观察。简言之，统治活动必须小心地观察、维持各行业的自治、公共空间的自由，使它们免于政治干预。因此，在知识分子、科学家对国家的批评过程中，他们仍然在为良好治理的利益而行动。

由此，福柯对自由主义的论述引导我们注意一些技术手段，应用这些手段，自由主义政治理性的期望、理想得以付诸实践。这个问题并不是在自由主义政治哲学内解构其内部逻辑或矛盾，而是关注自由主义"精神气质"与其"技术"之间的关系：它作为实践理性、朝向某个目标从而组织起来。当我们考虑自由主义被重新构造、进入新自由主义的方式时，这一对"技术"的强调就具有更进一步的意义。如博切尔（Burchell，1996）所说，新自由主义以某种建构主义取代了自由主义当中的自然主义。在二战后渐成气候的新自由主义政治理性当中，积极地创造条件，使企业化、竞争性行为成为可能，这是政治治理的责任。吊诡的是，与其所批评的对个体生活的"国家入侵"致命后果一道，新自由主义仍然激发了干预以及对一系列组织形式和技术方法的采用，以便扩大领域，使某种经济自由能够以个人自治、企业活动和选择的形式在其中得到实践。

最重要的是，如果把新自由主义仅仅看成是对之前的福利主义或合作主义的否定性政治回应，那就错了。不能简单地把撒切尔主义称作国家的撤退，相反，"国家的撤退"本身也是一种积极的治理技术，在一定程度上，确实可以看到国家对治理化的消减，但肯定不是本质意义的"去治理化"。毋宁说，新自由主义的技术构架产生了不同于国家的治理实体一定程度的"自治化"：国家与其他群体、力量一道，试图建立造册机制（chains of enrolment），对远离中心的单位和机构加以"责任化"和"赋权"，与此同时，又仍然通过复杂的结盟和沟通与其紧密相连。

四　对治理理性的定位

戈东（Gordon，1991）对福柯的治理理论有一个总体评价：福柯晚期（1976～1984）学术思考广泛得惊人，而治理主题在其晚期哲学中是一个焦点。如何尽可能准确地对这个主题加以定位，就需要花费一番工夫。该理论引发广泛的共鸣，这就更需要进一步思考福柯的这项研究和当代政治世界之间的交互作用。

在戈东看来，福柯的治理术讲座一个引人注目的特征在于其平和、避免价值判断。在简洁的序言中，福柯已经拒绝用学术话语来承担实践指令，而认为实际政治选择不能在理论性的文本空间中被决定，道德决定行为也不能归结为纯粹的审美偏好。福柯对治理理性的阐述没有暗含什么冷嘲热讽，而这种嘲讽在他具有尼采倾向的书中经常出现。福柯对自由主义和新自由主义思想家的阐发确实表明了智识上的兴趣和尊敬，尽管同时也是价值中立的。他的方法是致力于批判性的文化本身。大体而言，福柯认为近年来的新自由主义是一套新的治理艺术的观念，它更加原创，也更具有挑战性，而左派的批判性文化没有勇气承认这点（Gordon，1991：6）。

什么是福柯的治理理性？

他是在广义、狭义两个层面来理解"治理"的。广义上，是"对行为的管理"（the conduct of conduct），即一种活动形式，其目标在于形塑、指导或影响某人或一些人的行为。在这里需要注意的是，福柯最后两年的讲座题目即"对自我和他人的治理"，福柯恰恰是通过治理这个概念，把宏观和微观连接了起来，因为治理活动涉及自我与自我的关系、某种控制或引导的私人关系、社会制度和社区当中的关系以及政治主权运作中的关系（Gordon，1991：2 - 3）。福柯至为关切的是，治理的这些不同形式和意义之间，有什么内在联系。但他的讲座在讨论治理理性时，事实上主要局限于政治领域。

治理理性、治理艺术（art of government）在福柯那里是通用的。他专注的是作为一种活动或实践的治理，以及作为一种认知方式（ways of knowing）的治理艺术，这种认知方式探求治理活动的内容，治理如何实施。因此，治理理性意味着对治理实践（谁能治理，治理本身是什么，什么被治理）进行思考的方式或体系，这个体系使治理活动的某些形式不仅对实施者，而且对被实施者而言，都是可思考、可实践的。需要注意的是，福柯的这些考察着眼点仍然是对在特定历史、偶变情况下，人为发明的理性的各种变化形式进行哲学追问。

两年的系列讲座中，福柯采用此一分析视角，处理了三四个不同的历史领域：希腊哲学以及更广泛的古典、早期基督教，治理的本质，作为"牧领"权力形式的治理观念，早期欧洲与国家理性、治安国家等观念相关联的治理学说；发轫于18世纪的自由主义，被认为治理艺术概念；战后德国、美国、法国的新自由主义思想，被视为重新思考治理理性的方式。按戈东的说法，福柯的这些考察看似零散，其实可以找到其中的内在联系，即福柯自己在一个讲座中用标题表达的：整全和单一（Omnes et singulatim）。福柯把这点视为西方社会治理实践的发展历程中，贯穿始终的一个特征，而这种治理实践逐步倾向于构建一种既治理总体也治理个体的政治主权，它所关切的是"总体化"和"个体化"的同时进程。

福柯之前的分析，是《规训与惩罚》中著名的"权力的微观物理学"政治分析。福柯以现代监狱的规训技术为例证，提出一个重要观点：要理解现代社会，只有通过重建某种"权力技术"或"权力/知识"才有可能。这种权力技术是出于观察、监视、形塑和控制处于一系列社会和经济制度（诸如学校、工厂和监狱）下的个体行为而设计的。福柯的观点遭到大量批评，而正是在对这些批评进行的回应，能让人发现福柯转向后来著作的关键线索。

第一个批评：经常被提起的，是马克思主义左派提出的，福柯对特殊权力关系的考察、对特定技术和实践的细节分析，使他不能关注全球政治问题，如社会和国家的关系。第二个批评：福柯把社会表述为压制性权力关系无所不在的网络，这似乎抹杀了有意义的个体自由的可能。第三个批评：福柯对于基于人道主义的惩罚改良主义的效果进行的阴郁分析，容易坠入虚无、绝望的政治哲学。

福柯的治理术讲座对第一个批评做出了回应。对个体性的主体人所做的技术和实践的分析，也可以在加之于整个社会的政治主权层面来分析治理人口主体的技术和实践，不存在方法论上的宏观－微观断裂。与此同时，从前者转到后者，也并不意味着按照福柯的马克思主义批评者们要求、实践的形式，去回到国家理论。福柯只是有保留地承认国家理论，因为这个理论试图从国家的本质特征和倾向中演绎出现代治理活动，尤其是国家的增长、吞噬或侵蚀一切外在事物的那种倾向。福柯认为，国家并没有这种内在倾向，更宽泛地说，国家没有本质。福柯认为，国家制度的实质不过是治理实践变化的结果，而不是反过来。政治理论关注制度太多，甚少关注实践。福柯在此采用的方法论和《规训与惩罚》中的一样，即强调理性和惩罚实践之意义的变迁，这个变迁优先于刑罚制度结构中的变革。

在《性经验史》卷一（1976）的最后一章中，福柯已经开始把宏观权力和微观权力分析进行连接。他提出"生命权力"这一概念，用来指称施加于个体、确切说是"活人"（living beings）之上的权力形式，该权力形式代表了关心作为人口成员之主体的政治。这种政治的特点在于，个体的性与生育行为内在关联到国家政策和权力问题。福柯在其 1978 年讲座中重新提出这个生命权力或生命政治主题，并把该主题与治理主题紧密联系在一起。其中的关键联系是，现代生命政治产生了一种新型的"反政治"（Gordon，1991：5）。当治理实践越来越以直接方式致力于"生命"时，个体通过性行为的细节形式，开始表达同一生命的需求和责任，以此作为政治性反需求的基础。因此，生命政治提供了福柯所称的权力关系的"战略上的可逆性"，或者说，治理实践能够通过生命政治这种形式，转为抵抗主题（focuses of resistance）。或者如他在 1978 年讲座中所表达的，生命政治提供了一种让"引导行为"之治理历史和抗议性的"反引导行为"历史相互交织的途径。

福柯晚期在美国的访谈和写作中，对之前的权力分析有一些重要的澄清，至少在修辞上，《规训与惩罚》当中给人留下印象是，权力有绝对的能力去驯化、支配主体，福柯对此有所修正。他写于 1982 年的论文《主体与权力》强调，正好相反，权力只有在施加于以这样那样方式自由行动的个体时，才成其为权力，而不是通过强力或暴力。权力被界定为"对他人行动之行动"，即，它预设而不是取消他们的主体能力；它作用于也借助于一个开放的实践、伦理可能性系统。由此，尽管权力是人类关系中一个无所不在的维度，社会中的权力从来不是一个固定、封闭的体制，毋宁说，它是一个没有尽头的、开放的策略游戏。

在"主体与权力"中，福柯把这样一种权力形象地称之为一种"永久的挑衅"。

因此，福柯在西方治理实践及其理性中发现的最吸引人也最令人困扰的，就是这样一种有关权力的观念，该权力把自由本身以及"公民灵魂"（soul of the citizen）、伦理自由的主体的生命以及生命行为，在某种程度上视为与它自己的说服能力有关联的客体。戈东认为，这是福柯继承韦伯的分析方面的一个关键点。通过以一种新的方式重新连接政治史和伦理史，福柯晚期的著作重返当代政治社会学的重大主题。

福柯晚期（1981）表现出对左派、社会主义政府的积极态度，他寄希望于看到一个制度行为中的"左派逻辑"，以替代之前在治理者和被治者之间自由对话的实践，以傲慢的守护神方式出现的治理逻辑。但是总的来说，福柯对社会主义还是失望，因为后者更偏向把知识分子当作意识形态的鼓吹者和支持者，而不是当作讨论如何治理的对话者。

进一步细察福柯的治理术讲座，我们可以看到福柯如何把治理术与国家理论区分开，但是，治理术又是如何与政治哲学的更为古典的领域关联的？在古典政治哲学核心关注领域，即政治主权和政治服从的合法性基础上，一个主要部分即在于"最佳治理"。治理术是关于如何治理的问题。福柯偏好"如何"的问题，偏好实践的内在条件和限制。福柯并没有说过合法性理论空洞，尽管在一个讲座中他的确说过，社会契约论虚张声势，市民社会不过是童话。福柯的意思是，主权的合法性基础的理论并不足以说明权力在这个主权下的实际运作方式（Gordon，1991：7）。

即便关注此一"如何"问题，福柯的重点也不是在纯粹事实层面，而是更多在于批判、问题化（problematizations）、开创和想象，在于对可思之物不断变化的形塑，恰如其"实际存在"一样。此外，治理活动的可感知的内在限制，在承担规范意义与内容方面，并不逊于合法性原则。作为生命政治、对活人进行引导的治理，其内容和目标已经具有伦理性质。最后，福柯在其 1980 年第一次讲座中继续深入，西方文化中的治理观念具备了朝向真理的维度，这一点也超出了他早期有关权力－知识构想中的纯功利主义关系。主权极少建立在单纯的暴力基础上，从这个观点出发进一步扩展，福柯提出了常规化论题，尽管这个论题不时转为现实中"对人的治理"与他所说的"真理宣称"之间的相互依赖（interdependence）。由此，治理艺术的一个西方版本就是"以真理为名义的治理"。

五 牧领权力与国家学说

从福柯 1978 年论古代文化中的"牧领权力"时起，福柯即以新的方式回归到他的著作中的古典主题。《临床医学的诞生》重新追溯了围绕对个体案例的阐释而结构化的医学知识的困难的起源。更早期的医学遵从亚里士多德式的对个体科学的禁令；科学使其自身关注种和属，个体差异非科学所关心。柏拉图的对话《政治家》关心治理艺术的本质，讨论这样一种可能性，即统治者的艺术就像牧羊人照料羊群中的每一只羊一样。柏拉图认为这种观念不切实际，统治者的知识和注意力不足以扩展到照料每一个个体的程度："只有神才能如此行事。"希腊政治选择了公民和律法游戏，而不是牧领游戏。牧领模式是由基督教采用的，基督教以照料灵魂的方式，极大地阐发了这一模式。然而，戈东认为，在西方基督教里，圣职牧师与世俗统治者从未统一过（Gordon，1991：8）。福柯对现代治理理性关注的焦点恰恰是"城邦游戏"和"牧人游戏"如何不可思议地实现"鬼魅般的"结合。换言之，世俗政治性的牧领是怎样创造一种形式，把

"个体化"和"总体化"同时联结起来。①

福柯把 16 世纪欧洲的国家理由学说的出现，作为考察现代治理术、自治理性的出发点（Gordon，1991：8－9）。治理的原则不再是世界的神圣、宇宙神义论秩序的一部分，也不再屈从这个秩序。毋宁说，国家的原则是内在固有的，准确说，就是国家本身。要知道如何治理，就必须知道国家及其利益之来源，这点不能也不可能让被统治者知道，而且倾向于对单独的、不可预知的和重大的特征进行独裁治理。这些是法国 17 世纪早期政治理论的关键交织点：国家理由，国家利益，国家神秘，国家政变。如 Etienne Thuau 所说：

　　国家概念不再来自宇宙的神圣秩序。政治思考的出发点不再是整

---

① 福柯认为基督教"牧羊人"这一隐喻暗含了牧领治理模式，但在瑞士作家迪伦马特看来，情况则大不相同。迪伦马特的思考恰可和福柯的观点形成对照。迪伦马特认为，在西方古典资产阶级所设定的游戏规则中，人被设想为聪明的狼，人对人而言是霍布斯意义上狼与狼之间的关系，为避免总体战争从而产生了资本主义的一系列安排；而社会主义则相反，人被设想为聪明的羊，没有资产阶级所界定的"原罪"，而是"纯洁、无辜"，因此，社会主义社会所设定的，才是善良的牧羊人游戏（the Good Shepherd Game）。吊诡的是，狼的游戏和善良的牧羊人游戏到后面逐渐合流，彼此互相容忍游戏规则，甚至会相互借用。两种游戏中，国家的力量都变得过于强大了。

迪伦马特还认为，正义是有不同的层次之分的。对个体而言，正义就是成为他自身的权利，我们称此权利为自由；它的一个特殊性的正义，是有关正义的存在论的观念。对社会而言，正义就在确保每一个体的自由的权利当中，要做到这点，又只能通过对每一个体的自由加以限制。后者是正义的普遍概念，是一个逻辑性观念（Dürrenmatt，2006：158）。自由、正义乃一体两面，对现代社会的统治而言，缺一不可。政治忽略其中任何一个，都会失去合法性。尽管如此，自由、正义的关系却是问题域。通常以为，政治是关于可能性的艺术。事实上，如果我们贴近观察，会发现政治是关于不可能的艺术。

极端自由和极端正义的社会都是地狱。前者变成丛林社会，人将作为野兽被猎杀；后者成为监狱，人在其中被拷打折磨至死。政治艺术的不可能特性就在于，让情感性的自由观念与概念性的正义观念和解，而这只有在道德层面、而非逻辑层面，才有可能做到。换言之，政治永远不能成为一门纯粹科学。

在讨论国家的问题时，迪伦马特以某种讽刺性语调指出，瑞士是一只披着羊皮的狼。在知识上对国家进行辩护是荒谬的，因为"如果有任何东西是无法以智识来辩护的，那一定是国家"。无论是谁，试图在知识上为自身辩护，它一定要么害怕，要么良心坏了。瑞士同属两种情况。它良心坏，是因为它假装为羊，向狼群呼吁人性，通过开通宵营业的药房——红十字会，努力让自己对它们有用。它害怕，是因为事实上它毕竟还是一匹狼，一匹小狼，小到它时常恐惧会被其他狼撕成碎片，因此"本能地龇牙咧嘴"。但是由于对自己信心不足，它还是回到为国家进行智识性辩护的策略上来（Dürrenmatt，2006：172）。与其说迪伦马特的思考是福柯所说的"国家恐惧症"中的一部分，不如说迪伦马特洞察到了国家始终脱离不开暴力的本质。

体的创世纪，而是主权国家。国家理由似乎颠覆了旧的价值秩序……国家天生就是人的算计和谋略，一个求知机器，一项理性工作；它包括了整个异端世界……人与宗教思考置于其上，国家由此受制于特点的必然性……遵从其自身律法，国家理由表现得好像一个臭名昭著而又无所不能的现实，其本质逃避了理智，构成了神秘（Gordon，1991：9）。

国家所具有的理由既不是情感，也不是宗教。国家理由（被一个教皇斥为"魔鬼的理由"）的现代同义语是"市民审慎"：其起源部分被认为存在于基督教有关审慎（prudence）的教义变迁中，而审慎则被视为表明统治者能够在单独、特定环境下公正行动的美德。用柏拉图的另一个隐喻来表达，统治者就像舵手，保护船和乘客躲开暗礁和风暴。审慎的含义本身有一个演变过程，起初可以被认为敏于应对惯例，后来（在马基雅维利的意大利）则被当作不确定、非预期，这些都被认为是命运帝国的常规。按照福柯的说法，为应对此观察而出现的马基雅维利式的政治艺术也有其内在局限：这种坚持把焦点放在坚持主权上的学说，无法保证能够永久持有主权。把政治理性的重心从君主转到国家，这中间的重要性在于，后者能够以世俗永恒性（本身就是一个有着复杂的基督教前因的概念，Kantorowicz探索过此概念）的形式获得承认，"国家是要在无限长时间中坚持的现实"。福柯认为，"如果国家的反思导致它去考察被统治者的本质，那么，治理艺术就是理性的：国家理性是依据国家力量而进行的治理"（Gordon，1991：9）。

福柯在此暗示，促使欧陆国家理由突破马基雅维利的局限、成为有关"国家力量"的知识的政治思考风格，可以在三十年战争后德国领土上以"治安科学"为名出现的理论学说中得到充分展现。要适应不可预知的无限和时常变化（contingent）的环境，就得要求国家理性计算行动细节；通过开创一种有关国家自身的被治理的现实、延伸（至少是希望延伸）至触及个体成员存在的巨细无遗的细节知识，此一要求得以满足。治安国家也叫"繁荣国家"（state of prosperity）。繁荣或幸福观念把国家和它的主体区别开来。治安理论和重商主义经济政策一样，努力使主权财富的 bullion 数量最大化。但它强调，国家财富和权力的真正基础是在人口中，在整体与个体（all and each）的力量和生产中。由此，福柯认为存在一个治安的核心吊诡：现代治理艺术旨在以这样一种方式提升个体生活的内容，即该提升同时也是在为国家积蓄力量。换句话说，治安国家通过培育牧领而努力达致审慎（strives towards the prudential by cultivating the pastoral）。

福柯及帕斯基诺（Pasquino）在治安问题上的论点相当雄辩：生命是治安的目标：它必不可少、有用且多余。人的存续、生活，或者比这些做得更好，都是治安要确保的。治安"料理生活"：在某种程度上，它所包含的目标是无限的。"治安的真正目标是人。"治安殚精竭虑以求人的幸福。"治安唯一的目标就是达致这个生命的最大幸福。"正因如此，治安科学才有无止境的清单和分类；有关宗教，风俗，健康，食品，道路，公共秩序，科学，商业，工厂，仆人，贫穷……治安科学似乎渴望成为现实治理对象的无微不至的保姆，成为列维坦的感觉中枢。它同时也是一门知识，一门永无休止地进行详细、连续控制的知识。福柯借用密特朗反戴高乐主义的论点，把治安国家的治理称为"永久性的政变"。治安政府的行动并不局限于一般法律形式，它通过特别的、细致的规章条令来运作。国家理性的构成者将其执行行动描述为"特殊正义"（special justice）；福柯认为，把"依法治理"和"依条令治理"之间的区别边缘化，这是治安国家的一个明确特征（Gordon，1991：10 – 11）。

因此，接下来自然可以提出这样一个问题：这种治理理性究竟是怎样一种类型？

参考韦伯对世界历史、当代史中的各种理性、理性化的探讨，可能不无裨益。在某种程度上，治安正如韦伯评论中国儒教时所说的，是一个"秩序理性"。这个秩序理性在概念上合并了世界的既有秩序以及有秩序的管理行为。但是，通过智巧统治（a reign of artifice），治安把这些观念重新放置于世俗的、非传统的精神气质（ethos）中。梅内克在他的《马基雅维利主义》中，激活了意大利国家理由学者 Trajano Boccalini（1556 – 1613）著作中有关土耳其这个国家的观点：

土耳其实现并代表了文艺复兴政治思想孜孜以求的东西：一个有意识、有目的建立的人工创建，一套如钟表安排的国家机制，这套机制利用各类物种，并把人的力量和数量作为它的源泉和动力（Gordon，1991：11）。

确保治安国家的秩序就是确保治安国家自身建立的秩序。如果说马基雅维利的君主问题在于保住新生的、非合法的主权，那么，在韦斯特法利亚条约所描绘的德国这个国家中，治安问题也有类似的特征，即，如帕斯基诺提出的，要在一个被战火毁灭的无人岛创立一种"政治"（polity），就好像是"无中生有"（exnihilo）一样。社会市场经济对于 1945 年的德国所意味的，恰恰是治安国家对于 1648 年的德国所意味的。

六　治安科学

1978 年 4 月 5 日，福柯在法兰西学院演讲该年度（1977～1978）的最后一讲，对该年度整个主题有清晰的总结和提炼，因此是非常重要的一讲。

福柯首先谈到德国 18 世纪初德拉马尔的一个文集，这个文集探讨了治安（police）应该负责的领域，福柯特意谈到，德拉马尔认为治安的目标就在于保证"好的生活"、维持生活、注重"生活的便利"和"生活的乐趣"。换句话说，治安负责的是生活、生活得更舒适一些。

考察治安的思考、实践和干预的不同内容时，福柯认为有如下几个值得注意的事情：其一，治安的内容本质上属于城市；其二，治安负责的问题实际上是一整套交换、流通和生产问题。所谓流通，包括人员和商品之间的相互流通，流浪者、四处迁移的人也在其中。"总体上讲，治安本质上就是城市性的和商品性的，是一种很宽泛意义上的市场制度。"（福柯，2010：301）

17～18 世纪的治安设置，实际上是被思考为领土城市化（福柯，2010：301）。因此，治安和城市化之间有密切的关联。但是这种关联并不是建立在城市化的自然进程上，相反，它是建立在欧洲的理论和管理实践上的，换言之，建立在某种"人为"的基础上。福柯把这种理论和实践归到重商主义旗下。在欧洲均势和欧洲竞争的时代背景下，重商主义这种

"技术和盘算"力图通过商业、发展商业和赋予商业新活力，来增强国家力量；因此，在欧洲竞争中，它要求每个国家尽可能拥有众多人口，这些人口得全部投入工作，而发给这些人口的工资则尽可能的低，由此保证出口商品的成本压得最低，换回黄金充实国库。军事力量的增强也必不可少，因为它可以刺激生产、导致新的商业进步，进而增强该国国力及在欧洲均势中的作用。由此，在国家理性的原则下，欧洲平衡、增强国力都是目标，工具则是外交 – 军事框架，以及更有力的商业。福柯认为，如果说从 16 世纪开始，市场经济的发展、交换的扩大和增强、货币流通的活跃，这些使人类社会进入了商品和交换价值的世界，那么，到 17 世纪，国家理性原则下治理理性的形成，使得那些根本性的元素彼此联系起来：组织人口、商品生产的治安催生了城市 – 市场的出现，城市 – 市场成为国家干预人们生活的模式，而这是"17 世纪的根本性事件"，是构成 17 世纪治安诞生的特征性、根本性事件（福柯，2010：303）。

概括而言，理解治安的内容，需要理解以下几点。

第一点，国家理性和城市特权、治安和商品优先之间存在根本性联系，所以个人生活、生活得舒适，在西方历史上第一次成为需要考虑的合情合理的东西；国家治理术此时认为商业是增强国家力量的主要工具，也是旨在增强国家力量的治安的优先内容，所以才会通过城市，以及相关联的一系列问题（健康、街道、市场、谷物、道路等等）来考虑生活、生活得舒适。

第二点，尽管治安表明了国家理性和国家权力的干预，且其干预领域是新的，但治安运用的方法确实相对甚至完全是传统的。到了 17 ~ 18 世纪，不同于司法权力的治安权力开始有了自己的特殊性，它根据自己的理性原则运转而不用拘泥于固有的司法规则，它关注每一时刻的、细节的事（无关紧要的事），是一种"持续的政变"；它使用的工具是规章制度、法令、禁令、指示。

总结而言，商业、城市、规章、规训，这些是 17 世纪和 18 世纪上半叶时期治安实践中最具特征性的元素（福柯，2010：303 – 305）。

然而到了 18 世纪，上述治安权力和实践遭到批评，最终解体。福柯以谷物和灾荒问题为重心，分析了这个过程。他辨析了有关谷物管理的几个主题：第一个主题是重农主义对于避免灾荒的考虑。重农主义者认为首先应该补偿谷物，而不是如之前重商主义者那样，压低谷物价格以便降低工人工资、通过出口换取尽可能多的黄金。重农主义正好相反，他们摧毁了完全按照城市特权设置的模式，打破由城市特权确定的界限，通向农村和农业问题；也就是说，他们把农业问题作为根本性元素，重新引入理性治理术中。这个治理术优先考虑土地，以生产而不是以市场及产品流通为重心，关心农民或种植者，恢复产品的价值。用农业中心主义的利益而去城市化，取代商业化问题，这是治安体系的第一大突破口。

第二个主题是由谷物价格的自然涨落会形成"合理价格"这一理论，推导出重农主义的第二条原则，即怀疑之前治安体系依据事物无限可变的前提进行调节的可能。重农主义认为，有些事物进程我们无法改变，试图改变它只会让情况更糟。灾荒时谷物因稀缺而价格腾贵，试图压低市价会导致人们更不愿意卖出谷物，缺粮情况就更严重，和干预的愿望完全相反。重商主义式的治安管理不仅没用，甚至有害；因此，必须取代由治安管理威权进行的管理，换用依据"事物本身轨迹"进行的调节，这就打开了治安体系的第二个缺口。

第三个主题围绕人口进行。之前治安管理体系中，人口越多越好，充足的廉价劳动力可以保证产品成本最低，构成人口的实际上执行法律和治安规章制度的臣民或"驯顺的身体"。但重农主义认为人口没有绝对价值，而只是一种相对价值；资源、可能的工作、消费等都会影响到人口的价值。此外，人口数量会自行调节，不是完全受人为干预的，因此，人口不是一个无限可变的数据。

第四个主题即让国家之间自由发展贸易。和之前治安体系的根本区别在于，之前是为了增强国力而尽可能出口商品获得更多黄金，现在重农主义的治理术则把外国也纳入调节机制，让调节机制在每个国家内部运作。这样一来，竞争的不再是国家（欧洲均势体系下的国家竞赛），而是个人，个人的利益算计和积累，恰恰可以保证整体的幸福，只要国家听任每个人以生存得舒适为目的进行自我调节。换句话说，国家不再作为超越、综合的原则进行调节了，对国家的作用、国家的功能需要重新考虑（福柯，2010：306－310）。

福柯认为，在谷物和灾荒问题上，显露的是一种全新的治理术形式，和治安体系中的治理术几乎截然相反。这种新的治理术的诞生，或者说治理理性的转变，大体是围绕经济问题发生的，具体而言，和如下过程相关。

18世纪，首先对治安国家提出批评的不是法学家，而是重农主义者。他们立足于可能性、可行性和新的治理理性，连接17世纪初突破旧有宇宙神学治理理性的框架、定义新的治理理性的一批政治家们，而这次，重农主义者突破的是国家理性设置的思想：他们发明了新的治理理性，一种被新出现的经济领域修改过的国家理性。"经济理性正在，不是代替国家理性，而是给国家理性注入新内容，因而也赋予了国家理性新的形式。……重农主义者们的治理术会把我们引向当代治理术的一些根本性路线上去。"（福柯，2010：311）

如何理解这个"根本性路线"？

要理解这点，就要考虑福柯所说的，伴随重农主义思想出现的自然性。如前所述，谷物的合理价格之所以能形成，是因为当价格上涨时，如果放任不管，价格自己会停止上涨，这套机制中存在某种自然性。同样，高工资使人口数量增长，但直到某一时刻工资停止上涨，突然人口也就不再增长了。这种自然性不同于中世纪或16世纪治理理性的宇宙自然性，它是一种"关乎人的特殊自然性"：人们共同居住、交换、工作、生产的时候，他们之间自发地会发生什么。福柯在此点明，这就是之前一直没被命名但已经开始被思考和分析的社会的自然性。换句话说，作为人们特有的特殊自然性场域，社会，或者更确切说，公民社会（civil society）出现在国家面前（福柯，2010：312）。可以说，这正是福柯重点讨论的重农主义治理术导致的当代治理术根本路线。

进一步，我们又该如何理解这个体现了重农主义特殊自然性的公民社会？顺着福柯的思路，可以从以下四个方面来探讨。

第一个要点，思考国家时，不再从原始自然性，或是受制于君主意志的不确定性出发，国家此时负责的是社会或公民社会，它要保证对这个公民社会的管理——也就是说，它要面对公民社会这个新的社会自然性，或者说涂尔干意义上的社会事实之"事"来运作。福柯认为，对比之前治安面向臣民的管理，这是一个根本性的变化。

第二个要点，与新的社会自然性相关，一种新的知识也随之浮现。18世纪的重农主义者们强调科学合理性，强调知识的明证性（evidence）规则；这类知识不同于17世纪国家理性用来进行干预的对国家力量和外交策略的盘算。此外，新的科学知识是一种必不可少的对规律的认识，一种外在的，和治理理性面对面的科学。因此，新的治理理性越来越以纯粹理论性的经济学面目出现，同时治理实践会以科学性为榜样来作决定。

第三个要点围绕新形式的人口问题。如果说17世纪的人口仍然以服从于君主和治安干预的臣民面目出现，那么，在新的治理理性下，人口的自然性、人口内部构成利益的规则，作为另一种紧密、厚实、自然的现实出现。18世纪下半叶发展起来的治理实践或干预科学正是对具有自然性的人口负责，由此出现了社会医学（公共卫生）、人口统计，等等。

第四个要点是，由于人口事实和经济秩序服从于自然程序，那么这就意味着，试图强加给人口由一些命令、指令和禁令组成的管理体系，不仅没有道理，而且毫无益处。因此，国家的角色将转变为，从新的治理术根本原则出发，尊重这些自然程序，让它们运作或和它们一起运作。国家治理术的干预不再仅仅以否定形式出现，更重要的是，在掌控、刺激、制造便利条件，进而放任这样的"经营管理"（而不再是制定规章）的前提下，让"必然的和自然的调节自己运作"。其实质的含义是，设置安全机制，以保证自然现象的自然运作（福柯，2010：312 - 315）。

从上述要点中，福柯推导出极为重要的思考。在这样一种自由主义格局中，自由成了治理术本身不可或缺的元素；只有真正尊重自由或一些自由的形式，才能好好治理。也就是说，治理如今具有双重意涵：自由以及对自由的限制，都要纳入治理的场域中。[①]

到此为止，福柯可以明确指出他所洞察到的现代国家的秘密，或者说他过去的微观权力分析方法怎样可以顺利地应用到国家宏观权力分析中，

---

① 在古典政治哲学中，确曾有人不是在其自在独立的本质意义上来理解自由，而是首先将它理解为一种技艺，一种政治的技艺，它既是审慎的、近乎谦卑的，又是狡猾且有效的。这种看似"无政治的"自由，经过技艺的锻造后，可以具有最高的政治性。参见林国华，2005：86。

在福柯那里，不存在微观权力和宏观权力之间的断裂。也就是说，可以立足于现代国家的治理理性，描绘一套现代国家机器不同机器的系谱学，社会、经济、人口、安全、自由，这些就是新的治理术的元素。用福柯的话来表达："……从 18 世纪中期开始、一系列正好旨在拒绝国家理性及其根本要求的反引导发展了起来……最终导致出现了一些元素，也就是说：正好是与国家相反的社会，与错误、物质、盲目相对的经济真理，相对于个人利益的群体利益，人口作为自然的和有活力的现实的绝对价值，与不安全和危险相对应的安全，以及相对于治理的自由。"（福柯，2010：317）

国家的未来会怎样？国家无限制的治理术会中止吗？如果会，被什么东西中止？

福柯给出了某种尝试性的回答：被"某种将成为社会本身的东西所中止"。也就是说，当公民社会能够超越国家的限制和监督时，当国家权力能够被这个公民社会吸收时，至少政治时间上的国家时间将会终结，末世论或公民社会将彻底击败国家。第二大反引导形式，是人口断绝了和服从之间的一切关系，真正拥有根本的权利，从而奋起反抗国家，要求按照人口本身的本质法则，取代之前的服从法则。最后一个反引导形式是国民本身所做出的，当国民确切掌握自己领土上每一个点、自己民众中每一个人的真理（有关国民是什么，想要说明，应该做什么）时，国家的真理或社会的真理就不再由国家本身来掌握，而是由整个国民来把持。事实上，更为激进的观点认为，国民是自身知识的真正持有者；社会是自己真理的持有者（福柯，2010：318）。总结而言，公民社会、人口、国民，用这三个元素反对国家，这和国家本身的变动以及政治变动不居的过程相互交织，很难彼此割裂开来。

剩下的问题是，治安科学或德语的"管理科学"（cameralism）和经济有什么关联？

事实上，是和重商主义、政治算术以及第一个现代经济主权系统的知识相互整合的。经济的含义历经几次变化：按帕斯基诺的说法，一开始经济是作为一种特殊物（a specific）出现的，还没有成为后来自由主义意义上一个自主的理性形式。整体运行的经济是一架机器，但是这架机器并不只是被操作，它还需要通过治理不停地去制造。这里的经济仍然有着古典的"家政"含义，即拥有、驯服、控制行动。德语的"经济"（wirtshaft）和"户主"（wirt）、"经济活动"、"经济行为"同源。韦伯赋予"城市经济"（stadtwirtschaft）相同的含义，这个概念与重商主义的缘起有关键联系：正如韦伯所注意到的，这个术语不加区分地指代两个意思，一个是经济组织模式，另一个是管理经济的有机体（an organism regulating the economy）。管理科学能把国家等同于"整个社会体"，在很大程度上是因为国家有相对应的经济特征：这里国家与社会的同一在某种意义上等同于"户主"与"经济活动"的统一，或者用晚近的术语来表达，等同于企业家与企业的统一（Otto Hintze 认为，早期现代普鲁士的国家精神和韦伯的资本主义新教精神是一回事）（Gordon，1991：11－12）。

最终，在福柯的分析中，治安政府就是一种牧领权力形式，一种将其自身认定为关乎"整体和个体"的治理：将主体普遍地安排到经济上有用的生活中。治安政府也是经济计算，它把个体臣民的幸福等同于国家的力量。因此，治安就成了一种经济牧领（economic pastorate），或是"世俗僧侣统治"，尽管不同于阻碍了早期资本主义发展的天主教牧领制。国家并没有为个体做出牺牲：如黎塞留宣称的，个体有时候必须为国家做出牺牲。统治者是牧羊人（hirt），也是农夫（wirt）。被统治的大众（population）既像羊群，也像兽群：剥夺的同时也要照料，如治安学者清醒地意识到这一点。韦伯认为重商主义意味着"像经营企业一样经营国家"（出自韦伯的《经济通史》，转引自 Gordon，1991：12）。

治安国家在道德上显然有某种模糊性（或者说，善恶兼具）。然而，还有必要认识到在治安国家出现了伦理文化的一些变动形式。除了代表国家的新科学这一"治安学说"的令人吃惊的雄心抱负，早期现代政治文化的第二个引人注目的特征在于，那些政治行动原则和个人行动原则之间具有深刻的连通。如福柯所观察到的，治理活动从来没有、以后有可能不会被看作与自我的治理有这样根本的相互依赖，不管是在统治者一方，还是在被统治者一方，都是如此。治理问题是以"个人语言"的方式提出的。福柯熟谙这个领域的先导研究，尤其是韦伯以来德国政治社会学中的研究。同样，如帕斯基诺正确指出的那样，福柯的研究和奥斯特莱奇（Gerhard Oestreich）有关早期现代国家中新斯多葛主义角色的研究有惊人的互补性（Gordon，1991：12）。

为什么这时候"行为"（conduct）是如此重要的一个主题？答案和导致国家理性的那些广泛因素有关：封建秩序——其中，个人的认同立基于世袭地位和王室依赖的关联网络——的侵蚀；宗教改革的冲击，一方面是个体的宗教上的问题化，另一方面是对一个全新的、鼓舞人心的牧领指引结构的需求；最后，宗教战争导致的公共生活和私人生活广泛的脱节。在法国，国家理由的起源在于通过"去神学化"（detheologization，奥斯特莱奇语）的政治做出的抉择，这个抉择偏好通过宗教路径进行共同毁灭。对个人伦理的世俗化反思的结果是此一转变的封闭推论。这个趋势不应该被误解为朝向非宗教变化。在每一次忏悔战斗线上，它都提供了积极的动员工具：天主教，加尔文教，路德教——一种道德意义上的军备竞赛（Gordon，1991：12 - 13）。

治理问题是如何和奥斯特莱奇探讨的新斯多葛主义相互关联的？

——首先是条件上的相似性。古罗马、早期现代欧洲的公共骚乱（public disturbances）有相似之处。为了复兴道德和伦理关怀，克服外在混乱和内在困惑，人们把哲学作为武器或药方。这种新斯多葛主义首先把它的哲学当作实用的、实践性的知识形式，一种秩序方法论。这种哲学风格构建了一个世界秩序，"对此岸世界的治安"，然而同时热衷于技巧和技术，也与技巧和技术相一致：故此，出现了和国家理由学说之间第一个相似性。新斯多葛主义可能是第一个提供有关命令和服从的世俗伦理：服从并不仅仅是意志的克制和奴役，而是生命行为的积极形式。这种新斯多葛主义进一步发展为治安国家的"管制狂热"（regulation - mania），其全球化管制的道德目标（尤其针对新近城市化的人口）是教育民众形成工作纪律、节俭习惯，并试图改变政治、军事和经济人的精神、道德和心理构成（Gordon，1991：13）。

所有社会交往都由严格的秩序所治理，但是，无论秩序如何严厉，它也不是奴隶制，而是防止人堕落的道德强化。如霍布斯在《论人》中所说：人之适应社会并不是天生的，而是通过规训才适应的。

七　重新考察自由主义

如前所述，福柯认为国家理由与政治科学的连接无论在认识论上还是在伦理意义上，都是影响深远的。这个连接以具有自身独特性的、不可化约的理性形式，构成了治理艺术的活动内容。同时，它也给主权运作带来了一种政治牧领的实践形式，一种出于世俗安全、繁荣的意图，对全体与单一推行的治理（Gordon，1991：14）。

当代福利国家的若干特点，可以看作是源于治安国家。但是要注意，只是部分特点。福柯有关现代治理理性的研究同样密切关注另一个干预性的协调过程，那就是自由主义的到来。

正如博切尔（Graham Burchell）所说，福柯在这个问题上的考察契合了近来若干英语世界历史学家对早期自由主义思想的研究。那些历史学家拒绝对政治经济学的起源做狭隘的无政府主义解读，强调亚当·斯密和他同代人的著作中的经济、社会和治理的反思；对马克思主义把18世纪自由主义方便地解读为对19世纪工业资本的预先辩护这一做法进行质疑。虽然不是独一无二的，但福柯的视角仍然是卓尔不群的：他不是把自由主义仅仅看成政治经济学理论的教条学说，而是一种思考风格，这种思考风格和治理艺术有典型的关联（Gordon，1991：14）。

福柯认为，亚当·斯密的《国富论》不仅影响了政治、经济思考的变迁，而且也影响到知识与治理之间关系的变迁。对于经济学者们而言，治安科学和国家行动同形，且不可分离。"科学"概念在这里带有直接的实用主义含义，如福柯所说，接近于算计的外交诀窍。另外，对于政治经济学来说，科学客观性依赖于和国家的立场、出发点保持相对距离并不受干扰。而经济科学强调国家作为一个求知主体（knowing subject），必须有其限度和弱点。因此，借用康德的术语，自由主义可以精确刻画为"国家理性批判"，这个流派事关有限性、明智的约束，通过向国家展示其权力内在固有的局限，来培养、传授国家理性。自由主义负责确定治理如何是可能的，它能做什么，它必须放弃什么野心才能够实现其权力范围内的事物（Gordon，1991：14－15）。

福柯区分了这个政治－认识论革命中的两个阶段。法国经济学的重农主义学派颠覆了早期国家理由学说。人为发明的列维坦理性被新的发现所驳斥，此发现即人类社会构成一个准自然。社会及其经济能够而且必须仅仅依据、朝向自然规律来治理，公民社会的自治能力会产生它自身的秩序和繁荣。按照重农主义学说，这种自由放任政策涉及特定的技术方案，魁奈的经济"表格"，一种用来促进主权进而在国内管理经济总体过程的设置。这里，统治者许可经济主体有行动自由，这只是因为通过表格，主权仍然知道经济当中正在发生什么，如何发生的。用福柯的话来说，在主权的知识和臣民的自由之间，存在一个充足关系，这是一种政治和经济的透明的重叠（transparent superposition）。

福柯认为，亚当·斯密的"看不见的手"对于魁奈的表格技术是间接却激进的批评。它意味着重农主义的经济主权模型不可能实现；用来编制表格的知识即便在原则上对主权来说也不可能获得（Gordon，1991：15）。

就个体经济行动者的选择和计算来说，斯密写道，"他只想要自己的利益，在这方面和其他许多方面一样，他由看不见的手所引导，导致的结果却不是他意图中的部分"：这个结果有助于公共善好。斯密进一步澄清，看不见的手的运行之所以可能，仅仅因为它是看不见的；如果个体偏要为公共善好而交易，那么什么好处也不会有。福柯指出，经济过程的"良性无明"（the benign opacity）不仅对个体公民有好处，对政府也有好处；它不像是"看不见的手"的运行，因为虽然普通市民不理解何为"看不见的手"，但是从总体化的科学视角内部来看，恰如从神意操作的上帝知识内部来看一样，"看不见的手"又是清晰可解的。强迫个体经济行动朝向公共善好，这项任务与其交给主权，不如交给主体来得可行：要引导经济行动适当进行，人类智慧或知识永远是不够的。国家权力的行动限度是其认知有限性的直接后果。紧随斯密之后，康德宣称人类不可能认知宇宙整体：政治经济学宣称总体经济过程对于主权是不可知的，其结果，经济主权（an economic sovereignty）就是不可能的。政治经济学是一种科学知识形式，治理依其自身利益需要这种知识，但是，政治经济学不能为政府做的，是为国家行动构建一个详细的、推论的规划。政治经济学承担的知识角色如福柯所说，是旁逸的或私下面对治理艺术的，但它自身并不构成治理艺术（Gordon，1991：15 - 16）。

由此，一度代表国家理由和治安科学的知识和治理统一体，现在瓦解了。经济社会或商业社会的规则表现出的理性，截然不同于计算式国家的规则中的理性。政治经济学的新的客观性并不仅仅位于政治上超然的科学立场上：更深刻的事实在于，它具备一种新的对被治理的现实加以客观化的模式，其后果是，在复杂、开放且不稳定的新政治 - 认识论构型中，重新安置了治理理性。整个后来的我们社会的治理历史，可以解读为一系列目的论式的替换、自由主义问题空间的复杂化。

但也不能把这个复杂的事件理解为治理思想中的完全断裂。完全断裂的想法对于福柯通常的方法论实践而言，是相当陌生的。如同许多评论者所强调的，《国富论》不是一座理论的象牙塔，也不是代表新兴资产阶级的宣传册子。《国富论》首先是向国家提出的一系列相当具体的政策建议的论辩集。尽管斯密蔑视阴险狡诈的政治家，但他本人也不惮于对国家安全的具体问题进行实用主义式的计算，比如对军事政策的考虑。斯密的爱丁堡演讲将政治经济学论题作为立法艺术的分支，即"治安"（police），加以介绍："治安的目标是廉价商品，公共安全，清洁，如果后两项对这个讲座不是那么琐屑的话。在这个标题下我们来考虑国家的富裕。"和重农主义者不同，但是和许多重农主义者的法学同事、对手一样，斯密很快去除了对治安科学的超经济的考虑："运走街上垃圾的适当方法、保卫城市的适当方法虽然有用，但在这样一类普遍话语中考虑这些问题，就太无足轻重了。"但是，需要注意的是，这并不是自由主义的全部历史。尽管斯密确实代表了这类主张，即公共福祉的获得很大程度上不是因为统治者的努力，而恰恰是因为统治者的努力不重要，但是，斯密所谈的福祉、廉价、丰富、繁荣，在其国家政策的目标方面，精神实质和重农主义者是一致的，只不过方法不同（Gordon，1991：17）。

进一步考虑一个复杂的问题，即，自由主义或自由放任思想的深层复杂性。这种自由放任思想并不干扰事物的进程，而是确保自然的、必要的管治方式起作用，制造规范，以促使自然规范的运转，用福柯的话来说，即"操纵、诱使、促动、放任自由"（1978 年 4 月 5 日讲座）。值得注意的是，这个"放任"要在积极能动的意义上加以理解，而不是在消极、禁止的意义上理解。詹姆斯·斯图尔特把现代经济比作一块机械表，一方面，这块表如此精密，以至于碰它的手稍微不够轻柔，就会毁坏它。这意味着对统治者旧式的专断行为的惩罚是如此严酷，以致它们只能偃旗息鼓；另一方面，同样的表不断出现故障，有时发条太松，有时又太紧，要把它调好，必须借助钟表匠之手使其松紧得当。① 这样一来，善意而精确的干预就是经常需要的。按赫希曼的说法，斯图尔特通过表的比喻传达两重意思：一是任意的、粗心的操作是不可行的，二是表需要细心的、老练的"政治家"经常进行正确的调控（艾伯特·赫希曼，2003：80 - 81）。而在亚当·斯密那里，强调的重心就不是治理才能，而更多是注意治理的笨拙之处，并对其设限。换言之，斯密寻求的与其说是最小功能的国家，不如说是做蠢事的能力被加以限定的国家。

　　总的来说，对自由主义的深入理解必然会遇到这类困惑，即如何在必要的国家行动目标和必要的国家"不"行动（state inaction）目标之间，建立一个可行的界限；用边沁的话来说，即如何把政府的行动与"非行动"（non - agenda）区分开（Gordon，1991：18）。福柯强调了自由主义理论上的原创性："自由主义不是一个和现实冲突，从而不能注入现实的梦。它构成了批判现实的工具，这点正是其多重变化特征和再次兴起的原因所在。"自由主义的核心，同时也是使其不同于政治科学和科学社会主义的地方在于，它拒斥理论上对世界的封闭性，这种封闭性认为现实不过是政治学说的潜在的总体后果。

八　自由主义与安全机制

　　福柯认为，新马克思主义误解了法律在自由主义思考中的位置。自由主义并不是源于这样一个观念，即政治社会建立在契约关系的基础上。或者说，自由主义并不是和法律之间存在亲和，它之所以把国家的限制、规范行为转成立法格局，是因为法律"提供了一般的干预形式，这些干预形

---

　　① 赫希曼在这里还提到，17～18世纪，把宇宙比作表的比喻广为流行，上帝的职业角色从《旧约》中的陶匠变成了熟练的钟表匠。

式把特殊的、个体的方法也包括在内，因为被统治者通过议会参与到对这类法律的阐释，由此构成治理经济的最有效的体系"（Gordon，1991：19）。因此，法律规范之所以对经济自由主义而言特别重要，不是因为它关注政治主权的合法性（或者扩展为经济剥削），而是因为法律规范为治理行动提供了充足的技术形式。

那么，在福柯的思考中，这种技术反思和阐释模式在哪一个范畴中可以进一步得到体现？福柯找到的是有别于纯粹的司法、经济的安全（security）范畴。在政治经济学领域插入治安之域（the universe of police），这对福柯来说是至关重要的。

对安全的集中关注，既是重商主义"国家繁荣"的基础原则，也是其普遍沟通的原则。繁荣是国家自身安全的必要条件，这点毫无疑义；但是值得注意的是，繁荣还是保持、维系、在可能条件下提升某种全球生存的能力。在此意义上，我们才能理解边沁所说的，立法科学和治安科学都具有范畴含义：

> 法律的诸目标中，安全是唯一包含未来的；持存，丰富，平等，这些或许会被看作仅仅是暂时的；但是安全意味着在所有应用方面对时间的扩展。由此，安全是主要的目标（Gordon，1991：19）。

边沁还说道，"如果我们要有清楚的概念，我们就必须把自由定义为安全的分支"。福柯补充说，对于自由主义政府而言，反过来也成立：自由是安全的条件。自由放任的积极含义、许可和有利于自然规范的修订形式的规范，构成福柯思考的主要落脚点：

> 设置一些安全机制……这些安全机制或国家干预模式的主要功能就是，保证那些自然现象——经济过程或内在于人口的过程——的安全，这就是治理理性的基本目标。因此，自由不仅被确认为个体合法地反对权力、反对主权滥用及篡夺的权利，现在它还是治理理性本身不可或缺的元素（福柯，2010：315，译文有改动）。

由此我们可以得出一个重要的结论：自由是围绕治理行动的媒介，对自由的践踏不仅仅是非法侵犯权利，同时也是对如何治理的忽视[①]（治理和自由的关系，现代西方治理所具有的双重秩序，参见福柯1978年4月5日演讲）。

与此同时我们还应看到，这个新的自由 – 安全（liberty – security）架构和治安安全（security of police）并不是绝对对立的。治安进行规训、划分、固定，但这种带有几何学意味的网格化秩序同时也是运动、流动的网络。福柯指出，城市化和治安在18世纪的法国几乎是同义语。治安的明确目标是把整个王室领土像一个巨大的城市那样组织起来。公共空间，桥梁，道路和河流，这些是治安特别关注的对象：治安理论家让·多玛（Jean Domat）把这些联系和流动的物质基础看作一种手段，通过这种手段，治安城市作为聚集、交流的场所起作用。治安城市的"交流"（communication）含义在这里相当重要，它涵盖一切被治理的人口中的交往、交换、流通、共同居住等意义。自由主义抛弃了可见的网格化交流秩序这个意义上的治安概念，取而代之的，是人口过程的必要的不透明、密集且匿名的特质。与此同时，它也并未完全放弃自身的努力，即仍然专注于同样这些过程的脆弱特性，认为需要把这些过程安置到"安全机制"中（Gordon，1991：20）。

福柯对安全的讨论是他对《规训与惩罚》中所用的分析框架做出的最重要的后续扩展之一。他并不仅仅把安全视为政治权力的宽泛、明白无疑的要件，而是还把它视为政治方法与实践的一个特定原则，并且该原则有别于法律、主权和规训，能够在多种不同的治理架构中，和其他原则与实践进行各种模式的联合。

那么，如何理解福柯所说的作为一种政治方法的安全？福柯通过阐释三个一般意义的特质，对它进行了界定。首先，它处理一系列可能事件；其次，它通过成本比较的计算进行评估；最后，它给出解决方案，但不是通过在许可与禁止之间做出绝对的二元划分，而是通过在可容忍的可变范围内，精细定义一个最优手段。主权把领土主权的扩张作为它的目标，规

---

① 治理和自由的关系，涉及现代西方治理所具有的双重秩序，参见福柯的法兰西学院1978年4月5日演讲（福柯，2010）。

训聚焦于个体的身体（尽管这些个体被视为决定性的集体中的成员），与这两者相对照，安全则独树一帜地致力于"人口集合体"。福柯认为，自18 世纪以来，安全越来越成为现代治理理性的支配性元素：与其说我们今天生活在"法治国家"或规训社会，不如说我们生活在一个安全社会（a society of security）。

福柯是如何一步步推进对安全机制的分析的？

按照戈东的梳理，福柯首先把分析重心落在一个特定的、原创的领域，即英国经验哲学对人口同时也是对安全的自由主义式处理。在这些文献中，出现了作为利益主体的经济人，这些主体的偏好、选择既是不可还原的（个人情感不能最终用另外的、根本的因果原则来解释），也是不可转移的（没有什么外部机构可以取代或限制个体的偏好决定）。如休谟所说："对我来说，我宁愿毁灭全世界而不肯伤害自己一个指头，那并不是违反理性。"（转引自 Gordon，1991：21；汉译参见休谟：1980：454）在福柯看来，这个在休谟和边沁的论述中所见的利益概念既推翻了洛克的社会契约论，也推翻了布莱克斯通（Blackstone）试图让社会契约与利益原则和解的努力。社会契约论所设想的个体，即通过代表、否决等正式行动而把自己构成政治和司法主体，事实上不可能得到利益的支持：原则上，没有什么能够阻止这种可能性，即，利益将决定拒绝这样的契约。利益主体会不断地越出自我施加限制的行为范围，而正是这些限制，构成了法律主体。

当然我们也应该注意到，在对自由主义的讨论中，这种经济和司法视野的根本不一致的假设并不新鲜。戈东引用了哈列维的观点加以论述。哈列维（Halevy）辨识了边沁哲学中两个因素之间明显的矛盾：一个是促进经济的"利益的自然和谐"，另一个是成为边沁立法目标的"利益的人工和谐"。哈列维指出了其中的逻辑差异，而福柯则辨识了理性的分歧：这个分歧不仅影响了主体性的个体化原则以及主权的基础，同时也影响了集体性的总体化过程以及治理行动的可确定性。

政治经济学和斯密的"看不见的手"所描绘的个体利益之私人决定以及这些利益在社会中的和谐共处，完全不同于法律原理和司法主权所具有的普遍性、超越性样态。相反，福柯指出，个体利益的决定以及利益的共处是通过"辩证自发地增长"运作的，而这一切是在激进的内在条件中展开，原则上也无助于总体化对主体的审查。因此，这样一种利益的经济主体所蕴含的政治主权领域概念，也远远不是为洛克式政治司法提供补充或完成，毋宁说，它更等同于剥夺经济主权的资格（Gordon，1991：21）。

福柯认为，自由主义的真正开端恰恰就在利益主体与司法主权之间的互不兼容出现时。前者的多样性是不可总体化的，后者则是一个总体化的整体。这样一来，自由主义的主要任务就是设置一个新的治理领域，它可以防止危险的非此即彼的选择：要么在主权范围内推行市场，要么把经济主权降格为纯粹政治经济学的作用；这两者都偏离了治理理性的整合。在福柯看来，经济主体与法律主体的同一在严格意义上是不可能的，不论是对早期自由主义，还是对其后继者来说，这种司法 – 经济科学均不存在。因此，自由主义走的是不同的路线，它建构了一个复杂的治理术领域，其中，经济、司法的主体性分别得到相对性地安置，它们共同构成更为整全（englobing）元素的不同方面。在这个建构、发明的努力中，谁扮演了关键角色呢？福柯认为，是公民社会的自由主义理论（福柯：2011：261ff.）。

对于洛克以及他的先驱者来说，"公民社会"实际上是政治社会或司法社会的同义语。18 世纪晚期，这个术语有了全新维度的含义，按照福柯的看法，这个含义最充分体现在亚当·弗格森（Adam Ferguson）的《市民社会史》中。这部著作在精神上，在观点的完善方面，最接近《国富论》。在该书中，斯密有关私人经济利益是公共繁荣的动力的激进思考得到进一步扩展，直至覆盖普遍的社会制度。对弗格森而言，社会创造了自身。其中没有什么历史行动：各个群体有能力组织自身并进行劳动分工，他们也将其付诸实践。这个劳动分工也包括政治劳动，无疑这是一项专门进行指挥的任务，被分配给最有天赋的那些人。而这种自我组织、劳动分工就和人们的感官实践、演讲能力一样，是自然而然、自发产生的。社会从它的"自致整体"（self – rending unity）中，创造了它自己的历史；这个自致整体实际上是经济利己主义的离心（centrifugal）力量与非经济利益的向心（centripetal）力量之间的内在张力，而所谓"非经济利益"即同情心或"去利益的利益"——通过它，个体自然地创建了他们的亲密家庭、氏族或国家的幸福。社会的存在是内在于历史过程的，其中，社会持续不断地自我分裂，同时永无休止地自我重构。治理行为，作为演化着的社会联系的一个有机组成部分，通过一系列独特的、连续的社会形式参与了这一历史进程（Gordon，1991：22）。

福柯认为，早期自由主义的公民社会概念首先需要作为一种治理技术来理解。它使社会治理（a social government）成为可能，这种社会治理是超经济的经济学，是跨越正式市场界限的方法论：

> 经济人是抽象、理想、纯粹的经济观点，它构成了真实、密集、完整而复杂的公民社会；或者换言之，公民社会是具体的聚合，在该聚合中，这些抽象点，经济人，需要被定位，以便于进行充分的操控（福柯：2011：261ff.）。

因此，公民社会不是历史—自然事实，以便差不多来充当反对国家或政治制度的基石或原则。一般认为，从 19 世纪起，在哲学、政治话语中，公民社会总是作为"对抗、反对、摆脱政府、国家或国家机器和制度的一种实在"（福柯，2011：262），但在福柯看来，公民社会不是一种原初的和直接当下的存在。福柯称之为"和解协议的实在"。它是针对治理关系的一个竞争性的向量，是"从权力与不断摆脱权力之间的关系中，从这两者之间的游戏中，在治理者与被治理者的接触面上，产生出一些和解协议的、暂时的形态，它们不会一直存在下去，但仍是实在的"（福柯，2011：262）。这种对自由主义的考察视角阐明了它的历史。19 世纪孜孜以求探寻一个社会治理，这种治理能够在彼此竞争的现代性力量中，为自身引出一项固定在焦头烂额的社会因素之上的使命及功能。

那么，有关公民社会的概念又是怎样塑造了作为政治实践、作为替经济治理的"安全机制"阐明的自由主义发展历程？戈东认为，对这个问题的恰当回答，能够在早于 1979 年法兰西演讲近 20 年的《癫狂史》中找到，这一点颇为引人注目。《癫狂史》中分析了 18 世纪晚期朝向社会救助和公共医疗的政策变化，我们可以发现福柯后来分析的安全方法论的不同特征。

福柯认为，安全的原则致力于一系列可能性及可能事件。这个参考框架在图尔戈对慈善基金中公共资本的停止流通的批评中显露无遗。社会的需求受制于无数环境的、突发的变化："基金具有不可逆转的性格，而它所要回应的却是浮动的和多变的意外需求，两者之间存有矛盾。"（福柯，2005：580）

法国经济学家努力试图在公民社会（按照弗格森对这个术语的理解）的内容中重建救济制度。公共救助表达的是内在于人性的同情心，因此，如果说不是先于社会、政府的话，至少是与它们同时发生的。这个纯粹的人的维度甚至在政治社会中也有优先性：救助之社会责任（social duty）被经济学家理解为社会中的人之责任，而不是"社会的责任"。

> 如果要确定可能的救济形态，就必须确定在社会人身上，使他和同类相连的感情，如怜悯、同情、团结，究竟具有什么样的本质和界限。救济理论的基础，应该建立在这项半道德、半心理学的分析上；而不能建立在群体契约性义务的定义之上。（福柯，2005：585）

根据休谟、弗格森的说法，这些情感是真实的，但在范围上局限于地方。救助组织需要被整合进一种不连续的社会同情地理学中："由强烈心理构成的活跃区，由疏远和感情惰性构成的中立和非活跃区。"（福柯，2005：587）这种情况很快导致有人提议，用家庭救助方法取代住院医疗，前者结合了代价最小的安全原则和最优形式的保护：对病人家庭的直接救助会强化既存的自然纽带与情感，与此同时，其花费的成本却是总医院系统的一半不到。

对于人口的集合性人类实质，公民社会视角带来了新的治理性的分析。正如福柯指出的，"经济治理"观念对自由主义而言有双重意义：政治经济学所提的治理，同时也是依照自身成本进行的俭省治理：更多的技术投入，旨在通过运用更少力量、权威来达到更多成就。

同一时期，即欧洲绝对主义和宪政体制下，我们可以看到一种极为相似的理性以全新的方式运作。在福柯的《规训与惩罚》中，刑法改革集中在提升刑法的内在有效性，并为司法制度适应于商业社会而确保更充分的条件。刑法改革者批评传统的、暴力的和景观式惩罚形式，强调在新的操作规则、可信赖的标准上应用法律本身，这和斯图尔特非难经济政策中"旧式的权威集团"如出一辙。边沁对快乐和痛苦的功利计算，是应用安全理性（rationality of security）的范例。用福柯的术语来说，"经济人"，利益人，快乐和痛苦的人，在这里不仅作为抽象、难以捉摸的市场经济原子发生作用，而且作为政治创造力的主题发生作用。

这里有必要再一次密切关注自由主义治理与过去的治安实践之间严格的相似和区别。福柯在《规训与惩罚》中对边沁的发明——圆形敞视监狱的讨论，概括了这一问题。福柯称重农主义的政治技术为"国有化"（étatisation），即包含国家控制、规训在内，构成一个连续的权力网络，正是这个权力网络把主权的警戒与对个体行为的细微管理、监控连接起来。"治安权力必须照料一切……事件，行动，行为，观念——一切发生的事情"，治安的目标是"任一时刻的事物"。在《规训与惩罚》中，福柯将这种思考风格置于他所称的"18世纪细节的历史中，由拉萨尔（Jean - Baptiste de la Salle）主导，影响到莱布尼茨和布丰，借助弗雷德里克二世，覆盖教育学、医学、军事策略、经济学"，在拿破仑体制下达到顶点，拿破仑"力图在自己周围建立一个权力机制，使他得以看到发生在他治理的国家中最细微的事件"（Gordon，1991：25）。

这段"细节的政治史"同样在环形敞视监狱观念中达到顶点。但是，如果进一步细察，会发现边沁的观点和后革命的法国治理中某些相似的趋势都标志了一个深刻的变化。雅克·丹泽洛（Jacques Donzelot）为了阐明此一变化，引用了法国内政部通过的工厂管理草案加以说明：

> 既然通过公共权力颁行法令、以便为所有人提供生产细节的努力只是虚幻的野心……考虑到工业职业的不同性质，最好的权宜之计是给那些负责劳工行为的人权威，让他们去管理相关的一切事务（Donzelot，1984：144；转引自 Gordon，1991：25）。

在丹泽洛看来，这份未出版文献在经济生产领域所设想的代表性的、司法授权的私人权威体系，事实上不仅在现实中，而且在原理上准确预见了19世纪法国工业体系：

> 与工人和雇主之间的契约经济关系伴随的，是雇主对工人的某种契约性的监护，因为在决定工厂管理规定时，雇主有全部自由。在管

理规定中，雇主可能（这是常有的事情）把整个一系列规训的、道德的需要包括在内，而那些需要远远超出生产秩序领域，包括对企业之外的劳工阶级的习惯、态度、社会和道德行为加以控制……雇主之所以有如此广泛的责任，或者说对他的权力进行特别加强的借口，是每个企业独一无二（singular）的特性（Donzelot，1984：145 - 6；转引自 Gordon，1991：25 - 6）。

换句话说，正如福柯之前所分析过的，在西方治理思想变迁中，"一"与"多"的关系产生某种深刻影响，在 19 世纪的工厂管理中我们再一次看到这种关系的辩证作用力：私人工厂经济（隐含着"社会"领域）的兴起，意味着总体化权力要做出转变，即在多元、细节层面进行权力的分化、扩展，以吊诡的方式实现总体化控制。

而在这个转变过程中，对政治经济学而言，复杂精细的市场运作不可避免地超出了治安国家的全能抱负；同样，自由主义政府也体认到生产领域中细节化的秩序需求是能够被抓住并决定的，这不仅仅是通过足够细致地考察，而且更重要的，是通过常规监管的代表群体，以及对直接的、分配的微观层面上个体企业和雇主来实现的。法国政府寻求的并不是百科全书式教条所强化的秩序，而是事实层面围绕企业的私有管辖权的公共律法的力量。自由主义的安全在这里与其说意味着控制，不如说是秩序政治学的再编码。

通过不同的、详尽阐述且未曾实现的方式，环形敞视监狱遵循了类似的逻辑：借助检查和监视实现控制的功能，从政治主权转移到检查所的个体、企业式管理者。后者仅仅通过私人利益刺激以及朝向公共安全的共和许可而受到约束。一开始，边沁建造、运行一座环形敞视监狱的设想遭到英国政府的拒绝。按 Michael Ignatieff 的看法，这个决定是监禁历史中的重大事件。这个事件恰恰能反映出上述总体化权力的转变过程：对于某些国家功能（包括引人注目的惩罚功能）朝向自由主义的私有化和商业化，政治力量有过抵制，这一点为现代刑罚史所证实。但是，这一点或许表明，有必要区分"经济治理"的自由主义当中，两种虽有重叠却截然不同的趋势：一方面，努力把政府功能缩减到一套从经济上来规范的结构和制度

（反转斯图尔特的比喻，使经济成为治理这块钟表的修理工），另一方面，试图赋予现存的经济结构和制度（企业的、市场的结构和制度）某种治理基础的功能。边沁个人计划的受挫表明前面这个趋势有其局限性；丹泽洛的论证则表明了后者的重要性。弗朗索瓦·埃瓦尔德（François Ewald）引证了另一个例子。针对国有采矿权，1810 年的拿破仑法案对私人企业做了让步，条件是企业有义务在采矿的"男人、女人、儿童群体"中确保"良好的秩序与安全"。埃瓦尔德认为：

> 一个矿业公司是一个商业公司，同时也是一项安抚事业，甚至是区域性殖民事业……从普通法的角度看，私人企业的这些空间严格来讲是非法的。然而，法律许可它们存在，只要它们恰当地完成了它们确保安全与秩序的任务；它们并未越出公共秩序领域之外，恰恰相反，那仅仅是因为它们通过制造驯顺的个体，维持了那个秩序。

埃瓦尔德总结道，"权力的策略"或许可称之为自由主义，只要我们不把自由主义仅仅看成一种经济形式，而是还把它看成资本主义社会实际运行的权力原则（Ewald，1979；转引自 Gordon，1991：27）。

毫无疑问，这个帝国主义之前的阶段，可以被部分地解读为法国自由主义当中某种治安管理结构中的持续性混合。然而在 19 世纪早期英国的非正式、去中心化的政治－司法环境中，马克思、恩格斯文献中所记录的事实状况和法国的情况并没有很大差别；在英国，地方皇家法庭经常授予一些法案司法强制性，这些法案被工厂主的私人刑罚规定所采纳。或许这些现象更确凿地表明了经济秩序与公共秩序之间相互影响的程度和强度，而这恰恰是自由主义从治安国家中承袭下来的。

以上分析对于回答《规训与惩罚》当中对国家的忽略这一问题提供了解答。事实上，想要在 19 世纪的社会发现国家无所不在的微观规训权力操纵之手，这根本是徒劳无功。但是，从治理的角度看，这些很大程度上私有化了的微观权力结构仍然参与了一个连续的、一般的秩序。进而言之，如果说自由主义遏制了重商主义朝向规训的国有化趋势，那么，与其他方面在"公民社会"框架下阐释私有化秩序体系的做法相类似，自由主义治理同样追求福柯所称的"国家的规训化"政策，也就是说，在规训技术中，很大程度上依据自身的人员、配置组织，聚焦国家的即时利益。如卡尔·波兰尼（Karl Polanyi）所观察到的，边沁的可检验性环形敌视监狱原则，不仅作用于囚犯和罪人，而且也作用于国家各个部门和公务员（Polanyi，1957：140）。

公共秩序与私人秩序这一双层结构刻画出真正的自由主义的第一个形式，即作为安全机制的有效实践的自由主义。

这个体系最大的局限性在于，由于依靠经济进行治理，它也就受制于经济运作本身的有效性。导致了大量不稳定的城市贫民的经济，既不能为国家提供政治安全，也不能为人口提供物质安全。这种状况暴露出公民社会的自由主义观念隐藏的二重性，麦克弗森将这种二重性追溯到洛克的政治哲学那里：一方面，财产使每个人都成为公民，因为每个人至少是其自身身体和劳动力的拥有者；但是另一方面，只有通过他或她的主人（生产方式的拥有者）的调节，财产才能使劳动力成为社会的成员。

在《发明社会》（*L'Invention du social*）这部书中，雅克·丹泽洛指出了自由主义政治法学中这种张力（其间创新性的"经济治理"并未解决这个张力）是怎样出现在1848年事件中的，作为对共和权利观念的激进破坏，它显示了两种互不相容的经济公民权之间爆炸性的冲突：一个是工作权利的公民权，或者说政府确保其公民最低经济生存条件的义务；另一个是财产权利的公民权，人们强调用它来反对鲸吞式的国有化对经济公民权的粗暴干涉（Gordon，1991：28）。对政府来说，由于争论双方把共和体制的合法性看成满足这个或那个社会权利标准的绝对条件，情况变得更加不可收拾。

第九章

对治理理论的回应和延伸性研究

　　两次世界大战给西方文明带来巨大的冲击，至少在学术思想层面，诸如"西方的没落""现代性的危机"或"西方文明的危机"这类反思层出不穷。从这些反思当中，如果说可以辨识出某个核心焦点的话，那么毫无疑问当属对政治理性的思考。巴里等人认为，当代西方的政治理性面临种种不确定性，可谓深陷困境。国家社会主义的寿终正寝，并不意味着自由主义民主、自由市场的个人主义的胜利，相反，各种不同的政治学说、政治规划变动不居，已经很难用传统术语加以澄清。在对个体和社区赋权（empowering）的名目下，无论是左翼还是右翼党派，都主张把福利、安全从国家控制、国家供给中剥离出来。社群主义复兴的同时，强调个人责任并批判全能国家，在政治光谱的各个部分，都能找到信奉者。公民权利运动要求政治、司法权利，但是这些权利绝非抽象，而是落实到个人技能、能力的层面。此外，生态或环境政治、女权主义等运动，都对既往政治权威和政治理性提出了挑战。如果能够用一样事物把这些不同的政治思考统一的话，那就是它们都试图追求"超越国家"的政治形式，追求一种生命、伦理的政治，同时强调动员（mobilization）这一关键的政治价值以及对个人能力、行为的塑造（Barry，Osborne & Rose，1996）。

　　福柯的治理理论同样是对西方以往政治理性的反思，在诸多对国家、国家权力的思考当中，该理论尤其显得独树一帜。福柯（1992）在总结自己的权力分析时指出，发生在 15～16 世纪以来以基督教改革运动为主要表达方式和结果的运动，应该被分析成西方主体性经验的巨大危机，以及对中世纪造就这种主体性的宗教道德权力的反叛。换言之，用高度概括的语言来表达，此后的种种抗争都是在为新的主体而斗争。而脱离各种隶属机制、剥削、统治机制的斗争之所以成为主流，是因为 16 世纪以来，国家这个新的政治结构在不断发展。但是，大多数时候，国家总被想象成一种忽视个体、只关心整体利益，或者只关心某个阶级或团体利益的政治势力，而福柯所要强调的是，至少对西方近代国家而言，事情要复杂得多。国家的权力之所以强大，也要从其特殊的发展历程中考察。这就是说，由于近代西方国家吸收了源于基督教制度的牧领权力，从而融入了一种新的权力形式，一种既是个体化也是整体化，二者巧妙结合的权力形式。从牧领权力到新的国家权力，有若干重要的转变，比如目标不再是指引来世拯救，而是健康、幸福、安全等"现世"目标；又如，权力组织、工作人员激增，过去限制在宗教机构中的权力，现在散布到整个社会，等等。但真正值得注意的是二者之间的连续性。恰恰是牧领权力对良知、道德的指向以及对"拯救"的关注，融入了现代国家权力对个体化的关注，使得新的权力以间接的（权力关系）方式实施，由此形成国家权力的治理理性：不是通过暴力（本质上也不是暴力，虽然并不排除暴力的使用），而是主要通过对行为的引导，来构建"他人行为的可能领域"（福柯，1992：287）。此外，福柯还区分了权力关系和支配关系（Foucault, 1997），他认为，权力关系与支配状态是不同的。权力关系在人与人的关系中有极为广泛的存在，它可能会在个人之间、在家庭内部、在教育关系、在政治团体等各方面发挥作用。权力关系作为某种策略，本身是变动不居的，当我们会发现某些权力关系不再是变动不居的，使各方不再能运用某种策略来改变它们，而是成为某种"牢固确立的冻结状态"，我们就可以称之为支配事实或支配状态。在支配状态下，自由实践就并不存在，或者只是单方面的存在，或者受到极度的限制和约束。

因此，治理所蕴含的要义，既不能从暴力或斗争的关系中寻求，也不能从自愿联合的方面（这些仍然不过是权力的工具）寻求。这种对治理的考察必然引出对"自由"的全新理解。在福柯看来，权力本质上不是对自由的放弃，恰恰相反，权力只能施加于自由主体，类似奴隶制那样的肉体强制并不构成权力关系，因为正是自由的存在，才使权力的实施或权力关系的建立成为可能。① 顺着这一线索，福柯把自由主义、新自由主义以及公民社会均理解为治理术在不同阶段的展开。

福柯的治理理论影响极为深远，自 20 世纪 80 年代以来，该理论在西方学术界各个领域中均引发了大量热烈探讨，不少学者在福柯思想的激发下，对治理术进行深入研究，甚至将这个视角扩展至教育、保险、社会福利、公民社会等各个相关领域，产生了大批研究成果。②

一　西方学者的讨论

对福柯的治理理论自身的问题与盲点，莱姆克（Lemke，2012）有更为细致的分析。第一个方面，是对治理术的理想化，对治理术之前的主权机制、规训技术的边缘化。过于拔高治理术的重要性，同时会导致另一个相关的问题，即不同技术之间的转换，或者连续性问题。过于强调治理术的"权力经济"或"效率"，无疑会导致在对比治理术和主权机制、规训技术时，暗含等级高下之分，同时假设存在这样一个理论逻辑：权力技术的替换是渐进式，并且不断提升和进步。而实际上这更是一个政治过程，从结果上来看，不同的权力技术之间既有斗争和冲突，也有妥协，彼此会形成新的联盟（Lemke，2012：85）。

围绕治理术的第二个争论是，对治理术的研究倾向于强调权力的"生产性"的方面，而忽视"压制性"的权威机制。或许是矫枉过正，分析治理技术时，其核心旨趣往往不是暴力或约束机制的应用，而是"自由的权力"（Rose，1999）。这样一来，对治理术的研究偏向于失衡：暴力或非理性的政治形式（如对恐惧的动员和看似"非经济"的民粹主义话语）的作

---

① 只有当主体是自由的时候，权力关系才有可能。有人质疑福柯说，如果权力无所不在，就没有自由可言。福柯通过对权力关系的界定（一方希望引导另一方的行为的关系），也通过区分权力关系和支配关系，给出非常明确的答复：如果说所有社会场中都存在权力关系，那是因为自由无所不在。参看福柯去世前有关自由、主体以及伦理思考的一次极为重要的访谈"自我照看的伦理是一种自由实践"（Foucault，1997：281–301）。在福柯晚期的思考中，不能简单从本体论的角度去强调自由，而是要看到，自由和权力关系、治理技术、主体的自我形塑是紧密关联的，因此，对权力分析的扩展使得具有伦理意涵的自由实践和自我改变成为可能。

② 这些研究文献数量庞大，此处不再详列。可参考 Lemke，2012：101 注释。

用被忽视和低估。由于治理术总是和抽象的理性概念联系在一起，表达性的、情感性因素的政治意义遭到忽略，可观察的计算、精心阐释的概念则被处处强调。实际上，美国的"9·11"事件后，治理与主权、新自由主义与规训、自由与暴力之间的密切关系就不应该被忽视了（Lemke，2012：90）。

把权力看作持续不断的理性化这一观点之所以是错的，不仅是因为它忽略了压制、暴力在当代统治形式中的持久意义，更根本的是，它还忽略了理性与非理性因素、自由与权威之间的内在关系和共同作用，这种内在关系和共同作用恰恰是自由主义、新自由主义的重要特征。自由主体一旦构成，道德化、自我规训的机器就开始永无休止地运作，更有甚者，它通过运用规训或专制技术，使得对"落后的"或"原始的"种族、阶级或性别的治理成为可能。所以辛德斯（Hindess，2001）认为，主权和权威手段不能被看成自由主义政治理性当中辅助性或次要的东西。从这个角度来看，非自由主义实践的持续存在就不是偶然的副作用，也不是逻辑矛盾；毋宁说，（新）自由主义的一个显著特征即在于，在自治的主体化与被规训的主体之间，在自由与支配之间，存在特殊的关联。

当然，福柯经常强调主权、规训、治理三者间不是前后相继或彼此取代，而是相互支持。用福柯的话来说，我们不应该把事情看成"治理社会取代了规训社会。事实上我们有一个三角：主权，规训，治理安排"（Foucault，2007：107）。因此，重点不是抽象的统治类型，而是拼合、干涉、混杂，不同的技术之间相互作用的异质性的、具体的方式。其结果是，治理术研究不仅要保持多元理性和技术，而且这些研究本身要容纳多元、杂乱以及矛盾冲突。复杂的问题在于，对于主权、规训、治理三者之间究竟如何相互发生作用，福柯的考察也仍然只有方向性的说明而未作深入展开，这在一定程度上导致福柯的治理理论仍然存在模糊性或进一步开拓的可能。

或许还需要追问一个问题，即治理理论与治理实践本身的关系问题。按照曼斯菲尔德（Mansfield，2000：xxiii）对托克维尔的理解，托克维尔区分了政治科学和治理艺术，且认为二者乃截然不同的事物：政治科学是写作艺术，遵从观念逻辑，力图在智识领域呈现某种优雅、精微、智巧和创造性的品味；而世界实际上遵从的是激情，经常被平庸恶俗所主导。托克维尔对自身的定位则很清楚，即从事思考的政治科学学者，而不是致力于实践的政治家。顺着这个二元划分，我们可以提出这样一个问题：福柯的治理理论终究是属于知识分子的"批判性"思考内容，还是本身即蕴含甚至参与实践政治的方案？

福柯曾经和语言学者乔姆斯基有过一次著名的电视辩论①，和乔姆斯基重视"正义"等理念，强调普世性真理的某种乌托邦理想形成鲜明对照，福柯避开"人性是否存在"这类抽象问题，他追问的是"人性概念如何在我们的社会中发生作用的？"因此，对于普遍真理，福柯保持高度怀疑，他更倾向于通过对宏大抽象概念的历史化，进行持续的、前后一贯的回应。换句话说，在治理理论问题上和在其他问题上一样，福柯改变了主题，仔细检查实践领域中这些概念所执行的社会功能。这些实践领域牵涉甚广：经济学、技术、政治学、社会学等，这些不同领域的具体情境构成了形态、模型、场景的条件，这是各种社会形式中，使科学常规成为可能的东西。

正因为如此，德赖弗斯、拉比诺（1992：176）在《超越结构主义与解释学》中高度赞扬福柯的做法，他们认为福柯避开了韦伯所说的价值自由的困境，从而避免了非理性的诱惑，同时也远离法兰克福思想家们没有摆脱的绝望（或者乞灵于艺术上的自我救赎）。福柯强调的是社会政治实践这一层面，进而言之，是从历史实践而非形而上学的角度去考察政治理性的问题："我认为我们必须将'理性化'这个词的意义限定在工具性的、相对运用的方面……以便看清理性化的若干形式是怎样体现在实践中，或各个实践系统中的。"② 由于这一历史、实践的指向，福柯在方法论上也不同于韦伯，韦伯的"理想类型"是对经验、历史事实进行加工组装，以便突出所研究的历史对象（如资本主义、科层制、加尔文主义）的"本质"，

① 1971 年，在荷兰哲学家厄尔德斯（Fons Elders）的主持下，福柯和乔姆斯基进行了一场论题广泛的公开电视辩论。由于涉及人性、权力、正义和非正义等深层次问题，并且作为西方主要知识分子的福柯和乔姆斯基在辩论中揭示了西方文化和政治中心的冲突，这场辩论颇有启发意义，引起人们越来越浓厚的兴趣。辩论实录的中译见《乔姆斯基、福柯论辩录》（乔姆斯基、福柯，2012）。
② 转引自德赖弗斯、拉比诺，1992：175，译文有改动。英文版见 H. L.Dreyfus, P. Rabinow, 1983. *Michel Foucault：Beyond structuralism and hermeneutics.* Chicago：Chicago University Press，p. 133。

最后形成一个有意义的模式，依据这个模式，历史学者能够恰当解释看似杂乱无关的诸种现象。而福柯的系谱学方法尽量让自己停留在事物的"表面"，避免依赖理性意义、一般类型或者本质，福柯所关注的实践性质比较强的"明确规划"（explicit programs）是作为行动的、改革的现实规划发生作用的，例如环形敞视监狱，它之所以引起福柯的兴趣，是因为作为一种规训机制，它"不是一种'理想类型'的表现（被规训的人的理想类型）；它是不同技术的综合和联系，这些技术本身是对局部目标（学校训练，给能掌握枪支使用的部队编队）的反应"（德赖弗斯、拉比诺，1992：175）。哪怕这些规划从未在各个机构中直接地和完全地实现过，在福柯看来，这恰恰是值得分析的另一方面：可能存在相反规划、地方冲突和其他策略。①

因此，在治理理论与实践本身的关系这一问题上，我们认为福柯的治理理论既是对历史和现实实践的关注，同时其自身也构成对政治实践的间接参与。事实上，如果回顾福柯对权力关系的思考，就容易理解为什么福柯不认为自己是一个悲观主义者，相反，从福柯晚年的访谈中，可以发现福柯秉持一种朝向"改变"的乐观主义，即"声称很多的事情都会发生改变，不管这种变化如何脆弱；事情将更多地与其所处的具体的环境和形势相关，而不是被捆绑在一种必然性上面；事情将更为复杂，更有临时性和历史性，而不是由不可避免的人类学常数来决定……要把不可企及之物尽可能地划归我们自己所能支配的范围之中"（福柯，1997：53）。福柯从来不认为权力是一种控制一切的支配系统，没有为自由留下任何余地（Foucault，1997：293）②。甚至，福柯认为无论他从事哪一项理论工作，都是

---

① 福柯晚年喜欢宣称自己是直言者（parrhesiast，从西方古典文化中借取的概念），即大胆、自由的言说者，将问题化（problematization）视为一种创造行为。福柯在其最后一次加利福尼亚大学伯克利分校的演讲中说，问题化经常是"这样一种创造，在某一情况下，你无法推断会产生这样的问题化。在某一问题化中，你只能知道为什么这种答案回答了这个世界某一非常具体的问题。在问题化的过程中存在着思想和现实的联系"（Foucault，2001：172–173）。也就是说，忽视具体的历史情境去看福柯对某个问题化过程的分析，只会造成对福柯的误解。

② 在一次有关权力问题的访谈中，福柯说到权力–知识的密切关系背后隐秘的根源："权力既非无所不能，也非无所不知。——完全相反！如果权力关系生产了调查、分析、知识模型等的形式，这恰恰不是因为权力的无所不知，而是因为它的盲目……如果诸多的权力关系、诸多的控制系统、诸多的监视形式获得了发展，这恰恰因为权力总是虚弱无力。"（Foucault，1996b：625）

在以他特有的方式改变自我，因此，可以把他的工作看作其自传的断片。从这点即可理解，福柯的治理理论与其最后几年的自我技术分析有密切关联，而其中所蕴含的伦理、文化反思，无疑是这项理论工作具备肯定、积极意义的原因。

意大利社会学家、哲学家拉扎拉托（Maurizio Lazzarato）对福柯的治理理论有进一步的理解与推进。在《从生命权力到生命政治》一文中，拉扎拉托认为，福柯的"生命政治"观点极具前瞻性，生命以及生命体，人种及其生产的需求，已进入政治斗争的中心，这在人类历史上是一种全新的现象。对于"生命之被引入历史"，福柯给予了创造性的解释，从而为筹划一种新的本体论提供了机会。这种新的本体论以人类的身体及其潜能当作起点，将政治主体视为"伦理主体"，从而反对传统西方思想中，将政治主体理解为"法律主体"的做法。阿甘本认为，在自然意义的生命（zoe）和政治意义的生命（bios）之间，古代建立了理论上与政治上的区分，但是现代性的一个显著标志是，将 zoe 引入了政治（polis），从而引发政治和哲学范畴的剧变，而对于这个过程究竟是主权权力的产物，还是一种新的力（forces）在摆脱了权力控制之后行动的结果，阿甘本没有一个明确的答案；拉扎拉托认为，对此福柯却用一个全新的方式回答了这个问题，他提出，是一种力的新动态架构（a new dynamic of forces），在力的连接中显现了古典世界无从了解的权力关系，而生命政治，正是这一动态构架所采用的治理形式。

福柯批评马克思的地方，正在于马克思的政治经济概念将力与力之间的关系简化为资本和劳动的关系，并以这样的二元的静态关系作为所有社会动力和权力关系的源头。相反，福柯所谈论的政治经济学，统摄着"复杂的物质领域的整体，在那里，不仅自然资源、劳动产品、产品流通和贸易范围占据其间，而且城镇和道路的管理、生活的状况（居住、饮食等）、居民的数量、居民的寿命、居民的工作能力和工作适应性，都成为活动的要素"（Foucault，1980）。更重要的是，生命政治被"嫁接"和"锚定"在力与力之间诸多的规训关系上，权力对这些关系进行"调整、编制、分层和标定"，而不是纯粹、简单地指向个体。现代性根本的政治问题，不是主权权力的单一起源问题，而是诸多的力，根据支配和服从的关系行动和互动的问题。而福柯所关注的与社会机体的动力学有关的那些关系（如男人和女人、教师和学生、医生和病人、雇主和工人等），都始终裹挟着权力关系中力的作用，而这些微观权力会形成权力机制在构造上不断的上升过程，从微小的装置到普遍化的机制、全球化宰制，中间一直发生复杂的"投资、殖民、利用、消解、转变和编制"。

拉扎拉托认为，主权权力和生命权力之间的关系，只有以力的多元异质的行为作为基础，才是可以理解的。如果不引入"自由"和力的抵抗，现代权力的机制将仍然不可理解，它们的可知性将被"无情简化为政治科学的逻辑"。对这个问题，福柯的解释是，首先到来的是抵抗，相对于这一过程中的其他力量，它保持着优先性；权力关系不得不随着抵抗的改变而改变。因此，在这种动态构架中，抵抗是主要词语和关键词。这样一来，抵抗和创造之间的关系定势就成为福柯试图突破的最后限制。拉扎拉托引用了福柯1984年去世前的一个访谈，在这个访谈中，福柯回答了抵抗与创造之间的关系界限问题。从这个回答中，如拉扎拉托所说，确实可以看出，福柯所说的抵抗，应该从策略的动态框架中提取出来，而且，这种构架本身既是对权力的抵抗，也是对新的生活形式的创造。

问："过去，人们把抵抗作为一个概念，往往是就它的否定作用而言。然而你所看到的抵抗，不仅是一个否定，而且是一个创造的过程。抵抗就是创造和再创造，就是改变所处的形势，就是积极参与创造的过程。"

答："是的，那正是我解释它的方式。说'不'是抵抗的最微小的形式，但无疑，有时它是非常重要的形式。作为具有决定性的抵抗形式，你必须说'不'。"

在拉扎拉托看来，正是这种力的动态构架，让福柯的治理术（生命政治）分析既有理解上的创造，也有极强的现实实践指向，抵抗与自由不仅仅是对权力关系的消极应对，它还包括伦理意义上对自我的积极、肯定的意味①，也就是说，伦理主体的抵抗始终蕴含着改变的可能。

自从金融危机转变为主权债务危机后，西方的治理术又有新的变化，

---

① 所以拉扎拉托认为，福柯捍卫主体的自由，即主体建立与自身和他人的关系的自由；正是这些关系构成了福柯思考的伦理学素材。

这种变化也对治理术的研究者们提出了新的挑战（Lazzarato，2013）。实际上，拉扎拉托（Lazzarato，2011）的专著《制造债务人》（*The Making of the Indebted Man*）就是要重新定义新自由主义，认为"负债就是新自由主义的状态"。拉扎拉托结合尼采（1992）在《论道德的谱系》第二章"'负罪'、'良心谴责'及其他"中对负罪起源的分析，认为当前西方的"债务经济学"的背后是"贷款人—负债人"的关系，这种关系是资本主义运作的真正动力，它使得生产的投资成为可能，而这种关系的根源则远远超出经济层面，正如尼采的道德谱系学所分析的，基督教原罪与救赎的思想，形成了一种无条件效忠的道德律令，而负债和信仰在性质上也是相似的：都建基于对未来的期许和信心上，没有对未来的信心，借贷就无法进行，正如没有对天国的信心，信仰也就难以为继一样。然而，恰恰是这种对未来可能性的信心，造成金融经济和实体经济的背离，而新自由主义状态下的"治理"仅仅限于"债务"，已经与捍卫市场自由没有太多关系，因此，拉扎拉托认为，福柯在《生命政治的诞生》中关于自由主义的论述，已经无法充分解释新千年以来新自由主义的趋势。

二　中国学者的治理术研究

对于福柯的治理思想，国内学者的研究并不太多，真正系统地、成规模地研究该领域的学者，当属莫伟民（2009；2011a；2011b；2011c；2012a；2012b；2013），以下是对他的研究的主要概括。

人类社会进入 20 世纪后，政治社会、国际关系与经济发展变得空前复杂，这要求传统政治哲学重新激活想象力和洞察力，对政治事务、政治问题提出更广泛和深入的理解。然而由于缺乏政治想象力，政治思维表现得极为"刻板、短视、狭隘"，政治活动则"软弱、无效、无益"。要改变这种混乱局面，只能如福柯所说，脚踏实地，立足当下社会政治生活，聚焦局部问题，凸显权力运作和实施的机制。因此，福柯对 18 世纪欧洲规训与惩戒技术的研究，就是有明确时空定位的局部分析，通过对死亡、癫狂、犯罪、性这些特殊、细小但重要的经验研究，福柯开始突破传统政治哲学的宏大叙事框架，也突破传统政治思想过于强调极权/民主、国家/市民社会的二元划分，逐步围绕自由主义治理这一核心问题，深入分析权力关系的运作机制。在莫伟民看来，福柯"相信处于权力关系之中的个体，为抵制或逃避权力关系，有许多事情可做"。因此，福柯的政治想象力并不倡导"一种消极认命的虚无主义和悲观主义，而是基于绝对乐观主义的假定之上"（莫伟民，2009）。这是对福柯的政治思考方法及风格的准确把握。

从这种对福柯的政治想象力的把握出发，莫伟民梳理了福柯探讨的"管治"①"牧领权力""生命政治"这几种重要的治理技艺，并逐渐聚焦于福柯所重新阐释的自由主义、新自由主义以及治理理由的转型。

首先来看"管治"主题。莫伟民（2011a）梳理了福柯探讨的"管治"这一治理技艺的发展脉络、主要手段（规训）以及基本原则（全景敞视主义），通过仔细的分析，得出若干有关治安问题的重要理解归纳如下：（1）就规训与契约的关系上，福柯首先指出了规训与契约关系的差别。虽然规训构成了法权体系的基础，但在规训关系中，关系的双方并不是平等的，可以说这是一种单向的强制和支配关系；与此相反，契约关系的双方则是平等的，这种关系事实上是一种双向的、平等自愿的关系。（2）福柯分析管治的重要途径，是对"全景敞视主义"概念的阐释。表面看来在是这种权力逻辑仍然被法律所束缚，其实不然：渗透整个社会的全景敞视主义构造了一种既宏大又细致的机制，正是这一机制，让权力在法律下运作；与此同时，规训机制能够突破法律束缚，让权力的真实运作与法律无关，或者说，法律被"悬置"了，规训成为一种"反法律"。一个鲜明的例子就是，作为规训机制的集中体现的监狱，有其法律机构、刑事制度之外的独立根源，因此，监狱的诞生事实上意味着温和、有效的规训机制逐渐取代了以暴力为特征的法律制度，但规训权力又并不排斥法律权力，二者恰恰可以说是互相沟通，但归根结底，是全景敞视主义所扩展出的近乎无限细密的网络，才把惩罚权力推广开来。换句话说，是规训，而不是一般以为的保障公民权利的法律意识，真正推动了体现司法正义的惩罚权的发展。指出这一点无疑意味深长。莫伟民认为，只有从这个角度出发，才能理解福柯所说的，标榜"自由"的启蒙运动事实上也发明了戒律。法国

---

① 即 police，我们认为译成"治安"似更合适。

大革命时期对监狱、医院的同时关注，促使边沁的"全景敞视监狱"受到欢迎；福柯甚至认为，边沁就是对卢梭式启蒙（透明社会）的补充（福柯，1997：155）。换句话说，启蒙思想的两面性体现在：自由与规训、解放与束缚、自主与臣服是共生的。这恰恰是福柯始终强调，却容易被人所忽视的方面。

在福柯看来，正是对人口的治理，才使得戒律这种管治的手段如此重要。在 17 世纪国家理由学说的管治思考及推行的实践中，强调的是国家理由，人口只是被附带提及的、并不明显的因素。到了 18 世纪中期，人口这个概念才得以确立，并进一步成为当时整个政治生活和思考的。这种 18 世纪欧洲所涌现的新治理艺术，事实上即自由主义的治理术。不同于 17 世纪的关注身体的规训技术，自由主义治理术以人口为治安的最终目标，通过考察人口现象、人口问题，来治理人口。这种基于对人口的治理、基于"自由放任"原则的自由主义，和之前的权利形式相比，具有什么样的治理理性，这恰恰是福柯 1979 年法兰西学院演讲《生命政治的诞生》的核心问题。莫伟民认为，福柯探讨治安问题所用的谱系学方法能够呈现治安权力与经济、政治、法律之间的复杂关系，因而具备整体视野。而当代西方社会以更先进、更有效的方式深入日常生活，促使我们进一步思考，治理的界限究竟在哪里，何为过度？

而治安技术作为一极，和"外交军事技术""基督教牧领"一起，三者共同构成国家治理化的重要基石。莫伟民（2011b）认为，在福柯的治理术分析中，源自东方希伯来人的牧领技术成为西方政治理论和实践中的重要组成部分，基督教牧领权力技术的发展，构成了近代国家崛起的背景，16 世纪末期西方所出现的以国家名义的理由来对人进行治理，综合了古希腊执政官制度的总体化治理和基督教牧领的个体化治理；但国家作为一种"新牧领权力"，也呈现出不同于基督教牧领权力的一些特点：首先，后者旨在让个体的灵魂在来世得到拯救，前者则是确保人们在现世、健康、安全等方面获得拯救；其次，新牧师权力的经营管理得到强化，因为"牧师权力"事实上成为某种隐喻，执行这种权力的主体范围迅速扩大，不仅有宏观意义上的国家机器和管理机构，还有属于"社会"领域的各个机构，如私人企业、福利社会、家庭、医院等等，甚至还有个体慈善家。

与此同时，与新牧师权力行使者范围扩大相对应的，还有知识的扩张：有关人口的综合性知识和有关个体的分析性知识也迅速涌现。个体化把近代国家和基督教牧领制度联系在一起，莫伟民认为，这恰恰是福柯最为重要的洞察之一：此时国家是一种个体化的母体，或者说，是牧领权力的全新表现形式，通过类似基督教牧领这样的技术，国家以新的个体化方式整合了个体。而通常以为近代国家是通过漠视个体、凌驾于个体才发展起来的观点，在此被颠覆了。这一洞察对于思考国家治理的界限、个体自由和反抗、主体化以及权力与真理（知识）的关系，无疑提供了和以往全然不同的视角。

从牧领权力的个体化维度这一面，延伸出福柯所说的"生命政治"主题。莫伟民（2011c）认为，生命政治的关键因素，是人类的自然性，与此相联系的核心问题，也就是这种自然性是如何凸显于一个由复杂的权力关系交织而成的政治体中的。导致个体、人口和团体产生的，可以说是一系列自然事件，而围绕它们，又相继产生了一系列"准自然事件"。这些事件得以展开的空间即生命政治领域。

福柯强调，要在自由主义治理技艺的框架下考察生命政治这一问题，事实上生命政治正是在这个框架内才得以产生。16世纪到18世纪，西方政治哲学的基础问题还只是国家框架下的宪政问题；但是，从18世纪中期到今天，这个基础问题就已经转变为"俭省治理"或合理治理的问题，即自由主义问题。所谓俭省治理，就是说这种自由主义并不是吁求放弃治理，而是考虑如何以最小的成本（经济的，政治的）获得最大的治理效果，用功利主义的术语来表达再清楚不过了。以人口为基础的生命政治在治理时，并不是单纯地排斥自由，恰恰相反，这种治理甚至容纳和放任自由，以现实的自由为媒介，促使权力进一步配置和运转。换句话说，这种意义上的自由绝非固定物，也不是作为特权的自由，而是连接人和物的可能性，是一种流动的能力。在福柯那里，权力与自由之间展现出的是互动关系，而不是对立关系。权力甚至只有依赖于每个个体的自由才能有效地调节、运作。

由此，自由主义问题事实上是福柯治理思想当中的核心问题。莫伟民（2012a）认为，人们通常把自由主义理解为一种政治思潮，或者是一种意识形态，这种意识形态通常与资产阶级民主宪政、价值观联系在一起；但是福柯则认为，自由主义则是一种原则、方法和实践，其参照是某个经济理论或法律制度，所围绕的核心是有关治理理论和实践的反思和批判。值得我们注意的是，福柯是在一种积极的含义上理解自由主义、新自由主义，即把它们看作在"生命政治"框架下产生的重要治理技艺。

虽然自由主义和资本主义有千丝万缕的联系，但福柯并不把自由主义等同于资本主义，相反，自由主义有其自身独立性，而且以高度灵活的方式来处理问题。这表现在，无论是在特殊个体层面，还是在更为宏大的市场和市民社会层面，自由主义都会发展出有效的手段和必要的知识，来应对种种特定情境，从而以合理、有效的方式推进民生，促进国家的富强。

在莫伟民的梳理中，福柯探讨的自由主义治理技艺与社会主义的关系相当重要，值得深入探讨。在福柯看来，社会主义缺少的不是国家理论，而是治理理由，或者说，是一个对治理合理性的界定，即对治理行为的目标，以及对治理的模式、范围进行理性的、精确的考量（莫伟民，2012a）。尽管社会主义当然具有其历史、经济、行政上的合理性，但在福柯看来，社会主义恰恰缺乏治理合理性。换言之，社会主义没有产生自己独立的治理术，因此，现实当中，社会主义只有嫁接自由主义类型的治理术，以此保证有效运作；但是这样做就意味着面临内在困境，因为来自欧洲的自由主义治理术有自身的历史渊源和现实制度、经济保障。换句话说，社会主义只有创造出自己的治理术，才有可能有治理的合理性。而福柯认为，至少在他的时代，最多可以看到社会主义与自由主义的某种"共生"关系，即经济自由为社会主义国家的正当性奠定了坚实的基础。而在哈维看来，社会主义的特殊市场经济愈来愈多地吸收、合并了新自由主义各个要素，这些要素又是和权威相互交叉的，但尽管如此，二者之间的关系不会那么平顺，如何协调好国家控制与市场经济、权威主义与自由主义之间的关系，这仍然是社会主义寻找自己的治理技艺时所面临的关键问题。

正是在这个地方，莫伟民提出自己的反思。既然自由主义在福柯那里并不是一种意识形态，也不具有普遍真理的含义，而只是作为一种全新理解的"治理技艺"出现，那么这种治理术或许只对欧美资本主义国家的发展才能起到关键作用，对于其他非资本主义国家则不一定适用。社会主义国家有自身的"自然现实"，只能采取适合自身现实的治理术才有可能运作良好，而不能简单嫁接自由主义治理术（莫伟民，2012a）。因此，对于自由主义治理术的恰当态度，并不是照单全收，当然也不是单纯地批判、抛弃，而是分辨其中的关键性因素（如自由竞争、平等安全等）并加以借鉴，在探索和发现自己的自然现实的同时，参与到国际社会的协同发展中。

就自由主义作为一种"自然现实"而言，按照福柯的看法，更加能概括18世纪治理技艺的特征的，与其说是自由主义，不如说是更宽泛的自然主义。无论是重农主义、亚当·斯密，还是论证永久和平的康德，他们都有一个一以贯之的"自然"或"自发性"主题。只不过，重农主义式的自发经济机制中所思考的自然主义，是通过经济学分析加以展开的，但是与此相对照，法律层面的自由、权利学说则并不具有上述自然性。

福柯把事物的"自然"或性质看成"治理操作所内在固有的必然性"，这种必然性既不源自神学超自然的力量，也无关于人的主观意志或共同体的集体意见。重商主义和重农主义这两种治理技艺对饥荒这个从古至今极其重要的政治、经济和道德问题作了不同的处理，体现了西方治理技艺发生重要转型的不同历史阶段（莫伟民，2013）。

从这种自然主义式的自由主义出发，福柯得出了一个重要结论：治理的根本指导思想在于，权力只有建立在个体自由的基础上，才能运转自如。这个认识极为深刻，相比之前的基于国家理由的治安治理术，福柯并不认为始于18世纪的自由主义治理术要更加自由和宽容，原因就在于此。但20世纪的新自由主义对传统自由主义有相当大的改造，其不同于19世纪自由主义的地方就在于，它开始把市场竞争看成一种本质，一种容纳各种因素的形式游戏或机制，而不是一种自然呈现。

最后，莫伟民（2013）还比较了福柯和马克思之间的差异，认为无论是分析方法、社会发展形态，还是在对国家的看法上，两者的观点都有显著不同。在分析方法上，福柯不赞同用阶级分析方法来研究西方的政治经济，而主张从权力与知识两个方面论证新型治理术对于解决国强民富的根本问题相当重要，对于理论认识方面，也有方法工具的价值；社会发展形态方面，福柯不同意马克思的线性发展观，认为18世纪西方出现了以人口为首要目标、以安全配置为核心技术、以政治经济学为主要知识形式的由统治权—戒律—治理三方组成的三角运动关系；最终，对国家的看法方面，马克思认为在西方封建制度下国家与社会统一于国家，资本主义制度下国家与社会相对独立，而社会主义民主制下国家与社会统一于社会；福柯则认为资本主义制度下被治理化的社会同时也进行着国家的治理化，国家与社会并未形成政治与经济的二元格局。

总的来说，莫伟民对福柯治理思想的把握相当深入，而且梳理了其中的若干关键要点，进行了进一步的反思和探讨。就理论反思而言，探讨福柯与西方其他主要思想家在治理思想上的联系与区别，是一项深具潜力、引人入胜的课题。

三　中国的社会管理研究

如何从治理视角考察中国的现代化进程，这是一项颇有挑战性的理论课题。近些年来（尤其是 2000 年以来），国内已经有不少学者开始了这方面的探索。值得注意的是，中国社会学领域极少用"治理"一词，更多是用"管理"这一概念，更准确地说是"社会管理"。一般把社会管理理解为主要是政府和社会组织为促进社会系统的协调运转，对社会系统的组成部分、社会生活的不同领域以及社会发展的各个环节进行组织、协调、服务、监督和控制的过程。社会管理的主体是社会组织和政府（丁元竹，2008）。"社会管理"往往与"社会建设"联系在一起，原因在于，从学理上说，二者的核心指向都是"社会"，但究竟何为社会，社会是一个领域还是一个主体（孙立平，2011），恰恰是争论较多的问题，从建设新的社会空间，到对当前社会的管理、引导或把握，对社会的建设和管理既有不同的侧重点，又是相辅相成、互为补充的；另一个原因，或许更为重要，是官方话语体系中对这两个提法经常加以并置和强调。自 2004 年中共十六届四中全会首次提出"加强社会建设和管理，推进社会管理体制创新"以来，加强社会建设、创新社会管理的提法就不断出现在官方报告中，并日益渗透到学术话语中，成为被广泛接受的概念。

对社会管理与社会建设问题的关注和研究，当然不能简单归纳为官方话语的诱导结果。事实上，已经有学者敏锐地指出，提出社会管理与社会建设口号的十六届四中全会，主要是在讨论加强执政党的执政能力建设的问题，而与这个问题相联系的，是 30 多年的改革开放让中国社会发生了剧烈变革，举凡社会结构、经济体制、利益格局、思想观念等，无不发生深刻变化，同时产生了各种社会问题与矛盾（陆学艺，2010）。这些都不仅要求执政党加强执政能力建设，应对新的社会变革，而且也要求学术界重新思考社会管理、社会安全体制以及社会建设，为避免社会震荡和社会失范，而给出切实有效的建议。

孙立平、郭于华等人（2010）对社会重建的研究，是中国语境下社会学者对"社会治理"问题的出色探索。该研究追溯了中国晚清时经历的"总体性危机"，认为中华人民共和国所建立的新体制事实上是为了应对当时的总体性危机，形成的一种"总体性社会"。改革所发生的深层次原因，恰恰是革命常规化之后，总体性社会难以为继，因而必然走向市场化变革。但是，市场经济有好坏之分，偏离规范和法制的市场经济，可能演变为权贵资本主义；而探讨西方市场经济的历史，则会发现，西方市场经济不仅有完备的法律框架作为保障，而且与社会进步持续互动，由此，经济、社会与法律彼此形成交互作用，西方社会因而具备自我调整、自我修复机制，能够借助社会建设、社会变革和社会进步来摆脱经济危机，通过福利制度和公民社会来保障市场经济的可持续发展。

反观我国，权力的扩张不仅没有得到遏制，反而因为得到来自财政实力和市场机制的双重支撑，而加速了扩张进程，甚至达到"权力失控"的程度。造成这种现象的背后原因，除了对历史形成的总体性社会的路径依赖，还有一个很重要的原因即社会经济生活日渐复杂化："市场经济的建立、全球化的过程、科学技术的发展、消费社会的来临，还有快速的城市化，这一切使得我们的经济社会生活迅速地复杂化了。而这种复杂化的经济和社会生活客观上要求一种更有效的治理能力。"在其他国家，由于有一个通过国家、市场、社会之间互相配合的多元模式，能够满足更有效的治理能力的需求，但是在我们国家，社会、市场的力量均很弱，在这种情况下，"对更强的治理能力的需求，就很容易转化为对更强大权力的呼唤"（孙立平，2011：26）。尤其吊诡的是，权力可以通过重组市场因素，使自己更为强大。一些强化权力的过程甚至借助"社会建设"的名义推动和展开。

也就是说，在孙立平、郭于华等学者的分析中，中国的经济－政治结构不仅没有开辟出如西方自由主义、新自由主义的治理空间，反而加强了国家的总体性权力。解决方案很清楚：去除传统的"社会恐惧症"①，重建社会，形成对权力的有效制约，在此基础上，增强权力的治理能力和形成多元化的社会治理模式，最终，造就一个"政治、经济与社会相互制衡的结构体系"。所重建的社会，两个基本面向即公民社会和能动社会。其中，建立公民参与机制（包括信息披露制度、财政监督、重大立法决策的听证和辩论制度）是推动公民社会建设的保障；建立劳资博弈机制、保护劳资利益均衡，是建设能动社会的保障。然而，在总体性权力处于不断加强态势的预设下，独立的公民社会和能动社会如何真正建设起来，如何让大众转变为公众或公民，也就是说，重建社会的动力机制落在何处，这些仍然是悬而未决的问题。用福柯的语言来表达，即我们将怎样唤起一种"自由"，唤起一种既非权力又非抵抗的力？或许对中国的国家权力同样要进行如福柯的治理理论那样的思考。

张静（2001，2011）通过对国家政权建设以及乡村自治的研究，质疑中西学者在"国家政权建设"／"乡村自治"或者"官治"／"自治"的二元格局下所做的研究，进而追问，国家政权建设意味着什么，是单纯的管治和控制吗。实际上，它是国家新政治单位——治理角色和治理关系的制度（规则）改变问题。因此，国家政权建设的规范性含义是，国家在象征主权之外，还必须完成一种面向公共组织的性质转变，使自己成为提供公共产品、管理公共财物、为公共社会服务的组织。

---

① 按照孙立平、郭于华等（2010）学者的理解，社会恐惧症的根源在于对主体性社会的恐惧，即对独立于国家和市场、并能制约国家和市场的社会的恐惧；其主要表现是对社会主体性的怀疑、排斥和否定，以及把主体性社会误认为一种具有破坏性的威胁力量。对社会的恐惧不仅来自权力，而且来自大众。后者尤其值得注意，这种逃离公共领域、切断社会联系并自我封闭的心理病症，实际上是长期依赖单一权力、让权力包办一切的结果；反过来，大众的软弱和依赖让总体性权力不仅傲慢、僵化，且认为自身是社会稳定的必要条件，因而更加怀疑和否定社会自主性。这的确是福柯的治理理论未曾探索过的方面，而在大众消费和娱乐占据主流的今日中国，这种情形到处可见。

通过对华北西村的田野调查，张静发现，村民的"自治"无法归入"官治"／"自治"分类体系，有些问题上，村民甚至要求国家权力深入乡村。可以把这种情况与欧洲对比：欧洲的国家政权建设中，政治管辖权的扩张通过统一社会治理规则，强有力地约束了地方权威的权力；标准化、形式化、中立的公共服务体系，又推动税务体系的统一和推进，而税制、法制作为公共政权和公民之间的制度化联系，则进一步促进后者权利地位的变化。因此，中国的问题恰恰在于，近代"国家政权建设"仍未完成，而国家政权建设不仅仅意味着扩展国家的控制权力（打击割据性自治权力），更重要的是，它还意味着，通过强迫推行的新规则，规范各级政权本身的角色改变和治理规则的改变，使其成为真正意义上的公共机构——保护公民权利、提供公共产品和服务、管理公共财富。但是，以往研究当中，官治和自治的对立假设缺少规范性内涵。自治活动的理想，不应当仅仅局限于控制权竞争方面，应将目标放到确立新的公共治理原则上，并基于这些原则，在治理和被治理者之间，建设一种新的制度化关系方面（张静，2011：680）。

简言之，在张静的分析中，中国的国家政权建设仍然不足，不能有效保护公民权并促使后者实现，如果用福柯的治理理论思维来表达，即国家需要确立新的治理角色，创造公共空间和容纳自由的治理领域。而在朝向未来的社会治理问题上，张静的观点显然较孙立平等人的观点更为乐观，也与福柯的治理理论主张相对更加接近。

在对基层权力的研究方面，孙立平、郭于华（2011）通过对"订购粮收购"的研究发现，在人民公社解体、土地承包给农民后，国家在农村原有的强有力的总体性权力开始处于衰减之中，但这只是表面现象，基层政府官员在特定情境中会巧妙利用正式权力之外的本土性资源，由此强化了国家权力的资源，进一步强化了国家在农村中的权力。这恰恰印证了福柯的说法：总体化与个体化技术在现代西方治理框架中不仅并行不悖，而且可以巧妙结合。在另外一项考察国家权力如何渗透入市民家庭的研究中（朱健刚，2011），作者同样认为，国家/社会这一理论模式解释力十分有限，当前政府推动的社区建设也不是为了培育一个强大的与国家抗衡的社会，而更多是为了以更低的成本控制基层社会、实现社会稳定。因此，通过对街区中微观权力运作的考察，可以发现，总体权能随着城市本身的复杂化而膨胀，街区本身的公共空间也在扩展，这使得基层社会组织找到新的权力生长点，民间社会组织也有其生存空间。概括而言，城市基层社会、民间社会组织与政府之间并不绝对是一个完全对抗的关系，而还有可能是一个共生共长的、长期磨合的过程。这就为前面所说的"参与国家政权建设"、改变国家的治理结构打开了新的可能性。

作为一项宏观研究，渠敬东、周飞舟、应星（2011）对中国30年改革经验的社会学分析，可能是国内社会学者当中最贴近福柯的治理理论思路的分析。这篇分析论文的题目——《从总体支配到技术治理》已经指明，其分析框架在很大程度上参考了福柯的治理理论。从突破计划体制的农村和城市承包改革开始，中央的改革不再是通过"总体性支配"来实现工业化积累，而是通过调动、激发基层民众的活力来塑造新型的社会主义政治经济体制。然而，与承包改革同时并存的，还有双轨制的运行，这是中国渐进式改革的典型特征：计划经济仍然占据统治地位的背景下，国家既通过封闭存量来保护既得利益者，又通过发现和培育增量来催生市场和新生力量，进一步，又依靠市场和新生力量的持续发育，来逐步推进市场化改革（渠敬东、周飞舟、应星，2011：156）。但是，改革到了1988年中央取消"双轨制"、实行"物价闯关"，并导致通货膨胀和抢购风潮时，就已经充分表明，社会经济遇到的突出矛盾不是价格或宏观经济问题，而是二元体制的社会经济结构。1992年后开始的深化改革，即以一体化的市场体制来替代双轨制，以更明晰的产权制度来改革乡镇企业、国有企业。这次改革中，值得注意的有这几点：首先，仍然是由政府推动和主导的改革；其次，强调经济改革相对于其他改革的优先性，换言之，政治和意识形态并不能确保社会稳定，需要通过经济的快速增长和人民生活水平的提高来保障。由此出现"经济增长至上"和追求GDP增长速度的模式，以及财政上的分税制改革。这个遵循资本的逻辑展开的改革过程，导致了"三农"问题、城市化和农村剩余劳动力的流动、企业转制、出现大批下岗工人或"弱势群体"以及农村的解体等现象。

从2001年中国加入世界贸易组织（WTO）这一重大事件往后，改革进入了第三阶段，其显著特点是调整治理方式（并走向技术治理）以及行政的科层化。由于中国加入了全球化资本运作体系成为"世界工厂"，资本的重要性越来越突出，权力的寻租模式也就此改变，分配上的贫富差距加剧，社会阶层日趋固化，同时波兰尼意义上的"社会的反向性保护运动"始终没有成形，包括劳资冲突在内的各种社会矛盾逐渐突出。值得注意的是，这个阶段着手行政科层化与社会建设的改革，在治理理念的指导下，行政职能向公共服务转化，但是其具体技术手段则主要依托专项项目。公共服务"实质上正在变成以项目评估和项目管理为中心的治理体制"，这种项目式治理所体现的，仍然是经济竞争、运营的逻辑，更重要的是，由政府推行的这种经营性运作，会多方展开，从而侵蚀公共领域，将其逐渐产业化。但是在表面上，这种将公共领域的产业化又不完全按经济方式运作，而是通过更强大的技术治理的理性去运作并获得社会各方面（包括行政体制和民众本身）的认同（渠敬东、周飞舟、应星，2011：177）。从实施效果来看，行政科层化的技术治理虽然产生了合法化效应，但是，迷信量化数字管理、变相的市场化运作，背离了以人为本的治理理念；全面的技术治理导致大量行政支出和治理成本，使治理的负担转嫁到民众身上；治理的技术化和专家化使得这种治理只提供单一目标的理性设计方案，却远离具体的社会经验，由此，这种技术治理机制面临如下困境，即日渐庞大的行政体系如何避免臃肿、低效和形式化，同时让自己具备鲜活的经验之源，与社会基层能够恰当融合。换言之，落到中国的治理实践上，福柯的理论面临解释上的更大的困难，中国的历史与现实的复杂性需要更深的探讨；而是否有可能，以及如何使得中国的治理模式如西方治理经验那样，将总体化技术与个体化技术巧妙结合（同时又始终保持内在张力），仍是一个有待深入探索的问题。

　　正如有学者在评论福柯的癫狂、监狱研究时所指出的，监狱的历史是一部失败和错误的历史，而福柯以精彩的分析揭示出，恰恰是这些失败和错误，西方的规训技术才会不断磨砺并反复改进，无论在理论上还是在方法上，这项技术都在逐步完善（李猛，2010）。如果把眼光扩展到福柯晚期重点思考的治理理性、治理技术，会发现福柯的思考风格是一以贯之的：从身体到人口，同样有各种技术的试错以及相互交织，同样有治理理性下各种权力关系中沉默者的无休止的反抗；福柯通过复杂的治理术分析，向我们阐明西方历史发展的根本动力，即西方政治理性中的悖论和秘密。无疑，这种阐明对于我们思考中国的政治理性，从而直面我们自身的历史命运，找到"同样与历史抗争的力量"，面对"历史实验自由的力量"，具有不可忽视的参考价值和启发意义。

参考文献

Afary, J. , K. B. Anderson. 2005. *Foucault and the Iranian Revolution*：*Gender and the Seductions of Islamism.* Chicago：The University of Chicago Press.

Agamben, G. 2011. *The Kingdom and the Glory*：*For a Theological Genealogy of Economy and Government*（trans. L. Chiesa）. Stanford, California：Stanford University Press.

Barry, A. , T. Osborne, N. Rose（eds.）. 1996. *Foucault and Political Reason*：*Liberalism*, *Neo – liberalism and Rationalities of Government.* Chicago：The University of Chicago Press.

Burchell, G. , C. Gordon, P. Miller（eds.）. 1991. *The Foucault Effect*：*Studies in Governmentality.* Chicago：The University of Chicago Press.

Dreyfus, H. L. , Rabinow, P. 1983. *Michel Foucault*：*Beyond Structuralism and Hermeneutics.* Chicago：Chicago University Press.

Dürrenmatt, Friedrich. 2006. *Selected Writings*, Volume 3：*Essays*（trans. Joel Agee）. Chicago：The University of Chicago Press.

Foucault, M. 1980. "The Politics of Health in the 18th Century," in *Power/Knowledge*：*Selected Interviews and Other Writings*, C. Gordon（ed.）. New York：Pantheon Books.

Foucault, M. 1984. *The Foucault Reader*, Paul Rabinow（ed.）. New York：Pantheon Books.

Foucault, M. 1986. *The Care of Pleasure*（Vol. 3 of *The History of Sexuality*）. New York：Pantheon Books.

Foucault, M. 1991a. "Governmentality," in *The Foucault Effect*：*Studies in Governmentality.* Burchell, G. , C. Gordon, P. Miller（eds）. Chicago：The University of Chicago Press.

Foucault, M. 1991b. *Remarks on Marx*, *Conversations with Duccio Trombadori.* New York：Semiotext（e）.

Foucault, M. 1996a. "An Ethics of Pleasure," in *Foucault Live*：*Collected Interviews*, *1961 – 1984*, S. Lotringer（ed.）. New York：Semiotext（e）.

Foucault, M. 1996b. "Clarifications on the Question of Power," in *Foucault Live*：*Col-*

lected Interviews, *1961 – 1984*, S. Lotringer（ed.）. New Yorker：Semiotext（e）.

Foucault, M. 1997. *Essential Works of Foucault：Ethic, Subjectivity, Truth*, Vol. 1. Paul Rabinow（ed.）.（trans. Robert Hurley and others）. New York：The New Press.

Foucault, M. 2001. *Fearless Speech*, Joseph Pearson（ed.）. Los Angeles, CA：Semiotext（e）.

Foucault, M. 2010. *The Government of Self and Others*（trans. Graham Burchell）. Palgrave Macmillan.

Gordon, C. 1991. "Gouernmental Rationality," in *The Foucault Effect：Studies in Govermentality*, Burchell, G., C. Gordon, P. Miller（eds.）. Chicago：The University of Chicago Press.

Lazzarato, M. 2009. "Grasping the Political in the Event：Interview with Maurizio Lazzarato," in *Inflexions：A Journal for Research – Creation*, No. 3, October 2009.

Lazzarato, M. 2011. *The Making of the Indebted Man*. New Yorker：Semiotext（e）.

Lazzarato, M. From Biopower to Biopolitics（trans. Ivan A. Ramirez）. Online resource：http：//www. generation – online. org/c/fcbiopolitics. htm.

Lemke, T. 2012. *Foucault, Governmentality, and Critique*. Boulder：Paradigm Publishers.

Mansfield, H. C., D. Winthrop. 2000. "Editor's Introduction," in *Democracy in America*. Chicago：The University of Chicago Press.

Rabinow, P. 1984. "Introduction," in *The Foucault Reader*. New York：Pantheon Books.

埃里蓬·迪迪埃，1997，《权力与反抗——米歇尔·福柯传》，谢强、马月译，北京大学出版社。

丹尼尔·埃尔顿，2012，《伊斯兰在伊朗》，《伊斯兰评论》秋季刊总第 2 期。

L. 德赖弗斯，P. 拉比诺，1992，《超越结构主义与解释学》，光明日报出版社。

米歇尔·福柯，1997，《权力的眼睛——福柯访谈录》，严锋译，上海人民出版社。

米歇尔·福柯，2010，《安全、领土与人口》，钱翰、陈晓径译，上海人民出版社。

米歇尔·福柯，2011，《生命政治的诞生》，莫伟民、赵伟译，上海人民出版社。

艾伯特·奥·赫希曼，《欲望与利益：资本主义走向胜利前的政治争论》，李新华、朱进东译，上海文艺出版社。

M. 库特·杰拉德，2010，《英国历史经济学：1870—1926——经济史学科的兴起与新重商主义》，乔吉燕译，中国人民大学出版社。

拉吉罗·圭多·德，2001，《欧洲自由主义史》，杨军译，吉林人民出版社。

李猛，2010，《那些沉默者的历史——从〈疯癫与文明〉到〈规训与惩罚〉》，"共识网"，网页地址：http://www.21ccom.net/articles/sxpl/sx/article_2010101521956.html。

李强，1998，《自由主义》，中国社会科学出版社。

李强，2002，《自由主义与中国政治》，《东亚现代性的曲折与展开》，贺照田主编，吉林人民出版社。

李强，2012，《历史地、全面地研究新自由主义》，《当代世界与社会主义》。

林国华，2005，《埃涅阿斯的幻梦与帝国的自由技艺》，《诗歌与历史：政治哲学的古典风格》，上海三联书店。

陆学艺，2010，《当代中国社会结构与社会建设》，《北京工业大学学报》（社会科学版）第6期。

米勒·詹姆斯，2003，《福柯的生死爱欲》，高毅译，上海人民出版社。

缪拉·伊奈丝，2012，《科尔贝——法国重商主义之父》，梅俊杰译，上海远东出版社。

莫内·皮埃尔，2004，《自由主义思想文化史》，曹海军译，吉林人民出版社。

莫伟民，2009，《福柯与政治想象力》，《哲学动态》第5期。

莫伟民，2011a，《管治：从身体到人口——福柯管治思想研究》，《学术月刊》第7期。

莫伟民，2011b，《权力拯救灵魂？——福柯牧领权力思想探析》，《复旦学报》第5期。

莫伟民，2011c，《另一种政治哲学：福柯的"生命政治"》，《领导科学》第23期。

莫伟民，2012a，《福柯与自由主义：作为意识形态抑或治理技艺？》，《哲学研究》第10期。

莫伟民，2012b，《使治理正当和合理的原则和方法——福柯视野中的自由主义和新自由主义》，《学术月刊》第11期。

莫伟民，2013，《从国家到自然现实：福柯论治理理由的转型及其与马克思思想的歧异》，《复旦学报》第1期。

穆勒·约翰，2008，《功利主义》，徐大建译，上海人民出版社。

乔姆斯基·诺阿姆、福柯·米歇尔，2012，《乔姆斯基、福柯论辩录》，方斯·厄尔德斯编，刘玉红译，漓江出版社。

尼采，1992，《论道德的谱系》，周红译，三联书店。

渠敬东、周飞舟、应星，2011，《从总体支配到技术治理——基于中国30年改革经验的社会学分析》，《中国社会学文选》（上册），应星等主编，中国人民大学出版社。

斯金纳·昆廷，2003，《自由主义之前的自由》，李宏图译，上海三联书店。

孙立平，2011，《社会建设与社会进步》，《中国社会建设与社会管理：对话·争鸣》，陆学艺主编，社会科学文献出版社。

孙立平、郭于华，2011，《"软硬兼施"：正式权力非正式运作的过程分析——华北B镇定购粮收购的个案研究》，《中国社会学文选》（下册），应星等主编，中国人民大学出版社。

孙立平、郭于华等，2010，《走向社会重建之路》，《战略与管理》第9/10期。

沃勒斯坦·伊曼纽尔，2001，《否思社会科学：19世纪范式的局限》，《反市场的资本主义》，许宝强、渠敬东选编，中央编译出版社。

沃特金斯·弗雷德里克，2006，《西方政治传统：近代自由主义之发展》，李丰斌译，新星出版社。

于治中，2001，《五月的吊诡》，《法国1968：终结的开始》，夸特罗其·奈仁著，赵刚译，三联书店。

张静，2001，《国家政权建设和乡村自治单位：问题与回顾》，《开放时代》第10期。

张静，2011，《村庄自治与国家政权建设——华北西村案例分析》，《中国社会学文选》（下册），应星等主编，中国人民大学出版社。

朱健刚，2011，《国家、权力与街区空间——当代中国街区权力研究导论》，《中国社会学文选》（下册），应星等主编，中国人民大学出版社。

朱学勤，1994，《道德理想国的覆灭》，上海三联书店。

第三编

市民社会理论与社会建设

在马克思的社会理论中，"市民社会"（德语 zivilgesellschaft，英语 civil society）作为一种基本的社会建构，也是理解资产阶级兴起和现代社会形成的重要理论。在马克思看来，"过去一切历史阶段上受生产力所制约、同时也制约生产力的交往形式，就是市民社会"；"市民社会包括各个个人在生产力发展的一定阶段上的一切物质交往"（马克思、恩格斯，1972：41）。而从其近现代的意义来看，"'市民社会'这一用语是在十八世纪产生的，当时财产关系已经摆脱了古代的和中世纪的共同体。真正的资产阶级社会只是随同资产阶级发展起来的；但是这一名称始终标志着直接从生产和交往中发展起来的社会组织，这种社会组织在一切时代都构成国家的基础以及任何其他的观念的上层建筑的基础"（马克思、恩格斯，1972：41 - 43）。因此，"从直接生活的物质生产出发来考察现实的生产过程，并把与该生产方式相联系的、它所产生的交往形式，即各个不同阶段上的市民社会，理解为整个历史的基础"（马克思、恩格斯，1972：41 - 43）。换言之，市民社会作为一定历史条件和生产力水平下的经济社会交往形式，它的存在"始终标志着直接从生产和交往中发展起来的社会组织，这种社会组织在一切时代都构成国家的基础以及任何其他的观念的上层建筑的基础"（马克思、恩格斯，1972：41 - 42），因而市民社会是与现实的生产过程和生产方式相联系并由它所产生的经济社会交往形式。

从以上马克思的论述中我们可以看出，市民社会是一定历史条件下的社会交往形式和社会组织基础，是和现代社会的经济、政治组织密切相连而又具有自己独特意义的社会范畴。对于现代民族国家而言，经济社会的有序运行离不开国家管理、经济活动和市民社会三种主体之间的良性互动。而通过市民社会的理论来探讨现代社会的协调、有序发展，就构成了社会治理和社会建设不可或缺的组成部分。

现代市民社会作为社会建设的微观维度与重要载体，其主体是各类社会组织。但是市民社会的概念不是一个单纯的组织概念，它可以既被看作一系列组织机构，又可以被看作一种现代社会价值观念。在一个国家宪法和法律有效规制之下发展并运行的社会组织，是作为权利主体和责任主体的公民为实现某种意愿和利益而自愿结成的人群、组织和社团。它们不仅体现着现代社会的团结、合作、共享和担当的信念和价值追求，而且通过社会团体、基金会、志愿组织或者非政府组织、非营利性组织、第三部门等多样而复杂的具体形式，参与到社会治理的过程中，并在其中发挥着社会自组织的作用。当然，这里必须明确，社会组织或市民社会作为一种社会权力，是一种不同于国家权力和市场权力的社会构造。它形成了政府和市场之外的第三种主体性力量，通过与前两种主体之间的合作互动，发挥着弥补市场失灵和政府局限的作用。因而，在研究现代社会的构造和运行秩序的社会理论中，市民社会或社会组织的研究，对揭示社会有序和谐的机制，发现社会建设的路径与方法，构建有序社会，具有重要的理论价值和实践意义。

对于正处在全面转型的中国社会来说，在构建和谐社会和全面小康社会建设的宏观战略背景之下，开展社会组织建设其实是提升社会自组织建设的水平，建设社会自我调节机制，提升社会自我调节能力与水平的问题；也是通过推进社会秩序建设或者重建社会秩序，以规范社会交往行为、规范社会成员行为，进而促进社会关系和谐，实现社会有序和谐发展的战略要求。然而，在中国语境下讨论社会秩序重建、社会有序发展、社会组织建设、社会自组织能力、社会自我调节机制建立等有关市民社会的理论问题，必须要注意区分不同语义上的概念，尤其要注意将市民社会与公民社会进行混淆，用某种意识形态化的所谓"普世价值"来解读社会建设中理论问题的偏向。从构建和谐有序社会的中国国情和时代要求出发，将社会组织建设与市民社会的培育结合起来，探索社会组织在推进市民社会发展，推动社会治理创新，实现社会的自组织和有序化发展的路径与方法，就构成本编的主要任务。

第十章

市民社会的思想渊源与理论发展

　　无论基于国家－社会的二分法，还是政府－市场－社会的三分法，于20世纪80年代以来再度流行并成为学界热门话题的现代市民社会研究，其大的国际社会背景是社会民主化、阶层利益分化和文化多元化。此间福利国家危机话语的蔓延与泛滥，不仅是在新政治经济背景之下对国家与社会关系的再度思考，还是对二战后政府干预经济社会、已有社会福利共识的某种反动，甚至是试图重塑这种关系的一种尝试性思考。而东欧的一些激进学者对现实社会的批判和对理想社会的阐发，以及横扫苏联和东欧地区的政治变革，更是对其起到了推波助澜之功效。仅就出现在中国大陆的市民社会的研究进展情况来看，其兴起和发展是改革开放的推进、社会现实关怀的反映和学术发展的需要等因素共同促成的结果。

　　自20世纪80年代以来，市民社会概念就逐渐融入西方主流派的知识话语体系之中，进入90年代以后，市民社会研究热潮更是从西方和苏联东欧学术界扩展到世界的其他地区，形成了对当代世界产生重要影响的社会政治思潮之一。关于市民社会的理论建构问题，也就是在这样的时代条件下，以三分法为基础的市民社会定义逐渐为大多数学者所接受。

　　在这个过程中，关于市民社会的研究存在的理论和行动等两种不同旨趣的取向，既各自沿着不同的逻辑展开，又相互影响而形成潮流。其中，市民社会理论家主要是在政治哲学的层面上进行规范性研究，而兴起于20世纪70~80年代以非政府组织、非营利组织、草根社会组织等为对象的第三部门研究则偏重于从组织理论和行政管理理论的角度加以展开。起初这两个研究领域的关系也并不密切。进入 90 年代以后，这种情况才发生了较大改观，市民社会研究也逐步转向从政治社会学的角度对作为一种社会实体的市民社会进行实证研究，而第三部门研究者也开始关注诸如非政府组织或非营利组织的作用及其与国家和市场的关系等更加一般性的理论问题。因为双方有了某些契合点，所以出现了逐渐合流的趋势（何增科，2000：1 - 3）。但也出现了像约翰·霍尔指出的那种情况，由于市民社会理论概念的复杂性问题——既是一种社会价值又是一系列社会机构，在某些研究成果中甚至是两层含义兼有，甚至是相互混用等混乱局面（何增科，2000：21）。因而，阐述有关市民社会的概念及其理论内涵，澄清语义与实践中的混乱，就成为开展有关市民社会讨论的基础工作，也成为本章探讨的出发点。

一 市民社会理论的概念辨析

作为理论概念和研究对象的 Civil Society 被译为公民社会和市民社会，civil 作为无比较级的形容词，在英汉词典中包含了："1. 公民的，平民的；非军事的；非宗教的；国民间的；民用的；2. 民事的；根据民法的；3. 文明的；有礼貌的；客气的；郑重的。"由于其再度兴起的特殊社会历史背景，Civil Society 还被特指"民权社会［反对垄断性国家权力的东欧基层压力集团］"（2001：171，172）。这里，其阐述已经充斥了西方主流的政治话语和意识形态的特殊理解和双重标准。在另一本英汉词典中，civil 含有："1. 公民的，市民的；2. 社会的，国内的；3. （与军人和圣职者相区别的）一般平民的，民间的，世俗的，文职的；4. 有教养的，文明的，开化的；5. 有礼貌的，客气的；6. 历法规定的，民用的；7. ［法律］民事的，根据民法的，法律规定的"，而 Civil Society 则被理解为"（东欧各国反对垄断性国家权力的）民权社会，民革社会，民权或民革组织，国民社团"（李华驹，2002：463）。中国台湾的学者在诠释 Civil Society 的含义时，也存在着不同的理解与使用。有的学者将其译为中性化的"民间社会"，而有的则从岛内政治斗争的需要来使用，把 Civil Society 看作与执政者抗争对立的意识形态武器，如自下而上推动政治民主、社会抗争与社会运动的民主过程，甚至用来进行党派斗争，反对执政的国民党，为自己争取民意支持进行合法性论证的政治工具，使这个概念在实践上具有了民反官、民间对抗国家，反国民党、孤立国民党等方面的含义（李华驹，2002：463）。

这些用词与解释说明，"市民社会"作为现代社会政治广泛使用的概念，它不仅受到特定社会环境中的人在理解解释上的局限的影响，也受到人们所持社会政治信念和意识形态偏好的影响。不过，以上所列举的对Civil Society 的理解，只是关于市民社会的一个狭隘方面，绝非其全部，而其中存在的政治需要和意识形态倾向，却透露出这些理解各自不同的思想选择性。

由于公民社会和市民社会均译自 Civil Society，容易产生混淆。这里有必要回顾一下现代汉语词典和辞书中对市民与公民的解释，"［市民］城市居民"，"［公民］具有或取得某国国籍，并根据该国法律规定享有权利和承担义务的人"（《现代汉语词典》增补本，2002：1152，463）。公民是"具有一国国籍的人。享有宪法和法律规定的权利，同时履行宪法和法律规定的义务。在历史上，'公民'曾有不同的涵义，现在通行的涵义始于17 ~ 18 世纪欧洲资产阶级革命时期"。市民指"①在古罗马，指享有公民权的罗马人，以别于没有公民权的外来移民。②在中世纪，因商品交换的迅速发展和城市的出现而形成。包括手工业者和商人等。反对封建领主，要求改革社会经济制度。在 17、18 世纪，随着资本主义生产方式的形成和发展，市民逐渐分化为资产阶级、无产阶级、小资产阶级和城市贫民。③泛指住在城市的本国公民"。市民社会指"社会中的财产关系和经济关系。在 18 世纪是由资产阶级学者提出，与表示国家政治法律关系的'政治社会'相对"（夏征农，1999：1164，3314，3315）。基于词典和辞海的解释，在当今的汉语语境中，把 Civil Society 译为市民社会，不采用东欧社会经验的狭隘理解和解释，用于指称那些在遵循宪法和法律框架之下，既是权利主体又是义务和责任主体，主张某种价值或是结成某种社会组织、社会机构的社会存在，可能会更为恰当一些。而被称为第三部门、民间组织、非政府部门、非营利组织等的社会组织是其主体，也可能是某种价值和机构这两者的较好结合形式。但需要说明两点：一是非营利组织的主要目的不是营利，但并不等于说它们不可能和不可以赢利；二是在中国的社会情形里，结合美国第三部门学者莱斯特·萨拉蒙等人的研究界定，民族、政党和宗教组织应该排除在社会组织与市民社会的指称之外。

政治学者俞可平则认为：市民社会是一个褒义的称谓，强调公民对社会政治生活的参与和对国家权力的监督和制约（俞可平，1999：107）。我们赞同公民不仅是享有权利的主体，也是承担责任、义务的主体，只有权利、责任与义务的享有和担当，才是公民。市民社会作为理论概念，其复杂性也在于它既是一种社会价值主张，又是一系列社会机构设置或社会组织（何增科，2000：21）。

鉴于市民社会作为一个历史性的理论概念，具有特殊的复杂性和较大的含混性，而历史性概念可能并没有更好的定义，有的只是历史，因其内容可能具有个体性与独特性，而不能简单地按照"属加种差"的方式来进行界定或者定义，而只能把"从历史实在中抽取出来的个别部分构成为整体"，所以"不是要以抽象的普遍公式来把握历史实在，而是要以具体发生着的各组关系来把握"其"个体性特征"，也就是只能对其进行某种"暂时性的描述"（韦伯，1987：32－33；卡琳内斯库，2002：2）。国内学者对市民社会的思想渊源和理论发展多是零星的提及，而没有对其进行较为系统的总结。基于此，有必要追溯其思想渊源并做进一步总结，探讨其理论发展，增进对市民社会的整体性理解。

二　市民社会的思想渊源

"古典市民社会理论家往往把政治社会与公民社会等同起来"，在市民社会、政治社会和文明社会之间没有做出明确的区分。古希腊罗马学者还用市民社会来描述城邦生活的状况，在亚里士多德描述的"伦理－政治共同体"中，只是在排除了奴隶、妇女、外邦人以后的少数人才享有市民（公民）权利。西塞罗是"同时在市民社会、政治社会和文明社会三重意义上使用这一概念的典型理论代表"。随着基督教在罗马帝国的散播，市民社会研究的注意力从"作为一种文明社会的城邦或共和国转向教会与国家的关系，试图解决这二者各自的权限问题"。由于教会理论家和帝国理论家各自为教权和王权辩护，原来意义上的市民社会概念被"弃而不用"。

到 13 世纪，情况发生了变化；14 世纪则重新使用市民社会，但"内容没有超出亚里士多德以及西塞罗赋予此词的含义"（何增科，1994）。

以国家和社会二元划分为基础的近代市民社会概念出现于 17 世纪到 19 世纪，是欧美资产阶级反对专制主义国家和重商主义国家、捍卫个人自由和权利，以及从哲学层面批判现实的武器。基于对社会经济生活可以通过自由市场机制进行自我调节而无须国家干预的假定，认为日益膨胀的国家权力和机构会对个人自由和权利构成威胁。因其把握住了市场化和民主化的世界潮流，而得以流行。

在近代西欧，以规范干预经济为特征的重商主义国家和以绝对的、不受制约的权力为特征的专制主义国家日益成为经济发展和政治民主的桎梏。以反对重商主义和专制主义国家为己任的近代市民社会理论应运而生。虽然亚当·斯密没有明确使用"市民社会"这个术语，却对之做了较完整的描述，甚至把它看作商业社会独有的一种文明（何增科，2007：83 - 96）。而在《市民社会的历史》中，更只是指一种比部落大且不同于部落的、较少野蛮生活方式的社会，以艺术和文学陶冶精神的社会，是城市生活和商业活动繁荣的社会，是多元的在家庭之外的未被纳入国家之中的私人活动的社会（邓正来等，1998：34）。但市民社会的轮廓，由于德国对"乡民"观念的浪漫催生而变得更加清晰起来，"乡民"社会被认为是完全与市场对立的一个狭小的、受传统与历史支配的地方性社会，是基于"身份"统制状态而存在的社会（邓正来等，2007：34 - 35）。

尽管有了这些认识，但还不足以帮助我们更为深入和全面地理解现代市民社会，所以还需要结合卢梭、洛克、康德、黑格尔、托克维尔、潘恩和马克思的观点，进一步考察国家与社会的关系。

卢梭阐述了人类由自然状态进入社会状态的变化，以及行动被赋予"前所未有的道德性"，"唯有当义务的呼声代替了生理的冲动，权利代替了嗜欲的时候"，人才不得不按照另外的原则行事，并诉诸自己的理性。通过"社会公约"赋予政治体支配各个成员的绝对权力，在公民之间确立一种平等关系，进而使得政治结合是"为了它的成员的生存和繁荣"（卢梭，2003：25，37，107）。这是自然状态与社会状态的区分。

洛克认为：虽然人们生来就享有同世界上其他任何人或许多人相等的

完全的自然权利，但是，如果政治社会不再具有保护财物和处罚犯罪行为的权力，就不成其为政治社会，也不能继续存在；真正的和唯一的政治社会是每个成员都放弃自然权力，交由处理纠纷和处罚罪犯的司法机关去处理。"因此，在任何地方，不论多少人这样地结合成一个社会，从而人人放弃其自然法的执行权而把它交给公众，在那里也只有在那里才有一个政治的或公民的社会。其形成的情形是：处在自然状态中的任何数量的人们，进入社会以组成一个民族、一个国家，置于一个有最高统治权的政府之下；不然就是任何人自己加入并参加一个已经成立的政府。"（洛克，1987：54）这属于市民社会先于或外于国家的理论观点。

康德基于自然状态、法律状态和文明状态的区分，指出人只有在法律状态下"方能获及他所应得的权利"，分享权利的可能性的有效原则就是"公共正义"——保护、交换和分配的正义，因而，无法律状态是一种没有分配正义的自然状态。与自然状态相对的是文明状态，进而"自然的或无法律的社会状态，可以看作是个人权利（私法）的状态，而文明的社会状态可以特别地看作是公共权利（公法）的状态"。但"严格地说，这个文明的联合体不宜称之为社会。……与其被看作是一个社会，毋宁把它看作是正在形成一个社会"（康德，2005：131－133）。这也属于自然状态与社会状态的区分。

黑格尔明确指出了国家与市民社会的区别、联系和对立。"如果把国家同市民社会混淆起来，而把它的使命规定为保证和保护所有权和个人自由，那么单个人本身的利益就成为这些人结合的最后目的。由此产生的结果是，成为国家成员的任意的事。但是国家对个人的关系，完全不是这样。"（黑格尔，2009：253－254）而在《历史哲学》（引言）中，他进一步指出："社会和国家正是自由实现的必不可少的条件。"（莫蒂默·艾德勒，查尔斯·范多，1988：845）虽然它们两者互相依赖，甚至市民社会可以是部分地独立于国家的社会生活领域，但国家依然是高于市民社会的存在，市民社会属于国家权力认可、释放和建构的空间。

托克维尔关于市民社会的思想主要体现在其《论美国的民主》（下册）里，基于对民主国家中公民互助、行动能力和拥有力量的思考，他提出组成联合体与独立精神、公民联合与解决日常事务、联合体与公民扩大视野

和心灵、社会文明进步与联合体、政治联合体与民主自由、政治联合体与
繁荣稳定的关系。正如朱世达等人在研究美国市民社会时所引用的托克维
尔的观点，"在美国，人们将共同追求共同的愿望的实践提高到完美的高
度，并使它服务于众多的目的。在民主国家中，如果公民不互相帮助，他
们便将毫无力量；如果公民们没有权利为了政治的目的而组成联合体，那
么，他们便没有独立精神可言。从另一个角度来说，如果他们从没有在日
常生活中组成联合体的习性，那他们的文明便很成问题。政治权利从来就
不能越俎代庖，替代美国公民日常进行的无数细小的事务，这些细小的事
务应该由公民组成的联合体来完成。公民只有通过在联合体中相互影响才
能扩大视野和心灵。政府不应该超越它的政治范围，不应该是唯一的有活
力的权力机构，联合体取代贵族时代强而有力的个人的地位而成为社会中
有活力的因素。社会进步有赖于联合体，联合体使人类生活更为文明"。
同时，"'美国人通过享用危险的自由而学会将危险的自由变得不那么可
怕。'从一个国家的某一时期来说，人们将非常容易证明政治联合体使国
家处于动乱之中，破坏生产活动，但如果从一个国家的整个历史来看，例
如美国，也可以容易地证明在政治事务中结社的自由有利于经济繁荣，甚
至有利于社会稳定"（朱世达等，2005：6－8）。这里，不仅阐明了社会组
织与经济繁荣、社会稳定的两种可能关系，还可以视为市民社会与国家共
生共强的理论观点。

　　潘恩则是基于"最小限度国家"的理论预设，认为"社会有时应为
保护自己而对抗国家，可以视为早期现代在限制国家权力以有利于市民
社会的关注方面迈出的最初的但却具有决定性的一步"（邓正来等，1998：
109－110）。在《人的权利》中，潘恩提出了一种无政府主义的自由主义，
把国家视为一种必要的邪恶，把自然社会视为一种绝对合理的存在状态。
国家的合法性基于为了公共利益的社会的权力委托，因而对限制国家权力
给予了最大关注，赋予了市民社会以最大限度的合法性（朱世达等，
2005：30－31）。毋庸讳言，如果罔顾其思想所产生的政治社会历史背景，
将其泛化使用，这种观点天生带有某种绝对性或片面性。

　　马克思和恩格斯在《德意志意识形态》中使用了"市民社会"概念。
在揭示资产阶级产生同现代国家及法律的关系时指出："由于私有制摆脱

了共同体，国家获得了和市民社会并列的并且在市民社会之外的独立存在；实际上国家不外是资产者为了在国内外相互保障自己的财产和利益所必然要采取的一种组织形式。……现代国家的最完善的例子就是北美。"他们还论述了"国家是属于统治阶级的各个个人借以实现其共同利益的形式，是该时代的整个市民社会获得集中表现的形式"（马克思、恩格斯，1972：69）。马克思在《黑格尔国家学说批判》中揭示了市民社会是一定历史条件的产物并强调指出：在古希腊和欧洲中世纪时期，国家与市民社会的分离较小，而在资本主义条件下国家为保护私有制而强化其功能，日益同市民社会相脱离（奇尔科特，1998：202 - 205）。另外，马克思和恩格斯还将市民社会视为："始终标志着直接从生产和交往中发展起来的社会组织，这种社会组织在一切时代都构成国家的基础以及任何其他的观念的上层建筑的基础"，作为历史基础并表现为不同历史发展阶段上的市民社会，是与现实的"生产过程"和"生产方式"相联系并由它所产生的"交往形式"（马克思、恩格斯，1972：41 - 42，43）。进而言之，作为一定时代条件下的社会组织或市民社会交往形式，在现代民族国家当中的存在，可能已不再是简单的有和无的问题，而是其存在空间有别、能力强弱有异的问题，或者在何种程度上被现代民族国家吸收的问题。由此，形成了强国家强社会的共生共强形态，抑或是弱国家强社会的形态，再或者是强国家弱社会的形态，等等。

何增科的研究则认为（何增科，2000：21），从洛克到托克维尔等人看到了国家存在压制人类的自由和权力的危险，主张保持一个活跃的、警觉的、强有力的市民社会，通过各种民间社团来制衡国家权力和政府机构的膨胀，扩大市民社会的自治范围，缩小国家的活动范围。但是，在他们那里，市民社会都被绝对地理想化了，国家干预的必要性和积极作用也被置而不论了。另外，由于托马斯·潘恩面对的是一个专制主义和干预主义的殖民政权，即大英帝国在北美的殖民政府，其理论是为反抗的合法性提供辩护的，因而积极倡导市民社会对抗国家。黑格尔和马克思看清了市民社会内部的私利角逐、矛盾冲突，以及剥削、压迫、不平等等多种问题，因而强调市民社会从属于国家，国家调停市民社会内部冲突并解决其无力解决的问题，指出了国家干预是必不可少的存在。

这些从不同侧面——如理性、权力与权利，法律与正义，自由实现，公民精神培养和公民互助与行动能力，社会文明进步，国家繁荣稳定，民主自由、公共利益和公共治理等方面——对市民社会（国家与社会关系）的认识，从某种程度上可以大致归类为对抗国家、制衡国家、参与国家事务、共生共强等四种类型。这为现代市民社会理论的发展提供了较为丰富的思考路径，后者在批判继承已有成果的基础上获得了进一步的发展。

三　市民社会的理论发展

关于现代市民社会的理论发展，我们主要结合哈贝马斯、葛兰西、波兰尼（也译为波拉尼）、吉登斯、布洛维和福柯的相关论述，做简括的回顾。

虽然市民社会的思想源远流长，但纵观市民社会"这个问题的争论的历史，依我所见，市民社会所涉及的内容及其所指的准确对象并未得到严格界定。这个任务只是经由尤根·哈贝马斯以及其他20世纪晚期的历史学家所做出的重建性努力才得以完成"（邓正来等，1998：404）。哈贝马斯把市民社会与"公域"或"公共领域"联系起来，并定义说"资产阶级公域可以首先被看作是私人身份的人们作为公众聚集一起的领域"（邓正来等，1999：151）。在另一篇文章中，哈贝马斯做了这样的阐释："所谓'公共领域'，我们首先意指我们的社会生活的一个领域，在这个领域中，像公共意见这样的事物能够形成。公共领域原则上向所有公民开放。公共领域的一部分由各种对话构成，在这些对话中，作为私人的人们来到一起，形成了公众。""当他们在不从属于强制的情况下处理普遍利益问题时，公民们作为一个群体来行动，因此，这种行动具有这样的保障，即他们可以自由地集合和组合，可以自由地表达和公开他们的意见。"而"'公共意见'这一词汇涉及有组织的国家权力的批评和控制的功能，这种功能是在定期的选举时期由公众完成的"（哈贝马斯，1997）。哈贝马斯甚至认为，公共领域和公共意见的概念直到18世纪才真正形成。哈贝马斯在《交往行为理论》中还借助"沟通性互动"，论述了意义丧失和自由丧失的问题来沟通理性理论的两个极："一个极是一组合法的洛克式或康德式自然法实践；另一个极是理论的，特别是社会运动的实际运用。于是，市民社会在哈贝马斯的理论中就成了沟通性行为的领域。"（哈贝马斯，2004：327－336）而美国的阿拉托（Andrew Arato）和科恩（Jean Cohen）提出的新社会运动理论，尝试以"沟通性互动"思想和"商谈伦理"作为现代市民社会的指导原则，主张把新社会运动的诉求体制化。但正如托马斯·卡罗瑟尔斯（Thomas Carothers）在 1999 年 12 月《外交政策》上的看法，"市民社会并不是仅仅包含高贵的目的。它是包容好的和坏的、高贵的和卑贱的目的的场所。如果认为市民社会仅仅是为高贵的公共利益而斗争的形式，就是一种神学的观点。而不是政治的或社会学的观点"（朱世达，2005：121－122）。这已经清晰地提醒我们：无论是盲目地将市民社会神圣化，还是简单粗暴地将市民社会妖魔化，其实都不是科学的和理性的态度。同样的，对待社会组织的培育发展和管理监督等问题，亦应是辩证地加以审视。

葛兰西更加强调市民社会的文化方面，他把上层建筑分为政治社会和市民社会两大领域或范畴，"其一可称为'市民社会'，这一般被称为'私人性的'各种有机体之总和，其二则是'政治社会'或'国家'。这两个层次一方面相应'领导权'的功能，统治集团用以在整个社会行使这种统治权，另一方面则相应于直接统治或统帅的功能，统治集团通过国家或法治政府行使统治"，"也就是说，现代国家等于政治社会加市民社会"（孙晶，2004：20）。他是在特定的含义上使用市民社会这一概念的，具体"指的是同制定和传播统治阶级意识形态有关的一切私人的或民间机构的总称"，统治的形式又可以包括"强制和同意或曰统治和领导权"，进而言之，政治社会除了作为强制性机构外，"统治阶级主要通过市民社会机构创建和传播本阶级的世界观以及对被统治者进行'精神和道德领导'"（何增科，1993）。换而言之，这种霸权（领导权）理论或者说是道德（精神）学说提示：一个阶级或团体的支配地位可以靠把表现形式多样的世界观或意识形态渗透到日常生活当中，从而实现统治或领导，而具有自由和权利的公民组成的群体和组织构成的市民社会，是在政府系统、市场系统和两者之外的民间组织和民间关系的总和。当然，葛兰西也指出了东西方社会中存在的差异：在东方，市民社会处于未成形阶段；在西方，国家与市民社会之间存在的是调整了的相互关系（葛兰西，1983：180）。这提示我们，在探讨市民社会时需要高度注意三个维度：一是国家与市民社会之间存在着一定形式的互动关系，协调政府系统、市场系统和市民社会（社会组织）的良性互动，是现代社会治理的现实需要；二是要积极建立适合本国国情的社会组织或市民社会的话语权和话语体系；三是在具体运用时要做具体分析，因为国家与社会关系是一种动态调整关系。

卡尔·波兰尼在对经济史和社会理论的经典分析中指出，在19世纪之前的人类经济一直是"嵌入"社会生活中的（而非经济学理论所说的那样是自足的），甚至是从属于政治、宗教和社会关系的，也就是说经济制度是被嵌入整个社会关系之中而得以存在和发展的，市场甚至仅仅是"经济生活中的附属品"。然而，随着经济脱嵌于社会生活，相反的社会运动即自我保护的社会运动也在发展，即"不可避免地，社会将采取措施保护它自己"（波兰尼，2007：37，38，49，71，3）。这项洞察对揭示市场经济过度渗透、威胁市民社会，促使社会产生自我保护或自我建设的积极回应，提供了某种合法性的理论论证。

英国社会学家吉登斯基于对现代性的制度性分析，即把现代性理解为大约17世纪出现在欧洲，之后在世界范围内产生广泛深远影响的社会生活或社会组织模式，通过对现代性制度特性、社会风险和社会反应等方面的分析，提出了驾驭现代性的设想（吉登斯，2011）。要"驾驭猛兽"和降低现代性的风险，不仅需要重构政治框架以建立新型的民主国家，而且需要建立合作包容的社会和培育积极的市民社会。他还在对新社会民主主义政治纲领的阐述中提到，"第三条道路"不仅要建立新型的民主国家，还要建立积极的市民社会"帮助公民在我们这个时代的重大变革中找到自己的方向"；新型福利社会建设，即"倡导一种积极的福利，公民个人和政府以外的其他机构也应当为这种福利作出贡献，而且，它还将有助于财富的创造……福利制度还必须在关注经济利益的同时关注心理利益的培育"（吉登斯，2000：67，121）。通过积极的福利社会和能动的市民社会的结合，才可能建立起由安全、自尊、自我实现和爱的能力推动的鼓励追求幸福的社会（吉登斯，2000：188）。

在《走向社会学马克思主义：安东尼·葛兰西和卡尔·波兰尼的互补

合一》一文中，布洛维进一步指出"公民社会"和"能动社会"作为具有时间性的概念，是 19 世纪末欧洲资本主义社会经济阶段的特殊历史产物。葛兰西关注国家与社会的关系，波兰尼关注市场和社会的关系，"葛兰西的社会是指公民社会，一般要放在它和国家的矛盾关系中才能理解"；而"波兰尼的社会我称为能动社会，一般要放在它和市场的矛盾的制衡关系中才能理解"。由于"市场有毁灭社会的倾向……社会以行动/回应来保护自己"，"能动社会是对市场带来的堕落的一种反应"。所以，葛兰西和波兰尼认为"'社会'是占据资本主义内部经济和国家之间的一个特殊的制度空间，其区别在于：'公民社会'溢入了国家，而'能动社会'渗透了市场"（布洛维，2007：198－200）。

福柯以知识、权力和自我关系为轴心，通过对疯癫与文明、医学与话语、规训与惩罚、权力与性欲等的分析，进而激烈批判现代理性话语，分析话语秩序和权力秩序，最后转向主体、自我关系和自我技艺（萨拉森，2010）。福柯的论述警示：保卫社会需要积极提升和增进公民的主体性。

以上理论发展，为现代市民社会理论注入了新的思考空间和研究活力，也为探讨社会组织的培育发展问题提供了更多的反思和借鉴。

四　市民社会理论对中国当代社会建设的启示

虽然关于市民社会的研究成果和理论观点呈现出了纷繁复杂的态势，但已有的市民社会研究，可以帮助我们廓清一些观念认识吗？对于中国当代正在推进中的社会建设，市民社会研究又可以提供一些什么启示呢？

基于对市民社会的思想渊源和理论发展的相关梳理，既有的对市民社会的认识，要么是想阐述国家与社会的关系形态，要么是力图阐述市民社会可能会在国家治理中发挥的功能作用，要么是想探究或阐述社会充满活力与社会安定有序之间的关系。基于此，在推进社会建设与创新社会治理的时代来探讨社会组织培育发展或市民社会建设的相关话题，需要在以下五个方面有清晰的认识：其一，对市民社会概念的把握，除了作二分法和三分法的类型学把握之外，更要注意到其结构性要素中的公共领域、社会运动、文化方面等。其二，对于市民社会理论的研究探讨，应该将其理论中两种传统的积极因素结合起来，勇于抛弃并且高度警惕其消极因素。其三，在关于市民社会的理论观点之中，对国家与社会之间关系的讨论议题或理论观点弥漫着混乱与矛盾。历史地看，国家与社会之间的关系，其实是一个历史的动态的不断调整的过程，需要具体问题具体分析。其四，鉴于市民社会概念的复杂性或混乱性，在将市民社会视为分析概念或者研究方法时，根本上离不开对强大的有效政府和法治的市场经济的积极探究。因此，无论是偏向于形式分析还是侧重于实体分析，历史的、辩证的眼光根本就不能缺失，借助多学科、多样化的视角进行实证研究也十分重要。其五，市民社会是参与社会建设、社会管理与社会治理的一个重要主体性力量，是形成政府、市场和社会三者之间良性互动，推动多种主体参与社会建设与创新社会治理，促进社会运行协调有序的积极力量，是社会既充满活力又安定和谐的组织保障或组织基础。所以，不可以简单粗暴地把市民社会与政府对立起来，也不能仅仅把市民社会视作政府管控社会、提供福利服务的纯粹工具。

进而言之，在和谐社会建设、平安中国建设、加强和创新社会治理的宏观战略背景之下，研究探讨和具体推进社会组织发展或市民社会建设，已有的市民社会研究成果对中国当代社会建设又可以有哪些启示呢？首先，在现代社会或变动社会中，社会秩序面临的重要挑战之一是如何实现公民的有序参与，进而实现社会既充满活力又安定和谐；作为市民社会主体的各类社会组织，是实现公民有序参与社会交往的载体，也是完善党委领导、政府主导、社会协同、公众参与、法治保障的社会治理体制，实现政府治理和社会调节、居民自治良性互动的载体，是公民有序化、建制化、组织化参与社会交往、进行利益诉求表达、参与社会建设和社会治理创新的载体。其次，如果将市民社会视为一定历史条件和生产力水平下的经济社会交往形式，是直接从生产和交往中发展起来的社会组织，是一切时代都构成国家的基础与其他的观念的上层建筑的基础，那么，将社会组织作为市民社会的主体，大致不谬。再次，从某种意义上讲，社会建设过程其实也就是推进某种市民社会的积极建设过程，抑或是积极推进有序社会的建构过程，通过提升社会自组织能力和完善社会自我调节机制，通过重建社会秩序、规范社会行为、和谐社会关系，从而实现社会既充满活力又安定和谐。最后，在社会建设时期里推进社会组织的建设发展，可以为社会建设提供组织基础和组织保障。在竞争、多元、流动和风险等不断加剧的现代社会条件下，在社会秩序、社会关系、行为规范、人际关系都被深刻改变的现代社会里，现代社会已不仅仅是对传统的社会管理理念和实践方式的全面挑战，更是对社会建设理念与路径的严峻挑战。因而，在加强和创新社会治理时代，社会建设需要不断在社会治理的基础制度和组织基础两个方面加强建设。直言之，如果说基础制度是社会建设的合法性与制度性保障，那么，社会组织可以是强化社会建设的组织基础和组织保障的有力抓手。由此，社会建设，就不仅有了基础制度的保障，也有了组织基础的保障。

如果这样，中国市民社会建设也就有了中国气派、中国话语和国际价值。因为，社会组织建设其实是自觉主动提升社会自组织建设的水平，建设社会自我调节机制，提升社会自我调节的能力与水平。从某种意义上讲，这也是通过推进社会秩序建设或者重建社会秩序，以规范社会交往行为、规范社会成员行为，进而促进社会关系和谐，实现社会有序和谐、充满活力和可持续发展。由此，在中国语境下讨论社会建设、社会组织建设、社会自组织能力提升乃至是市民社会建设等重要问题，一是可以更好地认清或者警惕西方所谓的主流价值对市民社会的蓄意解读——一种充斥着浓厚的政治色彩和意识形态需要的权宜性说教；二是看清其在分析和解读国内和国外的社会组织或市民社会时，经常充斥着双重标准，在国内时常将其作为提供福利服务与促进社会和谐有序的工具，而在国外则经常是作为一种制造或挑起社会冲突的工具；三是要积极建立中国社会组织培育发展和监督管理的话语权，不断提升其合法性和国际性水平，为世界贡献强大的有效政府、法治的市场经济与有序的市民社会三者良性互动的中国经验和中国方案。

第十一章

市民社会理论兴起的时代背景与研究进路

一 现代市民社会研究兴起的时代背景

现代市民社会研究在中国的兴起，其时代背景可以从两个方面来加以阐述：一个是宏观国际背景，再一个是中国改革开放后的经济社会变化。

关于宏观国际背景，20 世纪 70 年代的两次石油危机，80 年代末苏联、东欧社会主义阵营的巨大变化，使社会主义不再对西方资本主义阵营构成实质性的强大威胁，伴随着福利国家危机话语的肆意蔓延，进而形成了对国家与社会关系的激烈批判和再度思考，甚至试图重新塑造国家与社会之间的互动关系。在 1973 年和 1979 年爆发的两次石油涨价，不仅导致了西方工业化国家的经济衰退，甚至还扼杀了刚刚开始的复苏势头。在福利国家危机话语的蔓延之下，不少国家削减了社会福利服务项目的支出，进而导致了贫困率的上升，以及相关的贫困和剥削等严重社会问题。在一些发达的工业化国家还"激起了广泛的政治愤慨；选民们越来越相信：不断下降的生活水平、极高的失业率和较高的通货膨胀是由高税率、国家对经济的过度干预以及过于慷慨的福利体制造成的，这些行为抑制了经济的活力"。但是，"尽管新自由主义者常常提倡自由放任学说，但是并不'自由'，它主张国家利用其强制权力来解除对经济的管制，将资产私有化，减轻富人的税负，减少社会服务，积极推动经济以及社会生活其他方面的市场化"。然而，深受其影响但又无力在商业市场上筹措贷款的欠发达国家的政府，只得被迫向国际货币基金组织和世界银行寻求经济援助，而获得援助所附加的限制性政策就是采取经济自由化或者实施"结构调整"规划，即由国际货币基金组织的官员负责掌握受援国的经济政策制定权。这样，他们"撤销了经济计划机构，废除了不利于商业团体的政府管制，让政府降低税费，大幅削减公共支出"，取消了公共服务工作岗位，"把补贴转向食品和其他商品，废除土地改革以及再分配政策，削减农村发展和非正式部门的投资政策，使国有工业和政府所有的公共事业民营化；同时，还鼓励学校、诊所、医院以及其他社会服务设施民营化，在不能实施民营化的领域，如卫生保健和其他社会服务，则实行收费制"（哈尔、梅志里，2006：105 - 107）。但是，结构调整所加在负债国头上的新自由主义政策，引起的其实是一系列的不良反应，而非经济社会状况的积极好转，在一些低收入的非洲和亚洲国家，不仅靠榨取农业生产利润来偿还金融债务；同时，政府缩减投资、补贴和社会服务项目还导致了绝对贫困率上升，政治不稳定因素增多，社会冲突不断增加，人民群众遭受苦难。而且，结构调整的遗毒还在不少地区依然故我地继续（哈尔、梅志里，2006：107 - 108）。

在东欧社会，一些激进学者则是基于对现实社会的批判和理想乌托邦社会图景的浪漫阐发，这些又在一定意义上推波助澜地导致了横扫苏联东欧的政治变革。为什么西方学界就在这个阶段更加需要重新思考国家与社会之间的关系呢？因为战后在某种意义上用来争夺与苏联东欧社会主义阵营比较优势的福利国家制度、福利国家体系、经济社会共识与社会政治投资，现在似乎是很不合时宜了，并且应该是大动手术的时候了。正如以下两位学者批判性地阐述的那样：

> 福利是属于每个人的财产，也是每个人都有权管的事情。为了整体利益交给国家管理是一种信任或委托。战后的福利制度曾经是西方社会民主的骄傲；共产主义这个竞争对手才刚刚垮台，突然之间福利制度就要破产了。就需要"动大手术"了（应理解为"削减"）。我们对此是难以苟同的。但是我们也不认为现有的福利支出水平就是现代生活自身的一种一成不变的特征，它是"健康的"经济政策带来的

副产品，也就是失业和普遍的社会排斥性造成的（埃利奥特、阿特金森，2000：400）。

进而，放弃民主控制经济的社会民主主义社会政策，重新投向自由放任的资本主义经济社会体系，推行新自由主义社会政策，就算是寻找到了"健康的药方"，福利国家制度也已经不应该再被看作对付与对抗苏东共产主义体系的重要支柱了，不再被视为让工人保持满意与和平所值得付出的一种社会代价了。一个独立的民主国家需要的也不再是负责任的中央政府，而是严厉要求个人、社区和社群对自身福利负有更大的甚至是全部的责任。因为福利国家已经成了自由资本主义经济社会发展的沉重负担，社会福利不仅分走了投资资金，耗费了巨大的精力，福利开支更难以满足工人的日益增长的欲求，甚至发放给宠坏了的工人的非工资性支出，比如那些过分的福利待遇、医疗开支、失业保险等，已经从内部把福利国家蚕食殆尽了。

与西方社会不同，中国的经济社会情况则是：伴随着改革开放的持续推进，经济社会有了新的发展、变化和分化。按照邓正来的总结就是：伴随 20 世纪 80 年代的改革进程，原先的城乡二元结构正向着变迁着的城乡结构、城市中新产生的体制内和体制外的结构并存的"双二元结构"转换，国内学者已经提出了市民社会式样的思想观点，但还没有形成科学研究的话语气候。比如梁治平的"家族与国家"论、樊纲的"灰色市场"论、鲁越关于马克思的"国家—社会关系"观等（邓正来，1996）。但真正形成中国市民社会的理论思考、观点论争和话语体系，则伴随着经济社会的发展，以及把建立社会主义市场经济体制作为经济体制改革的战略目标得以确立以后的事情。当然，80 年代末期以来试行的中国农村村民自治和正式实施的中国城市居民自治实践，也对深入思考基层社会的自主性，国家与社会的关系，民主、发展与社会治理等关系问题起到了积极的促进作用。

就中国市民社会研究的理论背景而言，起始于对中国现代化发展中的结构性挑战和"治乱"循环的讨论、新权威主义与民主先导论的争论，以及市民社会理论对上述问题进行的论辩。中国市民社会研究的展开及其围绕的核心问题：一是对西方市民社会理论的（介绍）分析，以及对其发展经验的研究。二是借助西方理论对中国现实问题的研究，对西方市民社会观和社会模式是否适用于中国的研究。三是在质疑基础上形成的新的研究（邓正来，1994）。虽然进路有异，但他们都有着较强的对中国经济社会发展现实的关怀意识。

二 现代市民社会研究的两条进路

在中国市民社会研究的起步阶段，有两条进路是清晰可见的。一条是俞可平、徐勇、何增科、童世骏从马克思主义、西方新马克思主义市民社会的讨论开始，恢复了社会主义条件下国家与社会关系问题的理论讨论，并进而阐发中国市民社会的积极作用，发展中的制度制约和制度环境，官方与学界对市民社会认识的分歧等。另一条是邓正来等人从翻译介绍现代西方市民社会的研究成果开始，提出建构中国市民社会的论题，进而对"国家与社会"理论研究框架的运用和理论性反思进行探讨。

（一）基于马克思主义与新马克思主义的理论探讨

虽然马克思运用过市民社会、资产阶级社会的术语，但并没有专门论述过社会主义市民社会的问题。俞可平通过对马克思著作中出现的"市民社会"词语的考察和辨析，并对马克思的市民社会理论做出较为系统的论述，进而指出："马克思所说的市民社会既是指人类社会的一个特定发展时期，又是指与'政治社会'相对应的私人活动领域，其中主要是私人的物质交往关系。"（俞可平，1993）在社会主义的经济社会条件下，政治国家将把从社会中夺走的全部权力都返回社会，国家将不复存在。进而言之，在社会主义条件下国家与社会的关系，也即市民社会与政治社会的分离、矛盾和对立，也就失去了意义。但是，现代社会主义历史实践的发展进程与马克思理论的论述有着较大差别，在计划经济时代的中国，国家几乎是全部吸纳了社会，二者高度整合，国家与社会的界分不再重要，因为政府和社团所依靠和负责的必然是同一个公众。在改革开放以后的一段时间里，受这种历史实践的深刻影响和思维习惯的束缚，在社会主义的中国大陆谈论市民社会，首先面临的是理论逻辑矛盾的问题。然而，现实社会中依然存在着政治国家结构以及非官方的社会结构、社会过程和社会交往形式。这或许是一个不争的事实！从其中还可以看到，俞可平在对市民社会的理解和界定上比较偏向于作为市民社会的机构，而对价值主张层面的市民社会基本没有予以强调或观照。俞可平还在之后的研究中对中国市民社会的概念和分类进行了探讨，在进一步的研究中他明确指出：政府对市民社会的制度供给、财政资助和舆论支持等都严重不足，一个相对独立的市民社会正在崛起并对完善市场经济体制、转变政府职能、扩大公民参与、推进基层民主、推动政务公开、改善社会管理、促进公益事业等方面发挥着越来越重要的作用，市民社会对治理变化所产生的影响也愈益凸显（俞可平，2006；2007）。

徐勇曾从政治文化和民主治理角度切入，将市民社会视作市场经济条件下的经济社会形式（徐勇，1993）。换言之，在社会主义市场经济条件下培育政治文化扎根于市民社会并形成普遍的民众精神，才能最终实现政治文化的现代转型。这种乐观主张，在之后的村民自治研究中，把体现着法治和民主精神的农村村民自治看作可以根本改变中国农村的社会治理方式，也是基层民主的一种有效方式，构成中国民主政治建设的起点和突破口。

从西方新马克思主义视角对市民社会的讨论，可以将何增科和童世骏作为其代表者。何增科集中探讨了葛兰西霸权理论中的市民社会与文化领导权问题（何增科，1993）。基于对葛兰西理论中市民社会的界定和国家发展三个阶段的分析，指出国家统治方式的变化。前文已经述及葛兰西更加强调市民社会的文化方面，并把上层建筑分为政治社会和市民社会两大领域或范畴，其市民社会的特定含义是指与制定和传播统治阶级意识形态相关的私人的或民间的机构的总称，这种意识形态上层建筑及其活动具有积极的和能动的功能。在国家发展的三个阶段中，第一个阶段是国家的政府阶段，国家与政府是同义词，维持统治主要靠的是强制方法。第二个阶段是"完整的国家"阶段，上层建筑的各部分有了较为充分的发展，国家已经不限于政治社会，它还日益渗透于市民社会，市民社会作为统治阶级的私人组织，日益受到国家的干预，并成为国家的助手，国家与市民社会处于某种平衡状态。所以，统治阶级更多依靠的是"同意"来维持其统治。第三个阶段是"被调整了的社会"阶段，平衡状态被打破，市民社会的因素逐步扩张，国家强制将减少直至消失，市民社会吸纳了政治社会，从而形成没有国家的国家——伦理的国家。既然"完整的国家"揭示了国家不仅仅是阶级统治的暴力工具、强制性机构，还是同意和实施领导权的机构，甚至虽然体现为私人性质的机构也可以执行公共职能，市民社会甚至成了私人的领导权机关。那么，从某种意义上加以审视，这可否理解为市民社会的精神和道德建设的复杂性和极端重要性呢？

童世骏对"后马克思主义"视野中市民社会的研究，之所以冠以"后"字，是因为其既不同于经典的马克思主义，也不同于所谓的"新马克思主义"，但又是对整个马克思主义传统的延续。从该理论的基本内容及其理论基础，并放在西方市民社会理论和马克思社会理论发展的脉络中，可以折射西方现代社会本身的发展。而这种一般意义上的市民社会理论/概念与中国社会及其现代化过程的相关性问题，正是"后马克思主义"视野中市民社会所要关注的论题所在。

如果基于国家、市场和社会的三分法，从理想类型上将市民社会划分到非官方的和非经济的联系与结合的互动领域之中，将其视为某种"公共领域"（米尔斯，2005：1-20），把人民普遍关切的问题置于公共领域的框架之中并加以建制化，而建制化的联合体构成了现代市民社会的核心。科恩和阿拉托在充分阐发哈贝马斯"交往行为理论"之政治哲学含义的基础上，也提出了对"后马克思主义"市民社会的系统理解。这种市民社会的标准是自主性和建制化，这些通过法律和权利而建制化或者正在建制化的结构或机构履行的是"社会化和人际交往"的职能。所以，在思想启蒙和制度建设得到应有重视，解放思想和改革开放的今天，两大主题（思想启蒙和制度建设）与市民社会、现代化进程的关系也许可以"转译"。这就使得与西方进入现代社会以来的历史的联系，在欧洲不同民族中也需要加以"辩护、说明和限制"的现代市民社会，在中国当下讨论市民社会必定是一种"双重重构"——不仅仅是概念的重构，而且也是现实的重构。基于此，在看到国家-经济-社会三个方面可能会互相隔绝，抑或甚至是互相对抗的基本前提下，现代中国市民社会的建构可能不仅仅是当作手段，同时也可能要当作目的自身（童世骏，1993；2010：173，138，144，175，174，141，188，183）。这种现实重构或者说中国创造，同时也为社会组织的培育发展和监督管理提出了合法性、现实性和必要性等要求。

（二）始于译介西方成果的建构与反思

邓正来等人从翻译介绍现代西方市民社会的研究成果开始，提出建构中国市民社会的论题，进而对"国家与社会"理论研究框架的运用及理论性反思进行了探讨。从关注"转型时期的中国社会秩序问题"并与"自由与秩序""研究与反思"两个论题密切相关，其主旨是透过对既有的政治学和社会学理论模式的批判和反思而试图建构中国社会理论中的"国家与市民社会"或"国家与社会"分析框架，据此揭示中国步入全球性现代化进程后遭遇的各种问题及其背后掩藏的深层结构性困境，主张中国社会发展、社会秩序依赖于国家与社会间的良性互动，希望改变原有的社会结构并迈向国家与社会相分离却是良性互动的社会结构（邓正来、亚历山大，1998；邓正来，2002）。

邓正来等人以《中国社会科学季刊》为主要阵地，逐步形成了中国市民社会研究的话语气候，在该刊 1992 年 11 月第 1 期的创刊号上，他和景跃进提出了在理论体系上和现实体系上"建构中国的市民社会"的论题（邓正来、景跃进，1992）。两人基于对中国现代化症结的思考而提出：中国自晚清以来的现代化面临的两个结构性挑战，一是要改造传统的政治结构和权威形态去适应现代化的需要；二是要保持一定的权威结构、社会秩序和社会动员能力，以避免社会失序或社会动乱，但又要防止因失序而向传统"回归"。进入中央集权、计划经济以及改革开放阶段以来，"一放就乱，一乱就收，一收就死"的循环，以及政府机构改革中恶性循环的问题凸显了中央与地方关系的基本问题。所以，无论是权力的过度集中还是权威的急剧流失，除本身原因外，无不与国家与社会的关系相关联。因此，在现代化问题的认定上，须用"国家与社会二元观"替代"权威本位（转型）观"。

基于此，他们阐发了中国市民社会的作用、发展阶段和应该消除的误识，其研究价值主要体现在四个方面：（1）造就大批独立自主从事商品经济活动，积极主动地承担起培育市场和发展商品经济的历史任务的人才。国家部分退出社会经济领域，市民社会一方面防止"空位"方式，另一方面为自身的营造打下经济基础。（2）在权威转型中，遏制退回"专制"，抑制国家权力过分膨胀。（3）通过发展市场经济和培育多元自治的社会组织，为实现政治民主创造社会条件。（4）市民社会内部发展起来的契约规则、自治能力和利益格局，是社会稳定的保险机制和控制机制。

他们根据上述分析，试图对中国市民社会的策略或发展的阶段进行理论建构，提出了"两个阶段发展论"。第一阶段，国家与市民并举，国家加快政府职能的转变，市民成员自下而上推动市民社会的营建；第二阶段，是逐步走向成熟的阶段，即国家与社会日益形成良性互动的阶段。由此，他们认为，建构中国市民社会应该消除的误识是：（1）把市民社会简单等同于资产阶级社会。（2）强调市民社会的独立性和自治性，就是不要国家，主张无政府主义。（3）认为市民社会就是对抗甚至反抗国家。

在 1996 年的一个研究回顾中，邓正来还总结了中国市民社会研究的展开过程并突出强调了自己的观点，指出近年来研究所围绕的核心问题是在三个方面：（1）对西方市民社会理论的（介绍）分析，以及发展经验的研究。（2）借助西方理论对中国现实问题的研究，对西方市民社会的社会观和社会模式是否适用于中国的研究探索。（3）在质疑基础上形成的新的研究。由此，在借鉴和创新基础上，探求和选择新路径（邓正来，1996）。

综上所述，他们的这些主张概括起来就是：中国市民社会研究应该积极借鉴西方经验，紧密结合中国问题，研究中国市民社会的发展和建构问题。

第十二章

市民社会研究的现实关怀与研究局限

一 中国市民社会研究的现实关怀

如果说市民社会的概念"始终标志着直接从生产和交往中发展起来的社会组织,这种社会组织在一切时代都构成国家的基础以及任何其他的观念的上层建筑的基础",那么,作为历史基础并表现为不同发展阶段上的市民社会,就是与现实的"生产过程"和"生产方式"相联系并由它所产生的"交往形式"(马克思、恩格斯,1972:41-43)。也或许可以这么说,经济社会运行其实离不开国家管理、经济活动和市民社会。当然,在这里需要明确强调的是,无论是在极度理想化的层面上看待市民社会,还是在极端的、偏激的、极带偏见的甚至是不加任何界定的和带有强烈意识形态的意义上评估市民社会,都是不可取的阐述方式与研究态度。因为,前者容易把市民社会理解为万能药方,奢望用以解决无限的社会问题;而后者可能完全否定市民社会的现实存在性,把市民社会当作"黑白好坏混在一块的大杂烩"(王绍光,2009),进而加以全面否定,漠视其实际存在和社会现实需求。① 基于

---

① 这种极端的理解和言说常常把另类的非法组织,比如"黑手党""三合会""奥姆真理教""三K党""基地组织"等,都包括在了市民社会组织当中。我们需要追问的是,这些组织的出现是政府治理的失败、社会管理的失控、社会治理的失败吗?有社会组织或市民社会组织存在就一定会削弱执政党和政府的权威、领导能力与社会管理能力吗?社会组织的存在形态就只能与政府作对吗?作为一个法治政府、有效政府、服务型政府和负责任的强政府,会去培育、发展或放任这类组织发展壮大吗?很显然,社会组织或市民社会组织如同其他社会组织一样,在发挥一定社会功能的同时,固然会有自己的局限所在,当然也就不可能是天使,但一定就是十恶不赦的魔鬼吗?!

前文已做出的界定和限定，我们需要再次明确，笔者所论述的社会组织（或市民社会）是指那些在遵循宪法和法律框架之下，既是权利主体又是义务和责任主体，主张某种价值或是结成某种社会组织、社会机构的社会存在；其主体是某种价值主张和组织机构这两者的较好结合形式的社会团体、社会组织、第三部门、民间组织、公共领域和社会运动等。我们还需要申明的是，在中国的社会情形里，民族、政党和宗教组织应该排除在社会组织（或市民社会）的范畴之外。

从这样的理解出发，我们结合学界的相关研究成果，尝试对这些现实关怀或者研究指向进行五个方面的类型划分，并简要地展开论述。

1. 关注政治民主与协同治理、参与社会管理等方面

前引的俞可平、何增科、徐勇可以作为这类观点的代表性学者。俞可平和何增科侧重市民社会与民主治理，治理与善治，组织化利益表达与维护合法权益，民主决策和连接政府与公民的桥梁和纽带作用，促进社会自治、提高政治透明度和增进公民对政治的认同感等方面。徐勇则把现代市民社会、政治文化、社会治理等结合起来进行考察，这种主张还延续到了他之后的村民自治研究中，把体现着法治和民主精神的村民自治看作可以根本改变中国农村的治理方式，是基层民主的一种有效方式，构成中国民主政治建设的起点和突破口。当然，与"流行理论强调市民社会组织独立于政府的外部效应"不同，王绍光还指出了事实的另一个方面，即"公民社会的内部效应比如民主技能训练，恰恰更能促进民主"（王绍光，2009）。

2. 建构中国市民社会与中国市民社会发展

邓正来、景跃进为其典型代表，他们基于对中国现代化症结的反思，分析了市民社会的作用、发展阶段和应该消除的误识，进而主张：中国市民社会研究应该借鉴西方经验，结合中国问题，研究中国市民社会的发展和建构问题（包括理论建构层面和现实实践层面的市民社会），其主体工程是中国市民社会与国家的关系框架。由于西方思想史上存在洛克"市民社会先于或外于国家"和黑格尔"国家高于市民社会"的分野，所以中国的框架不应该在"非洛即黑"之间做出简单的选择，而应该是实现二者间的良好结构性互动与平衡。当然，与乐观的建构主张相对，悲观的看法则

认为，中国市民社会理论建构的成功与实践的可能性，还是存在着极其巨大的距离。谢遐龄断言，中国人意识发展的可能性不大，加之理性主义文化的缺失，如果需要五个世纪才能实现，这就等于没有实际的意义，故而也不可能发育出中国市民社会。萧公秦认为近代以前是专制主义，近代以来是社会自组织畸化和国家政权软化，以及国家本位的崛起而使得中国市民社会难以形成。夏维中则基于中国历史积淀中强大的反对市民社会的传统，根深蒂固的"大一统中央集权"基础，以及不合理的城乡关系和农村问题等三项理由，断言建构中国市民社会在操作层面上走不通（谢遐龄，1993；萧公秦，1993；夏维中，1993）。

另外，从中国社会转型来探讨市民社会及其发展问题的研究探讨，还有高丙中和袁瑞军，他们亦可作为代表。前者从中国现代历程中的文化层面来探讨民间文化与市民社会的关系，进而分析社团合法性和市民社会发展的状态。而两人主编的《中国公民社会发展蓝皮书》则囊括了社会转型、政府职能转变对民间组织管理、社团发展、网络媒介对公民性的影响等问题（高丙中，2008；高丙中、袁瑞军，2008）。

3. NGO/NPO（非政府组织和非营利组织）话语

关注公民行动与市民社会。这方面的研究主要关注 NGO/NPO 或者草根 NGO 与中国市民社会成长或社会组织发展的关系。如朱健刚的《草根 NGO 与中国公民社会的成长》《行动的力量——民间志愿组织实践逻辑研究》《国与家之间：上海邻里的市民团体与社区运动的民族志》等。这些研究试图通过地方性社会组织、"社会运动的日常形式"等话语和实践，来探讨中国市民社会的形成问题，揭示不同于西方意义上的中国市民社会要素（朱健刚，2004；2008；2010）。

关注扶贫（反贫困）、发展问题与发展方式转变，关心弱势群体的福利服务并为他们提供某些服务和培训，以及对民主参与、自主性、效率与效益、优势与潜能、社会运动甚至是社会对抗的主张与关注，虽然也取得了某些经验和成效，但也带有极强的自由主义、理想化和浪漫化的倾向或问题。因为，我们不可忽视的事实是，无论是国际性的还是国内本土的 NGO/NPO，它们既然是作为一种社会组织，就会有组织固有的优势和缺点，其运作可能也会无效率，内部管理方面存在不民主等问题，甚至很多组织由于资金的对外依赖性而不可能完全自主。在这方面，王绍光的批评、朱健刚和朱晓阳的个案研究，以及朱世达等人对美国市民社会的研究，都给予了我们一些极为重要的和极具启发性的提示。下面将结合20世纪80年代以后国际发展组织进入中国大陆的工作情况，对其分析解读，我们将会有更清晰的理性的认识，当然这样的思考并不是要也不可能全面否定市民社会或社会组织的作用，更不是要将这些社会组织"一棍子打死"完事。

这里结合以国际性发展为背景的发展干预进入中国的案例，如"国际的多边和双边组织、这些组织委托的咨询—发展公司、国际的非政府组织（NGOs）"，强调开展以反贫困为核心的干预活动，以及随后逐步崛起的本土非政府组织的活动等。近30多年来，这些组织的干预活动也经历了"范式"的变迁，其最大的变迁，在于从基本需求的满足到把目标瞄准穷人和弱势群体，再到对参与式发展的突出强调，乃至社会理想图景的精心设计。这方面的研究话语，比如对于世界"援助工业"来说是"不可能完成的使命"——中国普遍性脱贫，被世界银行看作"改革引发的农村经济增长，加上得到国家财政支持的扶贫项目的实施，使中国的绝对贫困人口得以大幅度减少"。尤其是在20世纪90年代实施的扶贫到人的小额信贷实践当中，得到了国家的认可并在整村推进计划中实施的"参与式发展"和非政府组织的广泛介入，以及这类国际性援助产业的介入和由此催生的自下而上的实践路径，并形成了NGO/NPO在反贫困和发展中的一套话语体系，对地方化和本土化的倡导，对少数群体权利的关注，把赋权作为参与式发展的核心，甚至抵抗行动和社会运动也在其中时隐时现。但是，正如学者们敏锐而清楚地指出的那样，"将'发展'和'援助'当作'工业'或'产业'来看待，带有西方知识界对这一系统的讽刺和挖苦的意思。它表明这项事业一方面是某种意识形态的工具，另一方面又是一项与其他生产经销任何商品没什么差别的产业。这样的标签还意味着它正遭到普遍怀疑和面临着深刻的危机"。同时，这些发展干预活动以及研究实践也始终与国际援助产业的走向密切相关，可以说是在紧追和实践国际变迁、国际发展的大趋势。而且，这些援助工业及其所属系统（如组织、项目和操作过程），都会或多或少地与其国家背景的组织和项目相联系，以保证能够实施和运作项目。当然，在这类发展项目运作过程中的资金和培训，为中国的某些企业和非政府组织的形成提供了一定的条件。朱晓阳等人还以世界银行的某个扶贫项目为例子，该项目本来的意图是贷款给政府，以支持乡村扶贫活动，但在操作中，除了政府部门组织的活动之外，其个别分项目的贷款却被与扶贫部门有关系的人成立的民营企业承贷承还，而世行的贷款也需要这种中介公司去转手。这家公司正好可以利用贷款滞留的时间差，来为公司业务提供周转资金（朱晓阳、谭颖，2010；朱晓阳，2004）。在这种周转过程中，不仅其效率可能被降低，甚至扶贫工作与发展活动中的受益人的权益也受到了严重影响。

4. 公民权利与市民社会

从法学角度，把公民权利与市民社会结合起来的研究，代表性成果如郭道晖从马克思关于社会成员作为"公民与私人"的双重身份，"公权利与私权利"的双重权利观点，将民间社会理解为具有私人社会与市民社会双重属性的社会存在，进而把市民社会界定为相对于政治社会的组织化的政治存在，以区别于分散的自然人社会的经济存在或民事主体存在。所以，市民社会的核心力量是非政府组织，其特性和作用就是：让各个社会阶层有其组织和表达民意的渠道，可以来参与国家政治，影响国家的决策（郭道晖，2006）。这种从法学视野出发，强调社会成员与市民社会的双重性，进而主张他们组织化和有序表达诉求，参与和影响国家政策的理性思考，对建构中国市民社会或社会组织培育发展注入了一个重要的思想维度。

5. 市民社会与社会建设

对社会建设的关注是国内学界的一大热门话题，围绕社会主义和谐社会建设论题，国内主要分化为两种类型的主张。主流的和多数的学者是将"社会"作为一个存在领域，其相对于经济、政治、文化而存在，把建设内容相应地侧重于社会事业、社会管理、基本公共服务和社会制度等方面，这种扩张行政权力和职能部门的做法，有其积极的作用，但可能带来依赖性等问题，也可能会制约社会主体性、自主性和能动性的培育和发展。

另一种主张，是把社会的主体性加以强调，主张政治自由主义的社会价值观。这大体上以社会学者孙立平、郭于华和沈原等为代表，他们结合马克思主义社会学、转型社会学的思考与解读方式，以公共社会学为基本主张，借鉴葛兰西、波拉尼和布洛维等的思想工具，结合转型时期的社会结构、"社会溃败"、"失衡"和"断裂"等的概念分析，主张重建社会、利益表达的制度化、秩序再造以再造经济。基于对"权力之恶""资本之恶""社会恐惧症"的批判，提出多元治理方式，进而主张政府、市场和社会三维结合的治理结构，通过"公民社会"和"能动社会"的建设达到"制约权力、驾驭资本、遏制社会失序"的目标；提出"社会"作为主体与国家/政府、市场相对应，社会建设的含义重在建设和维护社会的主体性，着眼于"社会结构为基础、社会组织为载体，同时以社会制度（机制）为保证"的三维度的社会建设主张，其现实目标是"以建设公民社会形成对权力的有效制约、建设能动社会对市场形成必要的制衡"，终极目标是"形成有限的政府、有边界的市场与自组织的社会三者之间相互制衡和良性互动基础之上的多元社会治理体系和社会治理模式"。同时，沈原还结合马歇尔的"公民权利"学说，把"公民权"作为连接"能动社会"和"公民社会"的纽带，借助以社会自组织为基本特征的领域拓展，逐步落实社会建设的战略、步骤与任务（孙立平、郭于华等，2010；孙立平，2009；清华大学社会学系社会发展课题组，2010；沈原，2008；2007）。

二　中国市民社会研究中的一些局限

不可否认，无论是从理论研究、理论反思与理论建构等方面，还是在实践活动和操作层面的尝试和实验，中国市民社会这一议题，伴随着改革开放和现代化建设的推进而获得了一定程度的发展，但尚有不少的研究与讨论还是停留在主观愿望和对应然的理想与期望状态，有些阐发甚至是停留在乌托邦的层面上，对已然和实然层面的关注、研究和辩护显得明显不够。也可以这么说，现实社会需要或亟须把社会组织或市民社会的假定特质、培育发展、成长壮大与实际可能发挥作用的特质进行清晰的阐述与区分。所以，在加强和创新社会治理时代，必须面对谈论中国社会组织培养发展（或市民社会建设）存在的两个方面问题：一个是浪漫的美好社会期望，另一个是残酷冰冷的社会现实。基于此，我们需要积极关注并总结中国市民社会研究论题中存在的不足与问题。

1. 中国市民社会的概念还没有达成共识，导致在使用和分析中出现了过多的混乱与分歧

中国学界在探讨市民社会或社会组织时，基本上没有做出严格的限定和区分。前面引用童世骏的研究成果时，他已经清楚提示：市民社会作为一定历史条件的产物或社会存在，是同西方进入现代社会以来的历史联系在一起的，它是一个复杂的历史性概念/理论概念，就是在欧洲也还需要加以进一步的辩护、说明和限制，在欧洲不同的民族－国家中也还存在不少的差别。如果从全球范围来加以审视，非政府组织与国家的关系的情况也是比较复杂的，"在南亚次大陆，非政府组织与政府合作密切；在拉丁美洲，非政府组织倾向于采取对抗方式，公开与政府的主流政策唱对台戏。在非洲，各种情形都存在"（哈尔、梅志里，2006：23）。就市民社会与国家之间的关系，在当今时代来谈论中国的社会组织发展或市民社会建设，一些人还是在抽象理想的价值主张或理想倡导的层面上使用，一些人则是把它当作一种社会机构、组织和结构在谈论，另外一些可能是同时在两种意义上不加说明和区分地混用。这导致了许多的混乱和分歧。而我们的分析论述，是在尝试结合哈贝马斯、基恩、科恩和阿拉托研究成果的基础上，力图做出界定和说明的。

所以，我们理解和使用的社会组织或中国市民社会，首先是在特定的中华文化和历史条件下的社会产物，具有明确的中国特点或中国特色；当然，在主张中国气派时，我们并不是要也不可能否认其具有普遍性的一面。其次，它是特定价值主张与机构和组织化建制化的社会存在物的总称。再次，它是那些在遵循宪法和法律框架之下，既是权利主体又是义务和责任主体，主张某种价值或是结成某种社会组织、社会机构的社会存在。最后，那些被称为社会团体、基金会、民办非企业单位、境外基金会代表机构、"第三部门"和"民间组织"等社会组织是其主体，但需要说明的是，某些社会团体或人民团体可能也要被排除在其外；同时，民族、政党和宗教组织也可能应该被排除在其外。

2. 国家与市民社会之间的关系

我们主张的是在宪法和法律框架下，实现合作、互补、互强、监督和协同治理，没有一个负责任的政府会去放任、培育和发展反对自己的社会组织或市民社会。东欧、波兰等"公民社会反抗国家"，以及 20 世纪 70 年代和 80 年代多数发展中国家的非政府组织和政府之间的普遍紧张关系，也绝对不是国家与社会的正常关系，更不是其关系形态的唯一选择。在大多数发达国家，政府与社会组织或市民社会的关系的主流也绝对不是相互对抗。当然，矛盾和冲突是任何时代都会有的，强调合作伙伴关系作为其主导方面，也并不是要否认其发展过程可能产生的矛盾和冲突。不可否认的是：社会组织或市民社会必然会对政府实施一定程度的监督，必然使得"行政主导"受到一定的影响，也可能会助推政府成为"有效政府""强政府""服务型政府"（燕继荣，2011）。关于国家/政府与社会组织或市民社会的关系的类型划分，学界做出的归纳总结主要是五类，即制衡国家、对抗国家、共生共强、参与国家事务、合作互补（何增科，2011：6 - 8）。

3. 对培育发展社会组织或市民社会的定位

在和谐社会建设、加强和创新社会治理、平安中国建设的战略背景下，政府神话、市场神话和市民社会神话，都是需要警惕的片面观念。我们认为：社会组织或市民社会既是一种工具，也是目的本身，但绝对不是"宗教"。既然它也是一种工具，所以就绝对不是万能型的。这就涉及社会组织发展或中国市民社会的定位问题。在政府办不了、不好办以及市场不灵之处的福利服务、利益表达、价值主张、公民组织和公民教育等领域，可能就是社会组织或市民社会的用武之地。

中国的社会组织或市民社会、政府和市场应该是互补、共生和共强的关系，而不是彼此替代的关系，也不应该是此消彼长的关系。因为，它们其中的任何一个都不可能是万能型的。所以，只有当政府、市场和社会有机结合起来，实现良性互动和协调发展，各自才能充分发挥自身的优势。在"加快推进以改善民生为重点的社会建设"时代，具有相对独立性和自主性，与政府形成合作伙伴关系的社会组织或市民社会，可以在"保障和改善民生"，推进社会体制改革，促进就业，传达公共服务，完善社会管理，促进社会公平正义，维护安定团结，推动和谐社会建设和平安中国建设等方面发挥积极的作用。这方面，一些欧洲国家通过资助非营利性民间组织提供福利服务的实践，值得研究和借鉴。找准中国社会组织或市民社会的定位，认清其积极和消极因素，消除神话化和妖魔化两种极端倾向。而这些，又恰恰是以往的研究和实践中都比较欠缺的方面。

4. 公民美德和公民精神的培养

爱德华·希尔斯（Edward Shils）在《市民社会的美德》（The Virtue of Civil Society）一文中，对公民美德与公民精神培养等议题做出了相关的阐述（邓正来等，1998：32-51）。他的基本观点是，社会作为一种需要培育的机制，需要有责任担当的公民来加以承载，这种责任担当需要拥有市民认同美德的公民和政治家来完成。因而，借助公民美德和公民精神的培养，不仅有望增进社会共识、预防"追溯性民主"，还可能因相互尊重和共同利益的相互妥协而促进集体福利，增进社会福祉——一种好的生活状态。

这种包含了美德的市民社会或社会组织建设路径，不仅是主观愿望和应然陈述，也是已然和实然的市民社会与社会组织需要培育和加强的方面。但是，国内学界和社会机构的关注显得严重不足。如果再进一步结合传统血缘亲情以及中华文化资源，中国社会组织或市民社会的美德问题的研究探讨，几乎还是一片空白，亟待填补。

5. 农民与市民社会

在对市民社会议题的解读与阐述中，由于西方的市民社会是与市场经济、民主政治、公民训练和制度建设等连在一起的，因而一些学者对农村社会结构、农民行为取向、传统血缘亲情文化以及儒家文化等，对构建中国市民社会，进而实现农民的政治参与、组织化和有序表达，表现出了重重疑虑。这不仅涉及是否真正相信农民具有理性、潜能、智慧和创造性，而且涉及是否真正愿意把农民看作具有公民权利的平等公民，进而面对农民的权利和权力问题。

哈佛大学的裴宜理教授（Elizabeth J. Perry）在《中国式的"权利观念"与社会稳定》一文中，通过中国哲学家、政治领袖和抗议者对权利概念的伦理学诠释，并与美国人对权利概念的理解进行比较，揭示了权利观念与文化传统和话语系统的关系及其差异，他想指出的核心思想是，中国社会中的公民权利诉求"都把获得社会经济保障置于中心位置"，是生存关注而非权利关注取向。它一方面是确实很有启发性（裴宜理，2008），但另一方面，可能是形式完备的理论和现实遮蔽。因为，我们可以清醒地看到，当下的中国是经历了晚清立法、宪政尝试、辛亥革命后民主共和观念深入人心，民国的法制建设，中华人民共和国成立后特别是改革开放以来的法制建设、民主法治、自由平等、公民权利、社会公平正义等话语的冲击、洗礼和实践，1982年宪法中又增补了"国家尊重和保障人权"的条款。基于此，我们须进一步追问：中国人民依然还是只会关注生存权和发展权，不会主张政治公民权和社会公民权吗？运用策略性"依法抗争"的话语就不是基于对抽象的"权利"的认识和主张吗？就算裴宜理的论证在逻辑上基本说得过去，但在社会分层和利益分化的社会现实面前，完全没有组织性的政治公民权和社会公民权的伸张，国家推动发展的合法性可能会受到极大的制约与损害，进而发展的可持续性也会受到影响。

进一步说，在中国古典哲学中是突出强调了经济福利与合法统治之间的联系，但今天的中国还是这套运行传统吗？中国大众是铁板一块吗？中国一直可以维护先前的发展模式和社会管理模式吗？所以，这种论调在启发我们的同时，也必须看到它遮蔽了很多社会结构的变迁和发展变化了的社会事实，也遮蔽了对较多的不稳定因素的深层次理解和阐述。可能在一方面对不想改革的既得利益集团是一大吹鼓，另一方面是阻碍合理的政治改革起到了洋和尚会念经并论证其合理性的作用。基于此，我们必须看到其话语和言说对中国社会变迁的模式以及其对中国政治改革的误导作用。

此外，在用中国和美国做对比时，除了历史传统差异之外，我们必须认真去看美国的地缘、社会、经济、人口等因素，并高度警惕仅仅是在话语差异和哲学观点上的形式区别，从而断定中国人完全不需要西方意义上的权利体系。而美国人坚守的个人主义、社区救助体系、社区组织、宗教组织的福利服务功能，以及美国巨大的经济和生存机会，但在当下的中国，这些可能是比较欠缺的。裴宜理所以为的社会经济公正诉求只表现为道义经济学意义上对生存权的要求，就是与财产权有关的土地纠纷，也常常以道义经济学的词汇和话语来表达。但我们更应看到，这可能只是"依法抗争"之下表达形式的某种理性选择或者策略性实践，而绝不完全是法律意识和权利意识的缺乏，如果没有权利体系和组织体系的建立，这些诉求又如何得到公平、可持续和规范化的满足，摁下葫芦翘起瓢，出钱买平安，一切用钱去摆平吗？如果是，这些不公平、在自由裁量权主导下的有差异的随意处置是否会成为某种示范？不闹不得，小闹小得，大闹才得，会成为维权抗争活动增加的新起点吗？如果借用亨廷顿的理论观点来加以说明和解释，就是"农民和知识分子的目标也不相同，并且时常冲突。农民的要求通常是具体的，而且还是再分配性质的……相反，知识分子的要求通常是抽象的和无止境的"。这也就可以转译为农民一般只关心现实而不是理想类型的社会或组织生活，也就是质疑农民、农村是否可以形成自己的市民社会及其社会组织。

但在另一个方面，中国农村村民自治的实施，农民经历了一定程度的民主训练，权利意识、政治参与意识和利益诉求意识也在不断提高，农民已经日益参与或被卷入市场经济活动当中，契约意识、法律意识、权利意识也在不断增进。也可以说，"随着现代化的推进，组织政治参与的必要性也在日益增长。……组织上的真空状态维持得越久，其爆炸性就越大"。所以，尽管一定时期内广大农民可能不太热衷于政治参与和利益诉求的表达，但随着市场经济的渗透以及"加快推进以改善民生为重点的社会建设"的持续展开，积极市民社会的建立可能是势所必然。因为正是"社会和经济的现代化破坏了旧的权威模式，摧毁了传统的政治制度，却不一定会创造出新的权威模式或新的政治制度。但它却由于启发了政治觉悟和扩大了政治参与而产生对新权威和新制度的迫切需求。……组织是通向政治权力之路，也是政治稳定的基础，因而也就是政治自由的前提。……统治集体在现存政治制度之内互相竞争以便组织群众，或者是异己集团组织群众推翻这个制度，二者必居其一。身处正在实现现代化之中的当今世界，谁能组织政治，谁就能掌握未来"（亨廷顿，2008：249、339、381、382）。关于基层治理的某些乱象，尤其是近来关于"乡村混混"的研究所反映出的"乡土逻辑变异""乡村社会转型""乡村社会灰色化""乡村治理内卷化"等公共困扰（陈柏峰，2010；黄海，2010），似乎也在提示我们"保卫社会"的重要性、提升社会自组织能力的重要性、规范社会行为的紧迫性、重建社会自我调节机制的必要性。另外，温铁军教授对农村长期"去组织化和去政治化"政策的后果解释，即"三宗"治理——靠宗族、宗派、宗教进行乡村治理的预判，也提示了类似的困境与问题。

这些认识也许可以帮助我们更好地理解社会组织或市民社会建设、培育和发展，对农民政治参与、对广大的乡村社会建设和社会治理，对和谐社会建设和平安中国建设的现实需要和长远意义。而赵树凯的研究则再次提醒我们，"在当前对农民的研究中，'政治'似乎缺乏应有的位置。……农民成为'沉默的大多数'，既缺乏纵向的政治参与，又缺乏横向的自组织"，这种政治问题的后果可能是，"政治不尊重农民，农民将颠覆政治。历史上如此，现代恐亦如此"（赵树凯，2011：1，2）。这同时也提示我们"基层冲突的政治意向""基层政府内卷化"以及基层民主、自治和法治等严重困境，这需要强化乡村社会建设（赵树凯，2010）。所以，农民公民化、组织化、建制化以及农村社会建设和农民社会组织建设，绝不是一个怀疑和漠视可以解决的问题，而是需要认可和实践去加以解决的战略任务。

但究竟是通过强化国家权力还是靠市民社会组织的培育和发展来保卫社会；是选择强国－弱民、强民－弱国，还是国家－社会双强战略，当前基本上还是没有得到明确的解答。如果进一步从社会学及其想象力上去解释，把社会视为某种"物质力"和"道德力"，假定作为人就需要社会参与，也有进行组织化的利益表达和诉求需要，那么一盘散沙和缺失公共生活的农民是没有什么"集体力"的。因为，"仅凭自己，个人只能依靠体力。如果他有能力脱离凡俗、解放自己、培育人格，那是因为能够得到自成一类的力量的庇护；这是一种强力，一种来源于所有单个力汇聚而成的合力，一种心智力和道德力，因而也能够中和本性中盲目的和非道德的力。这就是集体力"。并且，"我们可以肯定，只有在社会中和通过社会，这种自由才能化为现实"（涂尔干，2002：58、59）。

6. 金钱与自主，进而国家与社会的良性互动关系

这里我们结合中国学者王绍光、美国学者萨拉蒙和安海尔、Neil Gilbert、Paul Terrell，以及威廉姆等人的研究成果，来进行比较详细的叙述。

王绍光用"金钱与自主"来解读社会组织或市民社会发展过程中面临

的两难境地，并提问"为什么市民社会总是无法达到其支持者的期望？"因为其"缺乏独立于国家和企业之外的财务和运营自主权"（王绍光，2002）。社会组织或市民社会的自主性，也即相对于政府的"相对独立性"问题，这应该理解为一个程度有差别的问题，并且不能忽略"国家"拥有构建秩序的强大能力，是分配和压缩社会权力的方法。这里我们尝试结合一些数据来分析社会组织或市民社会的资金来源、自主性以及与国家的关系问题。

一般来说，社会组织、NGO/NPO 以及第三部门，它们的资金来源于私人慈善捐款、政府补贴、服务和产品的收入，以及国外资金支持。以1996 年的私人捐款占非营利组织收入总额的比例来看：在任何一个国家，私人捐款的比例都没有超过 26%，在美国占 13.9%（而 1995 年为12.9%），在英国占 6.5%，在法国占 3.8%，在德国占 2.1%。基金会也不是其资金的主要来源，就是在美国和英国这种基金会最为发达的国家，它们提供的资金也只占到收入总额的 2% 左右。相对于发达国家政府补贴占到非营利部门收入总额的一半以上；拉美国家只有 15%，转型国家只有33%，所以不得不依靠私人捐款、会费或收费等维持运转。相比之下，在所有非营利部门的收入中，几乎一半（48.2%）来自产品销售和服务收入，另外 41.3% 来自政府资助。再以欧洲各国政府补贴非营利部门的比例来看，德国占 64.3%，法国占 57.8%。在西欧和北欧的小国，政府的支持甚至更加显著，荷兰、爱尔兰、比利时、瑞典和瑞士即属于此种类型。比利时是近 80%，瑞典占 2/3 以上，瑞士则几乎完全依靠政府拨款。

再看过去 20 年内高度依赖外国捐款者的南方国家的非政府组织，资金主要是来自北方国家非政府组织、外国政府和国际组织。王绍光在《金钱与自主——市民社会面临的两难境地》一文中提到，在对东非 62 个非政府组织的一项研究中发现，75% 至 100% 的资金来自外国的有 36 个，50%至 75% 的资金来自外国的有 7 个，从外国获得的收入低于 25% 的只有 18个。在印度，截至 20 世纪 90 年代初期，非政府组织的年收入中有近 90%是源自外国，其余 10% 则来自政府补贴。在斯里兰卡，外国捐款占其总收入的 87%。南非反种族隔离非政府组织创建的大多数资金也是依靠外国捐款。

再看苏东地区的情况，如果没有外国资金支持，波兰大量的非营利计划和项目开展不了。在苏联于 1989 年至 1990 年解体后，许多西方基金会和非政府组织设立了它们的办公室，帮助建立当地的非政府组织，它们甚至在东欧建立了联合协调组织。一项比较研究指出"东欧的许多非营利部门高度依赖外国资金"，在保加利亚，市民部门的收入方面虽没有可靠的统计资料，但大部分资金却是来自外国。格鲁吉亚的非政府组织十分依赖外来资金和拨款以维持其活动。罗马尼亚的"国际援助"占其市民部门财务收入总额的 52%。俄罗斯的情况与上述国家基本相似。这些转型国家的私人捐款和政府支持则十分有限。因此，在这些国家，外国资金变成了非营利部门的主要收入来源。①

这里再结合美国学者萨拉蒙和安海尔 1997 年的研究成果，他们指出，在美国、英国、法国、德国、意大利、瑞典、匈牙利、日本八个国家，私人捐赠的作用也很是有限，平均比例仅占 10%，几乎一半的非营利收入即 49% 来自服务收费和销售收入，41% 是来自政府拨款。在美国，私人捐赠所占收入也不超过 19%，51% 来自服务收费，30% 来自政府拨款。在法国和德国，服务收费也没有成为非营利性收入的主要来源，私人捐赠比例也没有占据主要地位，政府成了非营利部门收入的主要来源，德国达到了 68%，法国占到了 59%（见何增科，2000）。

美国学者 Neil Gilbert 和 Paul Terrell 在论及美国这一"最不发达的福利国家"中接受政府捐赠的市民社会与慈善机构时也揭示：福利部门并非那么的独立，许多社会服务机构的大多数资助都来自政府支持，如"救助儿童会 60% 的预算，天主教慈善团体是 65%，CARE 是 78%，脑痉挛协会是 80%。排在第一位的是美国志愿者协会，其 5100 万美元预算中的 96% 来自政府资金"（Gilbert，Terrell，2003：56，92 - 93）。威廉姆的研究也显示，1992 年，参与"联合道路"社会福利机构组织的筹款活动，在其收入中，45.4% 是来自于政府资金，20.9% 是应收款，11.6% 是政府捐款，10.5% 是其他组织的筹款，11.6% 是其他来源（威廉姆，2003：232）。

---

① 除了特别注明的数据外，以上是根据王绍光的研究改写而成。数据和资料转引自王绍光《金钱与自主——市民社会面临的两难境地》，《开放时代》2002 年第 3 期。

再从日本、法国对成立社会组织的严格规制的经验来看，在日本的法律中，成立组织是需要由特定政府部门批准的特权，而不是所有市民都可以获得的公民权利。法国否认大部分非营利组织获得资助的权利。通过有选择的支持或限制，这也在一定程度上起到了对社会组织发展的能动调控作用。

这些有限的资料也反映出了一个基本的事实：尽管不同国家的社会组织或市民社会与国家之间的关系不大一样，但相互依赖和相互支持的关系却是同样地明显存在着。政府对非营利组织的支持是私人慈善捐赠的 4 倍多，但这些国家不是作为社会组织或非营利组织的替代者，而是通过支持非营利性活动，使某些类型的组织得以发展乃至是扩展。比如德国，政府与那些组织是相互依赖的关系模式，国家坚持的是源于 20 世纪 30 年代天主教社会思潮并在战后体现在社会福利政策中的"辅助性"原则，社会政策倡导非营利性组织提供由国家资助的大部分福利服务。在美国，由于反对派长期对联邦福利保护政策持批判态度，即使是 20 世纪 60 年代的"伟大社会"改革派也不可能扩大政府的社会福利和社会保护机构，所以只能通过建立"第三方管理"体系，即国家资助大量的福利服务并转给非营利性组织，由它们来提供福利服务，在不扩大官僚机构规模的情况下，扩大社会福利和社会保护。在日本，社会福利团体在执行中央和地方政府布置的任务时受到严格的限制，这些团体甚至成了半政府组织而不是私人非营利性组织。从这些案例当中，我们可以清晰地看到正常的国家与社会组织或市民社会的关系，不应该是一种"势均力敌"的关系，也不必然是对政党和国家权威的威胁。相反的是（尽管也会有冲突，但如果否认冲突存在，那是形而上学的思维方式和哲学态度），国家的资金支持既可以授权于社会组织，也可以限制和引导它们的发展。并且，不到总收入的 10% 的私人慈善款额，导致社会组织过分依赖于国家，遑论抗衡或制衡国家，更从哪里来的绝对独立性和完全自主性（何增科，2000：258－268）。

当然，这里还可以作进一步的延伸讨论。首先，"国家"拥有构建秩序的强大能力，具有一种特殊的分配和压缩社会权力的操作方法；所以也就不存在所谓的完全自主性和绝对独立性的社会组织或市民社会了；否则，将是"一切人反对一切人"的争战，或者是强权、强者、暴力拥有者对弱者的肆意妄为或绝对统治。其次，作为一个法治政府、有效政府、服务型政府和负责任的强大政府，根本不会去培育、发展或者放任反对自己的所谓市民社会或社会组织无序地发展壮大起来。再次，金钱与自主的议题也充分地揭示出，政府不仅可以授权社会组织或市民社会，还可以引导和规制社会组织或市民社会的有序发展。复次，第三世界国家的民间组织或市民社会的独立性问题，实际上是一些政治需要和意识形态的教条，也是西方国家对外政策和国家利益的一种强大工具，是相对于国内软弱的、无力自主的和不能有效治理国家的政府的相对或绝对独立性，同时也是相对于国外基金会以及国际性第三部门的完全依赖性、依附性、不自主性和丧失独立性。最后，政府、市场与社会三者之间的正常关系，应该是协调发展和共生共强的关系。这样，一个国家的社会组织或市民社会才会在真正地符合国情和有效回应人民需要的情境下健康成长、发展，形成自己的特色和话语，在与国际社会组织、市民社会、跨国性第三部门、国际基金会等组织的交往中，保持自己的个性，完全拥有自己的主体性，拥有自己的话语权和主动权，占领思想意识形态和道义评判的制高点，抵御西方发达国家假借社会组织、民间组织、市民社会、第三部门、基金会等类组织之名而实施的各种真实战略企图。从某种意义上讲，在我国国内社会组织健康发展的过程中，可以选择积极地"走出去"的发展战略，积极开展国际交流与区域合作，为世界和平与持续发展贡献中国智慧和中国方案。

7. 市民社会指涉的窄化问题

学界有时会泛泛地将非官方或准官方的社会机构和社会过程都理解为中国的社会组织或市民社会，使其所指狭窄化。所以，中国的社会组织或市民社会不宜采用东欧社会经验的狭隘理解和意识形态化解释，因为那类阐述的政治取向和意识形态极具误导性和危害性；同时，也不宜把主张某种价值或是结成某种社会组织和社会机构的社会存在等同于市民社会，诸如基金会、第三部门、民间组织、非政府部门、非营利组织等的社会组织，也只是其中的主体组成部分而已，个人私域、社会运动、公共领域等也应该是市民社会的一部分。

三　中国市民社会研究对社会组织发展的启示

如果基于市民社会是一定历史条件和生产力水平下的经济社会交往形式，是直接从生产和交往中发展起来的社会组织，是构成国家的基础与其他观念的上层建筑的基础，各类有序运行的社会组织构成了市民社会的主体与主流。从这种视野和方法出发，市民社会要真正成为社会交往形式和社会基础而发挥其积极功能，也就离不开各类有序运行的社会组织的积极引领和强力支撑，进而实现强大的民族国家、法治的市场经济与有序的市民社会之间的良性互动，实现强国家与强社会的合作互补、共生共强。由此，在对国家与社会之间关系的解读上，二者肯定不是彼此独立的关系，进而需要明晰二者也绝对不是同等的社会权力，国家与社会权力之间也不是简单的此消彼长关系，需要明确否定形而上学地阐述国家中心论或社会中心论的非此即彼的极端化倾向，而是要将市民社会视为需要国家权力去积极建构的社会空间和社会权力，认清并警惕西方学界对市民社会的意识形态化蓄意解读与有意误读，乃至是在所谓"普世价值"下的政治说教。

如果超越国家中心论和社会中心论，将国家与社会之间的关系理解为一种历史进程或动态过程，那么，在将国家解读为观念与实践所塑造的社会存在时，国家与社会的关系可能也就会变得更加明晰而丰满起来，"这二者之间会交互重叠并加强，也可能会相互排斥甚至相互毁灭"。换而言之，国家类型也可能不再是纯粹意义上的"强国家"和"弱国家"这种划分（米格代尔，2013：16，60）；社会也不再是单调的强社会和弱社会这两种类型，而是各自都可能会有自己的强领域和弱领域，从而使得国家与社会的关系在不同历史时期、不同社会领域呈现出多样化的关系形态。因而，强国家或许是强大的有效政府与服务型政府（但绝非纠结于或迷信于简单的小政府与大政府这类问题的形而上学争执与抽象争辩），它更加可能是权威性强、合法性高、服务能力强，等等。而与强国家相互加强的强社会，它也是在强大的国家权力和国家秩序建构、让渡或释放出来的社会空间与社会权力。因而，强国家与强社会的相互强化或共生共强，其实就是要超越和打破零和博弈，实现正和博弈，从而为现代化建设创造良好的氛围与环境。由此，社会组织或市民社会的培育发展与监督管理问题，首要的是遵循依法培育发展和监督管理的原则问题，再就是充分体现时代精神与中国气派问题。这样，中国社会组织或市民社会的培育发展和监督管理，就会拥有更多的回旋空间、主动权和话语权，使之符合中国的社会实际和时代需求。

综观现代市民社会的研究和阐述的基本关注点，已从民主自由这样的大词逐渐到参与福利服务、社会建设、社会管理和社会治理的转变，在推进社会建设、加强和创新社会治理的今天，中国社会组织或市民社会更应该在参与社会建设、社会管理、社会治理、社会服务、利益表达、社会参与、重建秩序、社会互动、规范行为等方面发挥积极的能动作用，不仅关注民主自由议题，更要切实关注各类社会群体的经济权利、社会权利以及文化权利等。这里还需要加以明晰和阐述的是，虽然社会组织、市民社会、非政府组织与公共部门相比具有某些优点或长处，从理论上讲，它可以是基于"自愿主义"及"本土参与"原则，而非"自上而下"的社会控制，以及以任务为导向而致力于实现社会或发展目标，对人的需要也可能会更为敏感，因其更小的规模和更少的官僚作风，其运作可能会更加灵活。但是，这也可能会"吊高人们的期望"，所以对其功能与局限需要有明确而清醒的客观认识，政府及其干预不是解决社会问题的万能药方；同样的，社会组织、市民社会与非政府组织也肯定不是解决所有社会问题的万能药方（哈尔，梅志里，2006：14，23，24）。社会可持续发展、社会问题持续解决、人民福祉提升，需要强国家与强社会的积极互动和共同努力。

由此，在加强和创新社会治理的战略背景下来审视社会组织的培育发展问题，也是在现代社会或变动社会环境中关注公民的有序参与问题，关注社会既充满活力又安定和谐的问题。因而，作为市民社会主体的各类社会组织，可以是实现公民有序参与社会交往的载体，也可以是实现政府治理和社会调节、居民自治良性互动的载体，是公民有序化、建制化、组织化参与社会交往、进行利益诉求表达、参与社会建设、福利建设和社会治理的载体，在竞争、多元、流动和风险等不断加剧的现代社会条件下，在社会秩序、社会关系、行为规范、人际关系都被深刻改变的现代社会里，已不仅仅是对传统的社会管理理念和实践方式的全面挑战，更是对社会建设理念与路径的严峻挑战。从某种意义上来讲，在加强和创新社会治理时代，社会建设不仅需要加强社会治理的基础制度建设，同时也要不断加强有序社会的组织基础建设，提升社会建设的社会组织保障能力，通过强化社会组织建设去引领和支撑有序社会的建构。

第十三章

社会组织与有序社会的建构

　　加强和创新社会治理、完善社会治理体系、提高社会治理能力水平、构建全民共建共享社会治理格局、实现社会既充满活力又安定和谐的战略背景之下，从有序社会建构的高度来审视社会组织培育发展问题，也就是在现代社会或变动社会环境中审视有效实现公民有序参与、社会充满活力与社会安定和谐等重要问题。由此，作为市民社会主体的各类社会组织，如何才能有效承担起实现公民有序参与社会交往的重任，如何真正成为实现政府治理、社会调节与居民自治良性互动的载体，成为公民有序化、建制化、组织化参与社会交往、进行利益诉求表达、参与社会建设、福利建设和社会治理的载体，在竞争、多元、流动和风险等不断加剧的现代社会条件下，在社会秩序、社会关系、行为规范、人际关系都被深刻改变的现代社会里，通过积极支持、引导和规范各类社会组织的有序运行，借助有序社会的组织基础建设，提升社会建设的社会组织保障能力，进而实现通过强化社会组织建设去引领、支撑、助推和夯实有序社会的建构，实现强大的民族国家、法治的市场经济与有序的市民社会之间的良性互动，实现强国家与强社会的合作互补和共生共强。

一　社会建设的研究进展

　　自中国共产党十六大以来，社会建设日益被明确为国家战略，成为继经济建设、政治建设、文化建设之后的又一重要国家战略。围绕这一重要理论议题和热点问题，学界进行了大量的研究和阐述。

当前，学术界对社会建设的研究探讨，大致可以分为三种类型：一是围绕社会建设思想的理论阐述，尤其是对马列经典著作以及毛泽东、邓小平、江泽民、胡锦涛、习近平等主要领导人的论述展开的规范性研究。二是结合特定领域或论题对社会建设的学理性阐述，如陆学艺结合当前中国的社会结构和经济社会形势的研究；郑杭生对社会建设的前沿理论研究；李培林结合西方社会学理论和中国实践经验对建构和谐社会的研究与思考，等等。三是社会学和政治学界的研究，虽然他们都对民生和社会给予关注，但论述的侧重点有较大差别，所以我们又可以将其再分为两种类型：一类是以孙立平、郭于华、沈原、俞可平和何增科为代表，主张强化主体性社会、能动社会和市民社会的建设思路；另一类是以改善民生为重点的社会建设的聚焦，以陆学艺、郑杭生、李强、李培林、苏国勋、景天魁、洪大用等为代表。

结合党的相关文献，我们可以清楚地看到：社会建设的关键在党，党委发挥领导作用，政府负责具体实施，法治发挥保障作用。从相关学者的研究成果中，我们也清楚地看到：强调以改善民生为重点的社会建设是好事，但并不是光靠党委和政府就能改善民生、提升获得感和提升人民福祉的，还需要社会各方面积极地、广泛地、有序地和建设性地参与。同时，强调社会的主体性是重要的，但也要通过改善民生来建设能动社会和积极的社会组织或市民社会，即形成党委坚强领导、政府积极行政与一定程度的社会自组织的良性互动局面。

但是，广大人民群众如何有组织地、积极地、有序地、有效地和建制化地参与到以改善民生为重点的社会建设实践中来呢？这需要以相应的社会组织作为依托和抓手，在某种意义上，我们可以把这些形式多样的社会组织称之为中国市民社会，即主张某种价值或是结成某种社会组织、社会机构的社会存在，其主体是那些被称为民间组织、第三部门、非政府组织、非营利组织、社会团体、服务机构、基金会等的社会组织，同时也是某种价值和机构这两者的具体结合形式，也是公民为了实现意愿和利益而自愿组成的社会组织。这也就是《中华人民共和国宪法》第二章"公民的基本权利和义务"第三十五条规定的"中华人民共和国公民有言论、出版、集会、结社、游行、示威的自由"等六种自由中"集会"和"结社"的具体实现形式。

这里的"会"和"社"，是在法律面前一律平等，享有宪法和法律规定的权利，同时履行宪法和法律规定的义务的公民的集会和结社。结社就是"组织团体"。"会"可以理解为有一定目的的集会、成立的团体或组织，某些团体，聚会和集会；"社"可以理解为某些集体组织，某些服务性单位，集体性组织，团体，社团（《现代汉语词典》增补本，2002：564，1115，646；夏征农，2002：1565，3175；许威汉，陈秋祥，2002：366 - 367，752 - 753）。

二 社会建设的三个维度

怎么界定社会建设？我们尝试把它理解为社会建设的维度问题，也可以说是社会建设的层次问题，也就是我们如何来理解和界定"社会"，进而可能深入理解和全面认识如何开展社会建设这一最基本的或基础性的问题。

如果说从十六大到十六届四中全会提出的构建社会主义和谐社会以及建设和谐社会，是和往常一样把"社会"理解为宏观的大社会，或者说是"社会形态"的同义语，例如像资本主义社会、共产主义社会、新民主主义社会、中国特色社会主义社会等，指包括"由一定的经济基础和上层建筑构成的整体。也叫社会形态"（《现代汉语词典》增补本，2002：1115）。这体现的是中国共产党在一定社会历史时期和经济社会发展阶段的领导方略、执政理念和战略目标。基于此，如果说宏观和中观层面的中国特色社会主义社会、以改善民生为重点的社会建设、加强和创新社会管理以及创新社会治理体系、实现国家治理能力现代化，分别从政治和行政层面体现了党委领导和政府负责的话，那么微观层面的社会建设就应该是体现在社会协同和公众参与两个方面。通过社会组织或市民社会、社会团体等行动主体，或者说是组织化建制化的人群、组织和社团把福利服务传送到相应的群体或个人，把战略目标和行政任务分解开来并具体落到实处，在服务中实施管理，在管理中强化服务，这就可以更好地稳步推进社会主义和谐社会建设。这样也就可能把宏观、中观和微观层面上的"社会"三位一体地结合在一起，从而就可能使三个维度之间相互关联起来，积极联动起来。

　　但在当前的社会建设、社会管理和社会治理创新实践中，虽然社会管理格局和运行方式发生了一些变化，但主要还是计划经济时代社会管理格局的某种延续，除了依靠传统的行政组织体系来推行和实施社会政策，落实社会福利服务内容，在社会建设和社会管理中还比较缺乏社会组织、民间组织的积极有效参与。所以，政府在面临越来越繁重的社会建设和社会管理任务以及复杂的社会问题时，不得不依赖于传统的路径——扩张行政职能或扩充政府职能部门或机构，来临时性地解决和应对各种紧迫的和日常性的社会管理问题。但社会建设和社会管理过度依赖政府的行政化手段的后果可能是：大量资源集中于政府的相关职能部门，且由于日常行政事务繁多、人力资源有限以及专业化传送福利服务方法和技巧的不足或缺失，导致社会建设、社会管理和社会服务的实际效果难免受到各种削弱，群众满意度往往不高，群众获得感不强。而且随着经济社会发展、社会民主化、社会阶层利益分化、文化多元化、社会问题日益增多与复杂化，以及社会福利服务需求的日益多样化和复杂化，仅仅依靠单一的行政管理模式已经难以满足人民群众不断增长的生活改善需要和多样化福利服务需求。

　　当然也不可否认，一方面政府主导或者行政化的社会管理、社会建设与福利服务过程和形式具有其自身的优势，以强有力的政治、经济和文化等方面作为支撑条件（王思斌，1995：98），具有相对完备的组织体系、强大的社会动员能力以及群众熟悉等优势（王思斌，2009：132）。但是，另一方面也可能会制约公民参与社会事务和福利服务的可能性和积极性。这又进一步导致社会能动性的缺失，一些民众甚至把以改善民生为重点的社会建设、社会管理和福利服务仅仅当作政府的责任和义务，而自己也逐步变成了只有权利去争取各种好处，似乎没有义务去承担相应责任，更没有主动性积极性去承当责任和义务的原子化个体。这样的后果可能是：无论党委政府怎么投入更多的资源用于改善民生增进社会福利服务水平，但广大群众可能还是被排除在福利服务的生产之外，而不是积极主动地参与到福利服务资源的生产之中来。而社会组织的培育和发展，在党委政府和市场经济办不了、不好办、不愿办以及政府失灵、市场不灵之处开展福利服务、社会自组织、利益表达、价值主张、组织公民、教育公民、规范行为和重建秩序等方面积极行动，可能会更加有些助益，甚至是大有作为。换而言之，如果以"行政社会的实践逻辑"加以分析，即"以追求经济发展和财政扩张以及外部制约薄弱下的'万能型'能力"，与因"居民的无奈诉求以及困境的行政归咎，即将生活困境全部归咎于政府以及对政府帮助解决困境的不断诉求"，进而导致"政府承担无限责任"和社会自组织与自我调节能力的日益弱化，那么，良性行政与社会自组织的某种结合，更是推进社会建设、社会治理体系创新和治理能力现代化所要追求的目的（王春光，2013：15）。

基于相关研究文献，在政府职能从管理型（某些学者称为维控型）向服务型转变的宏观背景下，形成十八届五中全会描绘的"党委领导、政府主导、社会协同、公众参与、法治保障"的社会治理体制，并将治理引向精细化和共建共享的格局（见十八届五中全会报告），那么，社会组织在社会建设和社会治理创新实践中应该发挥什么样的作用或功能呢？

如果说现代市民社会是一种社会权力，并且是一种绝不能与国家权力混为一谈的社会权力，是在国家强大能力建构的秩序之下的公民集会和结社权利的具体实现形式，是国家留出、让渡、释放甚或是积极建构的一种社会空间。从西方发达国家的社会运行和稳定中，与之形成巨大反差的第三世界社会稳定的脆弱性和社会有序的紧迫性之中，我们似乎可以清醒地看到适合国情的、成熟的社会组织或市民社会的积极性和重要性。

由此，在对国家与社会关系的认识上，无论是基于国家－社会两分法，还是基于国家－市场－社会三个领域的划分方法，在这里，社会、社会组织抑或市民社会，也许就仅仅是一个程度差别的问题和国情差异的问题，而绝对不是一个有和无的问题。比如在一些福利国家中被吸纳或整合到政府当中，作为社会管理和公共服务的重要主体力量，成为促进经济发展和社会稳定有序的积极力量。日本、德国以及合作主义国家的情况，也许就属于这种类型。美国市民社会虽然在表面上具有相对独立的运作，其社团组织表现出很强的宗教色彩，但其运作经费方面也受到了政府拨款的大力支持，进而表现出与政府紧密合作的关系样态，某些福利组织或服务机构甚至是主要依赖于政府的资助而得以运作。而在一些第三世界国家，政府无力积极支持和有效管理社会组织或市民社会，使其严重依赖于或依附于境外的资助并听命于这些资助者的战略意图、政治目的或意识形态诉求，在缺乏有效沟通、互相排斥和相互信任的情况下无序发展，甚至成长为国内消极的、反对性的、对抗性的因素和势力，成为西方发达国家地缘政治、对外政策和国家利益的工具，形成了重要的不稳定因素或者根源。由此，无论是生搬硬套西方的实践、经验和理论去鼓吹其移植性发展，还是刻意回避和否定社会组织或市民社会的存在现实，都不是理性的可取的态度。照搬移植、模仿发展反映出的是思维懒惰或缺乏历史感、历史虚无主义与道德虚无主义；刻意否定或回避社会组织或市民社会存在和发展的社会现实，是不愿意抑或不敢直面现实存在，从而也不愿意去支持、管理和引导其健康有序的发展，发挥其在社会建设、社会管理与社会治理中的积极作用。因为，现代社会组织或市民社会作为一种历史的社会的存在，有其存在的客观必然性和必要性。基于此，从某种意义上加以审慎地审视，甚至可以这么说，对于社会组织这块重要阵地，如果社会主义不去占领，资本主义可能会去占领；本国政府不去支持其发展，境外非法势力出于某种战略需要和政治企图，也可能会去支持其发展。所以，这类社会领域和社会空间需要的是国家（政府）的引领、引导和管理，根据本国的现实需要去培育社会组织、建构市民社会，促进其积极健康发展，形成并掌握培育发展与监督管理的话语权和主动权，从而在国内发挥积极的建设性作用，在与国际非政府组织的交往中发挥应有的积极作用。

所以，中国市民社会是作为党委政府、市场经济之外的第三种主体性力量（它们三者之间是相互依赖和相互支持的关系形态），发挥的是参与社会建设、社会管理、社会治理和公共服务，增强社会服务和社会管理的功能；在实践中是通过这些社会组织更加有效地提供公共产品和公共服务，形成福利服务的合力；引导和扩大群众参与社会建设、社会管理、社会治理、协同治理和福利治理，反映群众诉求，规范公民行为，发挥公民和社会组织在社会公共事务管理和福利服务生产与提供中的积极作用，形成社会建设与管理合力。这也正是我们论述与社会建设紧密相关的第三个层面——培育社会组织或重视市民社会建设与和谐社会建设、平安中国建设的关系问题，亦即关注社会组织发展或市民社会培育发展与监督管理问题的旨趣所在。

三 社会组织的功能与局限

（一）社会组织的功能

基于对社会建设三个层面（或维度）的划分，我们把党委领导理解为宏观和政治层面，政府负责或主导视为中观和行政层面，将社会协同和公众参与视作微观层面，在社会主义和谐社会、社会建设、社会管理、社会治理创新与平安中国建设的实践推进中，实现三位一体的积极联动和相互支持。由此，需要对社会组织或市民社会的功能进行适当的阐述。

如前所述，社会组织既是一种社会价值，又是一系列社会机构；是遵循宪法和法律，既是作为权利主体又是作为义务和责任主体的公民为了实现某种意愿和特定利益而自愿结成的人群、组织和社团，具体表现为社会组织、社会团体、民间组织、基金会、非政府组织、非营利组织、第三部门等具体形式。构成市民社会的这些社会组织和社会团体可以发挥什么功能与作用呢？我们将从下面七个方面做出尝试性的论述。

1. 参与功能。通过组织、教育、团结和扩大公民有序参与到社会建设、社会管理、社会治理、公共服务和福利服务的提供和生产当中来，形成建设、管理、治理和服务的合力，促进公益事业发展，实现更好的社会福利状态，增进人民群众的获得感和满意度。

2. 服务提供功能。各类社会组织和社会团体可以依托和发挥专业化的方法和技巧优势，参与到政府推进的扩大购买公共服务中，发挥专业优势以更有效地提供公共产品和公共服务；各类基金会可以促进公益事业发展；在农村培育和引入服务性、公益性、互助性、生产性的社会组织，有利于健全基层管理和服务体系，可以共同合力推进农村的改革、发展与稳定。

3. 诉求表达功能。通过畅通、规范和反映群众诉求，有序表达群众诉求，在党委政府和人民群众之间发挥积极的桥梁和纽带作用，畅通表达渠道，增进行政的及时性、针对性和有效性，更加有效地进行社会管理和提供公共产品及公共服务。

4. 促进社会稳定功能。通过提供专业化服务，承担连接和沟通不同群体和组织、人民群众与党委政府之间的关系，增强社会各阶层、各群体的相互认同，促进社会团结。针对弱势群体需求，整合社会资源发展社会福利，协助解决社会福利服务的供需矛盾，缓解、防止贫富分化、对立而产生的各种社会矛盾和冲突，解决社会福利需求及日常生活服务需求，化解日常生活矛盾，促进社会和谐，实现社会生活稳定有序，把矛盾化解在萌芽之中，维护社会安定团结。

5. 规范行为的功能。通过社会组织或市民社会的内部效应，可以发挥教育公民、培养公民和形成公民美德的作用。公民通过一定的组织、团体和渠道有序参与社会建设、社会管理、社会治理、公共事务和福利服务活动，在参与中学习民主决策、相互合作、磋商协调，提升政治参与素质和政治效能意识，促进市民认同。市民认同是作为"个人的自我意识被它的集体性自我意识部分取代时的一种行为；作为一个整体的社会以及市民社会的制度或机构乃是他的集体性自我意识的对象"，就是"承认他人至少具有与自己同等的尊严，而绝不贬抑他人的尊严"，也就是要求同等地尊重自己和自己的对手；通过"市民认同渗透到个人之间的行为、个人与国家之间的行为、个人对社会的行为。集体之间、集体与国家、国家内部个人之间的关系"，实现"市民社会与国家由宪法和传统结合在一起，宪法与传统强调彼此的义务以及一方相对另一方的权利。宪法、法律与传统亦规定了个人与集体之间的权利"。因而，这样的社会组织或市民社会就不同于"群众民主"，因为它"顾及人中所有阶层，而不只是一个阶层的利益和理想"。它也明显地不同于"追溯性民主"，因为它"不停地监视与评估政府，并不允许政府扩展其活动的深度与广度"。所以，我们希望的是这样的社会组织或市民社会，"在那里法律既约束国家，也约束公民"（见邓正来等，1998：32 - 48），进而培育和形塑更多自觉履行市民认同美德的公民和政治家。

6. 民主监督功能。社会组织或市民社会具有相对于国家的某种相对独立性，这种独立性是以强大的国家能力建构社会秩序为基本前提的，是"国家"分配和压缩社会权力的结果。正是基于这种相对的独立性，才使得国家受到某种实质性、程序性和象征性的制约，这种制约作用在某些学者和官员那里可能会被看作绝对消极的因素，甚至是"社会恐惧症"的重要根源，成了反对培育、发展和建设主体性能动性市民社会或积极培育社会组织的主要的和潜在的理由（孙立平，郭于华等，2010；沈原，2008）。但是，为了一个积极的理想——个人自由和集体自由，这种制约也许是必要的。但可以试想：如果我们不去培育发展和规范管理这样的社会领域，其他类型的社会组织依然会去占领那些重要阵地。当然了，我们需要明确强调的是：社会组织或市民社会不同于也绝对不是"群众民主"，而是顾及公民当中的所有阶层，而不只是某个阶层的既得利益和抽象理想。它也不同于"追溯性民主"，因为它总是梦想着不停地监视与评估政府，不允许政府扩展其活动的深度与广度。这种梦想不仅在西方发达国家没有变成现实，从某种意义上讲，在任何一个法治政府、有效政府、服务型政府和负责任的强政府中，此种梦想或意识形态教条都不应该变成现实。

7. "反内卷化"功能。借用内卷化概念，社会组织或市民社会的积极培育和健康发展在一定程度上可以起到预防、减少和解决社会福利政策、社会建设、社会管理、社会治理中的某些内卷化问题，促进社会政策的效率、公平和可及性目标（迪安，2009：1-8），提高社会建设、社会管理、社会治理方面各种投入和资源的公平、效率和可及性等问题，提升民众满意度、群众获得感和政府合法性。因为，从一般情况来看，社会福利服务政策的实施需要党委政府、市场经济、社会组织、社区组织和公民主体等方面的积极参与，而且只有组织化、建制化的公民有序参与，才是把福利服务落到实处的更为有效的途径。

（二）社会组织的局限

1. 任何一种（个）组织，会发挥出某种功能，同时也会有其自身固有的弱点和缺陷。社会组织或市民社会作为社会中的组织亦然。正如我们现在已经完全认清了政府神话和市场神话都是不可取的一样。所以，社会组织或市民社会神话也同样的是不可取的。它绝对不会天然地就是富有爱心、互助参与、民主自治、公平正义、灵活高效、圣洁与美德、绝对地没有官僚主义和繁文缛节，而是需要培育发展和管理监督并重，是需要宪法法律、规章章程的有效规制，通过法治、自治、自律、他律、互律，使其健康地发展，从而在社会性、公益性、事务性的社会建设、社会管理、社会治理与福利服务中发挥积极的协同和互补作用，与党委政府、市场经济两个主体一道，整合社会资源和利用专业优势，做好服务群众、改善福利服务的工作，积极发挥在社会建设、社会管理、社会治理、公共服务、规范行为、重建秩序等方面的桥梁与纽带作用。

2. 在第三世界的一些国家里，社会组织或市民社会出现了畸形发展的状况，严重依赖境外基金会和非政府组织的支持而无序发展壮大，成为反政府的因素与力量，成为西方发达国家地缘政治、对外政策和国家利益的御用工具，并被少数学者宣扬为完全自主和独立性的社会组织或市民社会，这就会掉进西方国家精心设计的陷阱里。但是，更加需要进一步正视、研究和反思的是，这种情况也只是相对于国内软弱无能的、无力自主的和不能有效治理国家的政府的相对或绝对独立性，同时也是特定社会组织或市民社会相对于境外基金会以及国际性第三部门的完全依赖性、依附性、不自主性和丧失独立性。但不可忽视的事实是，这首先反映出的是，社会组织或市民社会在这些国家具有一定的客观现实需求；其次，在国家与社会关系形态方面，存在着比较缺乏对社会组织或市民社会的支持与互动；再次，就是在没有有效规制的情况下放任社会组织或市民社会的蔓延发展、无序发展；再就是这种情况在任何一个有效治理的大国里是不可能发生的。所以，我们既要正视社会组织发展或现代市民社会建设面临着复杂的国际国内环境，要坚持培育发展和监督管理并重的原则，同时也要注重本国社会组织或市民社会话语系统、话语权力和主动权的尽快建立。当然了，也不能借着此类问题的复杂性和严重性，就简单地把社会组织或市民社会当作西方国家设计好了的"陷阱"，甚至就此而简单地把社会组织或市民社会妖魔化和打杀掉，进而维持和加剧社会恐惧症，将社会建设变成了权力建设，一味依靠权力扩张来解决社会管理、社会治理和公共服务领域的众多问题。因为，社会组织或市民社会不仅是国家软实力的重要组成部分，其各类组织还可以在社会建设、社会管理、社会治理和公共服务中发挥积极的建设性作用。

3. 由于各类社会组织或市民社会内部的多样性和复杂性，因而可能同时存在着被神话化和妖魔化的问题。恰如托克维尔在《论美国的民主》（下卷）中所描述的那样，美国社会不仅有各种商业和工业团体，而且有各种各样的基于个人利益、自愿和有道德基础的社会组合和公民结社，比如从宗教类型的到道德类型的社会团体，从严肃的到无聊的社会团体，从宗旨宽泛的到狭隘的社会团体，从成员众多的到极少的等类型的社会团体。因为，在民主国家，公民都是独立而软弱无力的，不能单凭自己的力量去成就事业，也不可能强迫他人帮助自己，如果他们不能学会自动地互助，就会全都陷入无能为力的危险状态（托克维尔，1989：89）。

但是，也正是由于其多样性和复杂性，以及基于各自需求和利益而表现出的多元诉求，可能会出现矛盾、对立等问题。因此，在社会转型加速、利益诉求与服务需求多样化的今天，公民教育、公民美德的培养、公民行为的规范、市民社会认同的增进，也就显得更加重要和紧迫。因此，必须看到发展中的两种可能性。在看到其积极作用时不可以神话化，也不能以偏概全，一看到负面影响就一概地妖魔化。

4. 国家与社会组织或市民社会的关系形态，都是一定历史条件下的社会事物。国家与社会之间关系也具有历史性、时代性和变异性等特点。洛克和托克维尔等人看到了国家压制人类自由以及权力存在的危险性，进而主张保持一个活跃的、警觉的、强有力的市民社会，通过各种民间社团来制衡国家权力和政府机构的膨胀，扩大市民社会的自治范围，缩小国家的活动范围。潘恩面对的是专制主义和干预主义的殖民政府，为给反抗的合法性提供强力辩护，因而极力倡导市民社会对抗国家，主张积极限制国家权力，极力扩张市民社会权力以对抗干预主义的国家权力。虽然在20世纪七八十年代，整个发展中国家的非政府组织和政府之间的关系普遍紧张，当代也有少数激进的市民社会论者把苏联及东欧的国家与社会的关系描述为一种支配和被支配、控制和被控制的紧张对立关系，主张市民社会反对国家的压制，如美国学者阿拉托就将波兰的社会运动描述为"公民社会反抗国家"。但是，社会组织或市民社会与国家共生共强，社会组织或市民社会积极参与国家事务，市民社会、强大的有效政府与法治的市场经济之间建立起相互支持、高度合作、共生共强的互动关系，民主法治和经济发展才会更有希望，人民福祉才能不断提升，群众获得感才会不断增进。由此，政府支持社会组织或市民社会，市民社会与政府实现合作和互强才是强大国家、负责任的有效政府的积极选择、明智决断。因为，强国家绝不是仅仅倚靠政治、政府和行政去介入一切领域，仅仅靠着强大的社会政治动员进行社会治理，而是国家与政府治理能力强大，但绝对不是靠横暴权力逞强。强大的国家/政府可以通过与社会团体、社会组织、市民社会和第三部门的共同协调，与群众团体一道实施、增加和创造福利，并为公民提供良好的福利服务，从而增进人类福祉，保障公民的幸福生活，增进统治和行政的合法性和有效性，通过有效治理、善治来促进社会建设，助推社会自组织能力形成和自我调节机制建立，提升社会治理和运行水平。

四　社会组织与有序社会的建构

（一）社会组织培育和发展的方向

社会组织或市民社会不仅包括社会机构，还涵盖了社会价值、公共领域和社会运动等社会领域。就其培育和发展问题，在发达国家（如日本、法国）成立社会组织也是有具体的严格的规制的。从日本法律上看，成立社会组织是需要由特定政府部门批准的特权；另外一些国家则通过选择性资助形式来实质性调控其发展（如法、美、德等国）。因而，讨论中国社会组织培育或市民社会的培育和发展问题，绕不开的首先是其法律地位问题，再就是现阶段发展的重点方向问题。

在社会转型和政府转型的时代，中国社会组织培育发展的方向或重点领域是在哪些方面呢？在相关法律中的主要提法是社会团体，而在党的文献中，主要提法是社会组织，所以我们在本文中也就把社会团体和社会组织等同起来使用，将中国社会组织或市民社会的功能定位在"参与社会事务、维护公共利益、救助困难群众、帮教特殊人群、预防违法犯罪"等方面。

在社会转型加快的时代，由于中国经济社会的迅速发展、社会民主化、社会利益分化、文化多元化、社会问题日益增多和社会福利服务需求的日益多样化和复杂化，仅仅靠单一的行政管理模式已经难以满足人民群众不断增长的生活需要和多样化福利服务需求。基于人民群众需求多样性和复杂化，提供主体和提供方式多元化特点，以及供给形式的多层次性，作为市民社会载体并提供福利服务的社会组织的具体表现形式也将会表现出多样性，诸如侧重于社会建设、社会管理、社会治理、公共服务、公益事业、公共品提供、扩大群众参与、增进社会自治功能、反映公民诉求、规范公民行为、利益协调、权益保障等的社团（社会）组织，以及农村的各类服务性、公益性、生产性、互助性和基础性的社会组织等。

所以，在公共服务、社会建设、社会管理、社会治理、社会自治、利益表达、公众参与、社会互助与权益保障等领域，将成为当下中国社会组织培育发展的重点方向。

（二）社会组织与国家的关系形态：双强战略

国家与社会组织或市民社会都是一定历史条件下的社会存在，所以二者之间的关系也具有历史性、时代性和变异性等特点。

洛克和托克维尔等人基于国家压制人类自由以及权力的危险性预设，进而主张通过各种民间社会团体来制衡国家权力和政府机构的过度膨胀，扩大社会组织或市民社会的自治范围，缩小国家的活动范围。而潘恩则因为面对的是专制主义和干预主义的殖民政府，因而过度强调扩张市民社会权力以对抗国家权力。

尽管在 20 世纪七八十年代，整个发展中国家的非政府组织和政府之间的关系普遍紧张，当代也有少数激进的市民社会论者把苏联及东欧的国家与社会的关系描述为一种支配和被支配、控制和被控制的紧张对立关系，主张市民社会反对国家的压制和控制，如美国学者阿拉托就将波兰的社会运动描述为"公民社会反抗国家"。然而，只要稍加审视就会发现，这后面的政治意图和意识形态，实在太浓了。

但是，社会与国家共生共强，社会组织或市民社会积极参与国家事务，社会、政府与市场之间建立起相互支持、高度合作的良性互动关系，民主法治和经济发展才会更有希望，政府支持社会组织或市民社会，市民社会与政府实现合作和互强才是强大国家、负责任政府的积极选择和明智决断。因为，强国家不是靠政治、政府和行政去介入一切领域，仅靠强大的社会政治动员进行治理，而是国家与政府治理能力增强，而绝不是横暴权力逞强。强大的国家/政府可以通过与社会团体、社会组织、公民社会和第三部门的共同协调，与人民一道实施、增加和创造福利，并为公民提供良好的福利，从而实现更好的福利状态，保障公民的幸福生活，增进统治和行政的合法性，通过有效治理来促进社会建设、社会管理和社会治理，实现社会善治目标。

所以，双强战略是中国社会与国家的关系所应该选择的积极形态。

（三）培育发展和监督管理并重

在前面结合党的文献的分析中，已经明确了社会团体或社会组织可以在公共服务、社会建设、社会管理、社会治理、社会自治、利益表达、公众参与、社会互助与权益保障等方面发挥积极功能。而对社会组织培育发展或现代市民社会建设的功能分析中，我们分析了公民参与、诉求表达、促进社会稳定、规范公民行为、提升社会自组织能力、建立社会自我调节机制、助推社会有序和谐、民主监督、反内卷化等功能。

但是，任何一种（个）组织，在发挥其功能和作用的同时，都会有其自身固有的弱点和缺陷，社会组织或市民社会亦然。正如我们现在已经完全认清了政府神话和市场神话的不可取一样，所以，社会组织或市民社会的神话，也同样是不可取的。它绝对不会天然就是富有爱心、互助参与、民主自治、公平正义、灵活高效、圣洁与美德、绝对没有官僚主义和繁文缛节，而是需要培育发展和监督管理并重，使之受宪法法律、规章章程的有效规制，通过法治、自治、自律、他律、互律，保障其健康发展，从而在社会性、公益性、事务性的社会管理与福利服务中发挥积极的协同和互补作用，与党委政府、市场经济两个主体一起，整合社会资源和利用专业优势，做好服务群众、改善福利服务的工作，积极发挥在社会建设、社会管理、社会治理创新、公共服务提供等方面的桥梁与纽带作用。

在一些第三世界国家，社会组织或市民社会出现了畸形发展状况，严重依赖境外基金会和国际非政府组织的支持而无序发展壮大，丧失了健康发展的话语权和主动权，成为反政府的因素和力量，成为西方发达国家地缘政治、对外政策和国家利益的工具，并被少数学者宣扬为完全自主和独立性的市民社会，这就会掉进西方国家精心设计的陷阱里。但这只是相对于国内软弱无能的、无力自主的和不能有效治理国家的政府的相对或绝对独立性，同时也是社会组织或市民社会相对于境外基金会以及国际非政府组织的完全依赖性、不自主性和丧失独立性。而这首先反映出的是，社会组织或市民社会在这些国家有客观需求；其次，在国家与社会关系方面，一般是比较缺乏对社会组织或市民社会的支持、互动、管理和监督；再次，是在没有积极有效规制的情况下放任社会组织或市民社会的蔓延。但是，这种情况在任何一个有效治理的负责任的国家/政府里是不可能发生的。

所以，正视社会组织培育或市民社会发展面临着的复杂的国内与国际环境，坚持培育发展和监督管理并重的原则，同时注重中国社会组织或市民社会话语体系和话语权力的建立，是获得发展主动权和话语权的关键。当然，也不能借此问题的复杂性和严重性，就简单地把社会组织或市民社会当作西方国家设计好了的"陷阱"，进而维持和加剧"社会恐惧症"，将社会建设变成了单一的权力建设，依靠权力扩张来解决社会管理、社会治理、公共服务等问题。对一个善治的社会来说，社会组织或市民社会不仅是国家软实力的重要组成部分，其各类组织可以在社会建设、社会管理、社会治理和公共服务中发挥积极的建设性作用，并且能够增进社会团结，动员更多的社会成员参与到社会建设和社会治理过程中来，形成多元共治的良性互动局面，提升社会有序和谐，增进人民群众的参与性、主体性和获得感。

由于社会组织或市民社会组成的多样性和复杂性而可能被神话化和妖魔化的问题，我们在社会组织培育或市民社会建设中，不能无条件地任其发展，更不能任其无序发展。但是，也不应该简单地将它视为异己而排斥它，而要建立一种有序发展的制度化机制，让它能够适合国情和社会需要的健康发展，发挥它积极的建设性作用。在中国经济社会迅速发展、社会转型加快、"三期叠加"、社会民主化、社会利益分化、社会问题日益增多和社会福利服务需求日益多样化和复杂化的今天，仅仅靠单一的行政管理模式，已经难以满足人民群众不断增长的生活需要和多样化福利服务需求。基于人民群众需求多样性和复杂化，提供主体和提供方式多元化特点，以及供给形式的多层次性压力，作为市民社会载体并提供福利服务的社会组织的具体表现形式也将会表现出多样性，诸如侧重于社会建设、社会管理、社会治理、公共服务、公益事业、公共品提供、扩大群众参与、增进社会自治功能、提升社会自组织能力、建立社会自我调节机制、反映群众诉求、规范公民行为、协调利益关系、重建社会秩序、促进权益保障等方面的社团（社会）组织，以及农村的各类服务性、公益性、生产性和互助性社会组织等等。由于其多样性和复杂性，以及基于各自需求和利益而表现出的多元化诉求，在发展也可能会出现矛盾、对立等问题。因此，在社会转型加速、利益诉求与服务需求多样化的今天，公民教育、公民美德的培养、公民行为的规范、市民认同的增进就显得更加重要了，因此必须看到发展中的两种可能性，坚持培育发展和管理监督并重的政策方针，建立制度化、规范化社会管理体制，积极营造法治化的社会组织或市民社会发展环境，创造有序竞争的环境条件，来引导各类社会组织健康发展、持续发展和创新发展。

在新形势下适应经济社会发展的转型需要，坚持"多方参与、共同治理"的理念要求，在政府、市场和社会之间实现积极的良性的互动。在社会建设、社会管理、社会治理与社会服务中，既要提高政府管理和服务的能力和成效，又要不断增强社会自我管理能力，提升社会自组织能力，建立社会自我调节机制。而增强社会自我管理能力和服务能力，需要有效地调动人民群众的主体性、积极性、主动性和创造性，这给中国社会组织或市民社会的培育发展创造了良好的契机，同时也对社会组织或市民社会的培育发展和监督管理提出了更高的要求。因为，中国社会所需要积极培育发展的市民社会及各类社会组织是积极适合中国政治经济社会文化发展水平和要求，在推进社会建设与创新社会治理体系中发挥积极的建设性作用的一种重要的主体性力量，而不是简单地培育某种工具。也只有在这样的理念前提之下去培育发展中国的社会组织或现代市民社会，才可能形成政府、市场和社会的良性互动格局，推动多种主体积极参与社会建设和社会治理，促进社会运行的协调有序。

基于此，也就不会简单地把社会组织或市民社会与党委政府对立起来，或者仅仅把培育社会组织或现代市民社会建设视作政府管控社会，再抑或是提供福利服务的纯粹工具而已。因为，适合中国国情和时代需要的社会组织培育发展或现代市民社会建设，同时也是社会建设战略中的某种目的追求——社会需要一定的主体性、自主性与能动性，社会可持续发展、社会有序和谐已离不开自组织能力与自我调节机制的积极建立。

（四）社会组织与有序社会的建构

在加强和创新社会治理的战略部署与社会实践中，不断完善社会治理体系、实现国家治理能力现代化，是新时期创新和加强社会治理的归宿点和落脚点。由此，在不断完善"党委领导、政府主导、社会协同、公众参与和法治保障"的社会治理体制的实践中，首先要创新和深化对社会治理的理念、方式和基础的相关认识。在治理理念层面，创新社会治理绝不能再等同于创新管控方式或者单向度加强社会控制，不能再依赖于或停留于单向度的强调社会稳定和秩序控制，或者再依赖于传统维稳思维定式下的惯习、实践与路径，而是要更加良性地、有建设性和持续性地统筹兼顾好社会充满活力和社会安定和谐两个大局。在治理方式层面，稳步转变治理方式，也就是要稳步推进全民共建共享型治理和社会治理精细化水平，稳步推进服务型治理，实现以服务促管理，寓管理于服务过程之中，使之更加切合现代社会高度复杂化、社会结构多元化、社会群体日益分化、社会流动性加快、社会风险高发的基本现实，使之更好地契合源头治理、动态管理和标本兼治的社会需要。由此，在治理基础建设层面，一个是社会治理基础制度建设，另一个是社会治理组织基础建设，实现了二者的积极互动和良性发展，加强和创新社会治理也就有了基础保障、源头活水和不竭动力。

对于加强社会治理的两个基础建设，在基础制度建设方面的阐述相对较多，在行文中，我们将从简处理。由于对组织基础建设的相关阐述，显得相对较少，因而我们的行文也将适当多用些文字。

关于社会治理基础制度建设，从《中华人民共和国宪法》第二章赋予公民的相关基本权利当中，到《中华人民共和国城市居民委员会组织法》

《中华人民共和国村民委员会组织法》《社会团体登记管理条例》等法律法规当中，再到国家"十三五"规划中提出健全社会组织管理制度、健全政府信息发布制度、完善政府社会治理考核问责机制、完善公众参与机制、完善公众参与治理的制度化渠道、健全权益保障和矛盾化解机制，等等，这些法律法规和政策安排，不仅为社会治理基础制度建设提供了法治保障，也为社会治理基础制度建设创新了理念基础和行动空间。

关于社会治理组织基础建设，就是要为完善社会治理结构、为社会有序和谐、为构建起全民共建共享的社会治理格局，提供可靠的组织基础或组织保障。基于前文对"社会"的三个层面的解读，如果将社会建设与社会治理置于推进全面依法治国的战略背景下，将中国共产党领导全国各族人民建设社会主义和谐社会视为宏观层面的社会形态建设，将政府主导视为中观层面的依法行政、政府治理和服务治理等行政能力提升范畴，将社会协同、公众参与视为微观层面的社会调节、居民自治与社会自组织等能力建设范畴，抑或看作建制化、组织化的公民有序参与能力水平提升范畴。基于此，统筹兼顾好社会既充满活力又安定和谐两个大局，在党委领导、政府主导下，借助社会组织平台实现社会协同，完善公众参与机制和有序参与社会治理的制度化渠道，在依法保障公民知情权、参与权、决策权和监督权过程中，在健全利益表达协调机制、健全权益保障和矛盾化解机制过程中，也就日益要求社会组织在协调社会关系、重建社会秩序、约束社会行为、规范成员行为等方面发挥积极作用，进而建立社会自我调节机制、增强社会自我调节功能、完善社会治理结构。

换而言之，在党委政府留出、让渡、释放和转移出一定社会权力与社会空间之后，在政府扩大购买服务的过程中，社会组织的发展壮大也就会有更多资源和更大空间。理所当然的，权力与空间的扩展，必然要求和伴随着责任扩展与能力提升。由此，在赋予社会组织以权力和空间的同时，在社会组织行使更多权力和职责的同时，在各类社会组织日益借助于专业化人才提供专门性福利服务，减轻各级政府传统行政性福利服务提供压力，提供各种专业化福利服务而实现社会治理精细化的同时，积极建设好适合中国国情和时代需要、适应加强和创新社会治理现实要求的社会组织，建构好这种社会权力、社会空间和社会主体力量，需要进一步深入研究中国社会组织的数量规模、功能发挥、结构优化、外在监管、内部治理、行业互律等重要问题，进而为监管部门创新社会组织的管理和规制等规章或政策（如成立、发展、交往、运行、退出和淘汰等），提供有益的参考与借鉴。由此，中国社会组织的培育发展就不仅仅是符合中国国情和社会需要，积极适应于加强和创新社会治理的时代需要，为构建全民共建共享的社会治理格局，为实现中国社会既充满活力又安定和谐，提供了可靠的组织基础和组织保障。同时，中国社会组织培育发展的成功经验，也就不仅仅是具有了中国气派和中国话语，更有了重要的国际意义，对第三世界国家社会组织的自主发展和创新发展提供有益借鉴，为更好地实现国家、社会与市场的良性互动，为转型、发展、稳定和福祉等奠定组织基础和组织保障，为构建全民共建共享社会治理格局，提供强大助推力量和社会组织保障。如果从加强和创新社会治理的战略部署来加以阐释，这或许也就是马克思社会理论中曾经论述过的重要思想，即有序社会建构或社会治理要超越"国家管制、控制、指挥、监视和维护着市民社会"，并"让市民社会和舆论界创立自身的、不依靠政府权力的机关"（马克思、恩格斯，1972：641），发挥社会的主体性和能动性，助力社会可持续发展，提升社会自组织能力建设，完善社会自我调节机制，进而实现国家与社会之间的良性互动。

总而言之，在完善社会治理体系、提升社会治理能力水平、构建全民共建共享社会治理格局、实现社会既充满活力又安定和谐的战略背景之下，从有序社会建构的高度来审视适合中国国情的社会组织培育发展问题，就是要使各类社会组织在有序运行的前提下，真正成为实现政府治理、社会调节与居民自治三者良性互动的积极载体，成为公民有序化、建制化、组织化参与经济社会交往、进行利益诉求表达、参与社会建设、福利建设和社会治理的积极载体，在竞争、多元、流动和风险等不断加剧的现代社会条件下，在社会秩序、社会关系、行为规范、人际关系都被深刻改变的现代社会里，国家通过积极支持、引导和规范各类社会组织的有序运行，以推进社会组织建设作为重要抓手，借助有序社会的组织基础建设，提升社会建设和社会治理的组织基础与组织保障能力，进而实现通过强化社会组织建设去引领、支撑、助推和夯实有序社会的建构，实现强大的民族国家、法治的市场经济与有序的市民社会之间的良性互动，实现强国家与强社会的合作互补和共生共强。

参考文献

爱弥尔·涂尔干，2002，《社会学与哲学》，梁栋译，上海人民出版社。

安东尼·哈尔，詹姆斯·梅志里，2006，《发展型社会政策》，罗敏等译，社会科学文献出版社。

安东尼·吉登斯，2000，《超越左与右——激进政治的未来》，李惠斌、杨雪冬译，社会科学文献出版社。

安东尼·吉登斯，2000，《第三条道路——社会民主主义的复兴》，郑戈、渠敬东、黄平译，北京大学出版社、三联书店。

安东尼·吉登斯，2011，《现代性的后果》，田禾译，译林出版社。

安东尼奥·葛兰西，1983，《狱中札记》，葆煦译，人民出版社。

陈柏峰，2010，《乡村江湖：两湖平原"混混"研究》，中国政法大学出版社。

邓正来，1994，《中国发展研究的检视——兼论中国市民社会研究》，《中国社会科学季刊》第 8 期。

邓正来，1996，《国家与社会——中国市民社会研究的研究》，《中国社会科学季刊》第 15 期。

邓正来，2002，《市民社会理论的研究》，中国政法大学出版社。

邓正来，景跃进，1992，《建构中国的市民社会》，《中国社会科学季刊》第 1 期。

邓正来，亚历山大，1998，《国家与市民社会：一种社会理论的研究路径》，中央编译出版社。

菲利普·萨拉森，2010，《福柯》，李红艳译，中国人民大学出版社。

高丙中，2008，《民间文化与公民社会：中国现代历程的文化研究》，北京大学出版社。

高丙中，袁瑞军，2008，《中国公民社会发展蓝皮书》，北京大学出版社。

郭道晖，2006，《公民权与公民社会》，《法学研究》第 1 期。

哈特利·迪安，2009，《社会政策学十讲》，岳经纶等译，上海人民出版社。

何增科，1993，《市民社会与文化领导权：葛兰西的理论》，《中国社会科学季刊》第 4 期。

何增科，1994，《市民社会概念的历史演变》，《中国社会科学》第 5 期。

何增科，2000，《公民社会与第三部门》，社会科学文献出版社。

何增科，2001，《公民社会与第三部门研究引论》，《马克思主义与现实》第 1 期。

黑格尔，2009，《法哲学原理或自然法和国家学纲要》，范扬，张企泰译，商务印书馆。

黄海，2010，《灰地：红镇"混混"研究（1981—2007）》，三联书店。

卡尔·波兰尼，2007，《大转型：我们时代的政治与经济起源》，冯钢、刘阳译，浙江人民出版社。

康德，2005，《法的形而上学原理——权利的科学》，沈叔平译，商务印书馆。

拉里·埃利奥特，丹·阿特金森，2001，《不安全的时代》，曹大鹏译，商务印书馆。

莱斯特·萨拉蒙，赫尔特·安海尔，1994，《公民社会部门》，周红云译，《社会》第 2 期。

2001，《朗文十万词词典》，外语教学与研究出版社。

李华驹，2002，《21 世纪大英汉词典》，中国人民大学出版社。

卢梭，2003，《社会契约论》，何兆武译，商务印书馆。

罗纳德·H. 奇尔科特，1998，《比较政治学理论——新范式的探索》，潘世强等译，社会科学文献出版社。

洛克，1987，《政府论》（下篇），叶启芳、瞿菊农译，商务印书馆。

马克思、恩格斯，1972，《马克思恩格斯选集》（第一卷），人民出版社。

马克斯·韦伯，1987，《新教伦理与资本主义精神》，于晓等译，三联书店。

马泰·卡林内斯库，2002，《现代性的五副面孔》，顾爱彬、李瑞华译，商务印书馆。

麦克·布洛维，2007，《公共社会学》，沈原等译，社会科学文献出版社。

米尔斯，2005，《社会学的想象力》，陈强、张永强译，三联书店。

Neil Gilbert，Paul Terrell，2003，《社会福利政策导论》，黄晨熹等译，华东理工大学出版社。

诺贝特·埃利亚斯，2006，《个体的社会》，翟三江、陆兴华译，译林出版社。

裴宜理（Elizabeth J. Perry），2008，《中国式的"权利"观念与社会稳定》，阎小骏译，《领导者》第 23 期。

齐格蒙德·鲍曼，2001，《全球化：人类的后果》，郭国良、徐建华译，商务印书馆。

乔尔·S. 米格代尔，2013，《社会中的国家：国家与社会如何相互改变与相互构成》，李杨、郭一聪译，江苏人民出版社。

清华大学社会学系社会发展课题组，2010，《以利益表达制度化实现社会的长治久安》，《领导者》第 33 期。

塞缪尔·亨廷顿，2008，《变化社会中的政治秩序》，王冠华、刘为等译，上海人民出版社。

沈原，2007，《社会的生产》，《社会》第 2 期。

沈原，2008，《又一个三十年？转型社会学视野下的社会建设》，《社会》第 3 期。

孙晶，2004，《文化霸权理论研究》，社会科学文献出版社。

孙立平，2009，《以重建社会来再造经济》，《社会学研究》第 2 期。

孙立平、郭于华等，2010，《走向社会重建之路》，《战略与管理》第 9/10 期。

童世骏，1993，《"后马克思主义"视野中的市民社会》，《中国社会科学季刊》第 5 期。

童世骏，2010，《中西对话中的现代性问题》，学林出版社。

托克维尔，1989，《论美国的民主》（下卷），董果良译，商务印书馆。

王春光，2013，《城市化中的"撤并村庄"与行政社会的实践逻辑》，《社会学研究》第 3 期。

王绍光，2002，《金钱与自主——市民社会面临的两难境地》，《开放时代》第 3 期。

王绍光，2009，《"公民社会"祛魅》，《绿叶》第 7 期。

王思斌，1995，《中国社会工作的经验与发展》，《中国社会科学》第 2 期。

王思斌，2009，《和谐社会建设背景下中国社会工作的发展》，《中国社会科学》第 5 期。

威廉姆，2003，《当今世界的社会福利》，解俊杰译，法律出版社。

夏维中，1993，《市民社会：中国近期难圆的梦》，《中国社会科学季刊》秋季号。

萧公秦，1993，《市民社会与中国现代化的三重障碍》，《社会科学报》9 月 2 日。

谢遐龄，1993，《中国发育市民社会可能性探讨》，《社会科学报》9 月 2 日。

徐勇，1993，《市民社会：现代政治文化的原生点》，《天津社会科学》第 4 期。

燕继荣，2011，《从"行政主导"到"有限政府"——中国政府改革的方向与路径》，《学海》第 3 期。

尤根·哈贝马斯，1997，《公共领域（1964）》，汪晖译，《天涯》第 3 期。

俞可平，1993，《马克思的市民社会理论及其历史地位》，《中国社会科学》第 4 期。

俞可平，1993，《社会主义市民社会：一个新的研究课题》，《天津社会科学》第

4 期。

俞可平，1999，《中国公民社会的兴起与治理的变迁》，《中国社会科学季刊》秋季号。

俞可平，2006，《中国公民社会：概念、分类与制度环境》，《中国社会科学》第 1 期。

俞可平，2007，《中国公民社会研究的若干问题》，《中共中央党校学报》第 6 期。

赵树凯，2010，《乡镇治理与政府制度化》，商务印书馆。

赵树凯，2011，《农民的政治》，商务印书馆。

朱健刚，2004，《草根 NGO 与中国公民社会的成长》，《开放时代》第 6 期。

朱健刚，2008，《行动的力量——民间志愿组织实践逻辑研究》，商务印书馆。

朱健刚，2010，《国与家之间：上海邻里的市民团体与社区运动的民族志》，社会科学文献出版社。

朱世达，2005，《美国市民社会研究》，中国社会科学出版社。

朱晓阳，2004，《反贫困的新战略：从"不可能完成的使命"到管理穷人》，《社会学研究》第 2 期。

朱晓阳、谭颖，2010，《对中国"发展"和"发展干预"研究的反思》，《社会学研究》第 4 期。

图书在版编目（CIP）数据

有序社会的知识基础：当代社会管理的社会学理论
探索／钱宁等著. -- 北京：社会科学文献出版社，
2017.12
（云南省哲学社会科学创新团队成果文库）
ISBN 978 - 7 - 5201 - 0145 - 5

Ⅰ.①有… Ⅱ.①钱… Ⅲ.①社会管理学 Ⅳ.
①C912.3

中国版本图书馆 CIP 数据核字（2016）第 304183 号

·云南省哲学社会科学创新团队成果文库·
有序社会的知识基础：当代社会管理的社会学理论探索

著　　者／钱　宁　张美川　吕付华　娄世桥

出 版 人／谢寿光
项目统筹／宋月华　袁卫华
责任编辑／孙以年

出　　版／社会科学文献出版社·人文分社（010）59367215
　　　　　地址：北京市北三环中路甲 29 号院华龙大厦　邮编：100029
　　　　　网址：www.ssap.com.cn
发　　行／市场营销中心（010）59367081　59367018
印　　装／三河市尚艺印装有限公司

规　　格／开　本：787mm × 1092mm　1/16
　　　　　印　张：17.75　字　数：274 千字
版　　次／2017 年 12 月第 1 版　2017 年 12 月第 1 次印刷
书　　号／ISBN 978 - 7 - 5201 - 0145 - 5
定　　价／98.00 元

本书如有印装质量问题，请与读者服务中心（010 - 59367028）联系